本书系贵州省 2017 年度哲学社会科学规划文化单列重大课题"清水江苗族独木龙舟文化圈及其全域旅游研究"(编号:17GZWH08)的成果

清水江苗族
独木龙舟文化研究

刘锋 宋永泉 著

中国社会科学出版社

图书在版编目(CIP)数据

清水江苗族独木龙舟文化研究/刘锋，宋永泉著.—北京：中国社会科学出版社，2022.5
ISBN 978-7-5203-9656-1

Ⅰ.①清… Ⅱ.①刘…②宋… Ⅲ.①苗族—龙舟竞赛—文化研究—中国—文集 Ⅳ.①G852.9-53

中国版本图书馆 CIP 数据核字（2022）第 021007 号

出 版 人	赵剑英
责任编辑	冯春凤
责任校对	张爱华
责任印制	张雪娇
出　　版	中国社会科学出版社
社　　址	北京鼓楼西大街甲 158 号
邮　　编	100720
网　　址	http：//www.csspw.cn
发 行 部	010-84083685
门 市 部	010-84029450
经　　销	新华书店及其他书店
印刷装订	北京君升印刷有限公司
版　　次	2022 年 5 月第 1 版
印　　次	2022 年 5 月第 1 次印刷
开　　本	710×1000　1/16
印　　张	19.25
插　　页	2
字　　数	318 千字
定　　价	178.00 元

凡购买中国社会科学出版社图书，如有质量问题请与本社营销中心联系调换
电话：010-84083683
版权所有　侵权必究

目 录

前言 …………………………………………………………………（1）

第一章　同源异流的苗、汉龙文化 …………………………………（1）
　　第一节　"苗龙"与"中国原龙" …………………………………（1）
　　第二节　苗族是中国龙文化的共同缔造者 ……………………（5）
　　第三节　独特的发展路径成就了"苗龙"的丰富多彩 …………（6）
　　第四节　独木龙舟与汉族木板船龙舟同源异流 ………………（8）
　　第五节　苗族"独木龙舟节"与"端午节"习俗同源异流 ……（18）

第二章　"独木龙舟文化区"的形成与演变 ………………………（22）
　　第一节　"独木龙舟文化区"的形成 ……………………………（23）
　　第二节　"独木龙舟文化区"变迁的自然与人文因素 …………（27）
　　第三节　龙舟集会时间、地点的演变 …………………………（36）

第三章　独木龙舟形制及技艺的演变 ………………………………（47）
　　第一节　独木龙舟"龙身"及制作工艺的演变 ………………（47）
　　第二节　龙头形制的演变 ………………………………………（53）
　　第三节　独木龙舟"龙尾"形制的解读 ………………………（60）
　　第四节　独木龙舟形制、制作技艺演变的文化逻辑 …………（62）

第四章　从树木到神物：独木龙舟的建造与归属 …………………（66）
　　第一节　独木龙舟的管理及制作资金筹集机制 ………………（66）
　　第二节　"请龙木"与"接龙木"仪式 …………………………（68）
　　第三节　独木龙舟的制作 ………………………………………（74）
　　第四节　独木龙舟的归属 ………………………………………（84）

第五章　划龙与接龙：独木龙舟节的仪式流程 ……………………（88）
　　第一节　"鼓头"的产生、演变及划龙舟前的准备 ……………（88）

第二节　出龙及划龙人员的分工与装束 …………………… （96）
第三节　"取水"与"镇龙潭"仪式 ……………………………（106）
第四节　接龙仪式及礼物的处置 ………………………………（109）
第五节　独木龙舟不为竞速争胜而划 …………………………（117）
第六节　"起岸保管"与龙船棚形制 ……………………………（125）
第七节　亲友团聚"吃龙肉" …………………………………（128）

第六章　独木龙舟起源神话的文化意蕴 ……………………（132）
第一节　独木龙舟的"原生神话" ……………………………（132）
第二节　独木龙舟起源神话"杀龙"与清水江苗族传统观念 ……（135）
第三节　独木龙舟"吃龙"神话与苗汉文化的交流融合 ………（139）
第四节　"龙肉"部位与"杀龙"地点背后的文化隐喻 …………（149）

第七章　独木龙舟禁忌及龙头另类色彩的社会文化解读 ……（157）
第一节　独木龙舟主要禁忌的民俗解释 ………………………（158）
第二节　独木龙舟禁忌的产生及其初始缘由探寻 ……………（161）
第三节　独木龙舟龙头另类色彩的社会文化分析 ……………（171）

第八章　独木龙舟的传承与发展 ……………………………（179）
第一节　独木龙舟的数量变化 …………………………………（179）
第二节　"独木龙舟节"的传承与发展 …………………………（186）
第三节　独木龙舟传承与发展的文化逻辑 ……………………（193）
第四节　独木龙舟发展与传承面临的问题 ……………………（203）

第九章　田野纪实 ……………………………………………（205）
第一节　鲤鱼塘新龙舟诞生记 …………………………………（205）
第二节　寨胆划龙舟纪实 ………………………………………（216）
第三节　即将消失的"十里长潭" ……………………………（231）

第十章　"独木龙舟文化区"未来发展方向探索 ……………（238）
第一节　"独木龙舟文化区"发展全域旅游的可能性 …………（238）
第二节　"独木龙舟文化区"实施一体化开发的可行性 ………（245）

附录　独木龙舟神话·祭词·歌谣选录 ……………………（249）

后　记 …………………………………………………………（283）

参考文献 ………………………………………………………（288）

前　言

每年的农历五月二十四日至二十七日，是贵州省黔东南苗族侗族自治州的施秉、台江两县交界的清水江及其支流的巴拉河下游一带举办隆重而独特的"独木龙舟节"活动的时段（苗语称"喽嗡"，当地汉语叫"龙船节"）。"独木龙舟节"所划的独木龙舟举世独存，被誉为中国远古独木龙舟的"活化石"。传承千年的清水江苗族"独木龙舟节"，因其独一无二的独木龙舟和丰富多彩的节日文化内涵的持续延展而享誉海内外，每年都吸引众多的国内外游客前来观赏、参与。

一　史志文献关于独木龙舟的记载

关于清水江苗族独木龙舟的史料，最早为清康熙年间陈珣[①]所编纂的《施秉县志》。该志书虽在清咸同年间被焚毁，但该书关于清水江苗族独木龙舟的记述，因被清乾隆年间所编纂的《镇远府志》所收录而得以流传："陈特庵曰：……苗俗：……苗人于五月二十五日，亦作龙舟戏。形制诡异。以大树挖槽为舟，两树并合而成。舟极长，约四五丈，可载三四十人。皆站立划桨，险极。"[②] 清人徐家干在《苗疆见闻录》中也有类似记录：（苗人）"好斗龙舟，岁以五月二十日为端节，竞渡于清江宽深之处。其舟以大整木刳成。长五六丈。前安龙头，后置凤尾，中能容二三十人。短桡激水，行走如飞。"[③] 民国《施秉县志》对独木龙舟的记载是：

[①] 陈珣（1667—1721），字自东，号特庵，施秉县人，康熙三十三年（1695）进士。他所编纂的《施秉县志》是施秉有史以来第一部成体的志书。参见贵州省施秉县政协文史委员会编：《施秉历史人物》（内刊）2013年版，第82页。

[②] 贵州省镇远地方志编纂委员会编：《镇远府志》，中州古籍出版社1996年版，第63页。

[③] （清）徐家干著，吴一文校注：《苗疆闻见录》，贵州人民出版社1997年版，第171页。

"船用长木刳成,首尾具备,施以彩色,荡漾波心,蜿蜒有势,颇足观赏"。① 时任台江县长的王嗣鸿在《台江边胞生活概述》一文中的"划龙船"专节,对清水江独木龙舟的形制、选材制造、"船首"(鼓头)产生、"接龙庆贺"、竞渡习俗、节日盛况、宴请宾客等都有相关描述:"划龙船——本县施洞口一带边胞,于每年五月二十三日有划龙舟之举,龙船之木料,选择甚严,砍伐时鸣锣烧香祷祝,龙船为独木船,其形式与普通船异,闲时妥慎收存。届划龙船季节,始能使用。每届划龙船船数无定,大概每一较为接近之宗族,有船一只,惟以族中份辈登高声大者二人为船首。届时听其指挥,凡应对宾客祭祀礼俗等项事宜,均决诸船首。其竞赛系在水中,竞渡以胜利为荣,往往有为争胜利曾坠河而死,亦不为意,且其俗以为坠河者,则多年岁愈丰稔、太平愈丰稔。若坠死独子,尤为大吉大利,故往往竞争至死。划龙船时,男女艳装观览,盛极一时,船主之亲友咸来庆贺,并馈赠猪羊鹅等礼物,各村人客,大至畅饮,往往达旬日之久。"② 这段关于"划龙船"的描述,除具有一定的社会学、民俗学意义之外,作者还第一次将清水江苗族自称的"龙船"称为"独木船"。该记述虽有一些不准确之处,如:节日时间、鼓头数量、坠死独子、竞争至死等,但该文仍可视为国内学者研究独木龙舟文化的开端。1958年,中央民族调查组到台江县进行民族考察和识别时,考察组的吴泽霖教授等人撰写了《贵州省台江县苗族的节日》③ 的调查报告,其中有《划龙船》一节,较为全面地介绍了清水江苗族独木龙舟及其节日活动的全过程。这是现存最早的关于"独木龙舟节"的较为翔实的调查资料。另外,杨通儒完成于1962年的《施洞地区苗族划龙船的补充调查》④ 一文,也是独木龙舟文化研究极为难得的资料,具有十分重要的文献价值和学术价值。以上是"文革"以前的关

---

① 钱国光、杨名胜编纂,任祥润等点校:《施秉县志》(民国稿),贵州省施秉县县志办公室,1986年版,第52—53页。

② 贵州省民族研究所编:《民族研究参考资料第20集民国年间苗族论文集》(内刊),1983年版,第177页。

③ 调查者:吴学高,整理者:吴泽霖、罗时济,全国人大民族委员会办公室编印:《贵州省台江县苗族的节日》(内部资料),1958年版。

④《中国少数民族社会历史调查资料丛刊》修订编辑委员会编:《苗族社会历史调查》(一),民族出版社2009年版(2019.1重印),第213—221页。

于清水江苗族独木龙舟文献脉络的梳理，至于没有具体记录描述该地独木龙舟及其文化状况者，我们仅将其作为背景材料予以参考。把"文革"以前的记述作为"文献"，是基于我们的主观定义，因为"文革"期间不仅摧毁了独木龙舟本身，也窒息了与之相关的节日，同时有关书写也发生断裂；还有一个理由，那就是"文革"之后的事情，我们都记得清楚，"文献"梳理也就只好"行有不得，反求诸己"了。这是我们以"文革"为断点，视此前关于独木龙舟的记述为文献之理由。总之，以往的相关文献太少，我们只能更多依赖于田野的第一手资料。

二 "独木龙舟节"：神话的节日与节日的神话

中国是龙的国度，凡与龙有关的节日，几乎都与神有关。清水江苗族"独木龙舟节"划独木龙舟，与其他地方为纪念神化了的英雄不同，他们是因为"杀龙"、"吃龙"，人、龙"约定"才"划龙"。传说，"十里长潭"里有一个龙洞①，洞里有条恶龙。够保的儿子在河边钓鱼（有的说放牛），被龙吞食了。够保为儿子报仇，潜入龙洞，把恶龙砍成几节，并放火烧了龙洞。龙尸浮出水面，清水江两岸的苗族都来分龙肉吃。平寨得龙颈，塘龙得龙身，廖洞、芳寨得龙尾。龙的内脏则被鸟分别衔到榕山和铜鼓两个地方。由于龙被杀了，日月无光，水灾、旱灾连年，人们日子苦不堪言。后来，恶龙良心发现，感到自己罪孽深重，给人托梦说，只要照它的样子做成船来划，就可以风调雨顺、五谷丰登。于是，人们就按恶龙托梦所说，用杉木做成龙舟到河里划，果然天地复明，解除旱涝，丰年稔岁。清水江苗族独木龙舟也就此诞生。独木龙舟集会的时间、地点，则以分得龙肉的部位来确定。平寨得龙颈，在农历五月二十四日举行集会；塘龙得龙身，于五月二十五日集会；榕山、铜鼓得内脏，于五月二十六日分别集会；廖洞、芳寨得龙尾，则于五月二十七日最后分别举行集会。不仅"独木龙舟节"的产生与节日秩序都以"神话叙事"形式出现，而且独木龙舟的打造以及划龙舟的整个过程，也都在严格完整的宗教仪轨中完成。从"请龙木"、"运龙木"到打造龙舟、龙舟下水、参加集会等各个环节，

---

① 不同的神话文本，"杀龙地"不同，各地得到"龙肉"的部位也不同。在此所举，只是一个流传较广的神话版本。

"神灵"、"神话"与仪式几乎无处不在。这些无处不在的"神灵"、"神话"与仪式并不是一般意义上的"整齐划一",而是各色各样、五彩纷呈、各有所表。这些看似各不相同的神话表达,在独木龙舟与"独木龙舟节"的统合下,呈现出和而不同,各美其美,美美与共的和谐局面。这种求大同存小异的社会观念,正是苗族传统文化观念的核心价值所在。

清水江独木龙舟从远古划到今天,"咚咚、哆……咚咚、哆……"悠扬独特的龙舟锣鼓声在清水江中上游两段水路约为50千米的河谷①里回响了千年。而千年的独木龙舟在封闭的清水江河谷里,却一直不为外界所关注。直到清康熙时期,清水江独木龙舟才被只言片语写进地方史志;到20世纪40年代,德国人类学家鲍克南进入施洞地区做田野调查,清水江独木龙舟才第一次进入外国人的视野;20世纪50年代末60年代初,当时的民主德国(东德)和中央新闻电影制片厂先后拍摄了清水江苗族独木龙舟专题纪录片。纪录片通过不同媒体的传播,清水江苗族独木龙舟才以其绝世独立、并世无双的价值与风范,引起国内外的高度关注。2008年,清水江苗族独木龙舟被列入第二批国家非物质文化遗产代表作名录,其知名度得到进一步提升。从其文化价值上看,独木龙舟作为受到国家特殊保护的文化事象,是理所应当的;但从生存状态上看,独木龙舟作为"遗产"有些"名不符实"。因为"遗产"二字总给人一种老态龙钟,需要拯救的感觉。而清水江苗族独木龙舟虽是远古孑遗,却不显半点老态。由于现代多元文化的冲击,在许多"文化遗产"面临失传与消亡威胁的大背景下,独木龙舟却逆势而上,焕发出前所未有的勃勃生机。从19世纪到现在,独木龙舟的集会地由原来的4个增加到7个,集会时间由原来的3天增加到5天;独木龙舟的数量与20世纪60年代相比,增长了一倍多。特别是2017年至2019年三年时间里,就有17个村寨打造了18只新龙舟。2018年,居住在"高坡"的凉伞苗寨恢复了停划二百余年的独木龙舟②;施秉县龙灯龙舟协会模仿独木龙舟打造的"世界最长木龙舟"被载入世界吉尼斯纪录。该龙舟被称为"中华苗族第一龙"。凉伞龙舟的加入,"世界最长木龙舟"的打造,不仅使拥有独木龙舟的村寨发生了数量

---

① 从平寨上游的"十里长潭"到六合下游约35千米,从长滩上游到巴拉河口约15千米。
② 凉伞龙家原居住在清水江边,后来搬迁到离清水江约四千米的凉伞居住。

上的变化，还打破了苗族《古歌》中"河边划龙船，高坡吹芦笙"的传统地域划分，实现了在地域上的扩张。在传统节日文化（包括其他优秀的传统文化）普遍面临生存与异化危机的情况下，清水江苗族"独木龙舟节"的规模却越来越大，内容越来越丰富多彩，气氛也越来越热烈。这种逆势发展本身就是一个神话。

为什么来自远古的独木龙舟文化得以在清水江上传承千年而不衰？为什么在木板船龙舟以及塑钢龙舟"一统天下"的大背景下，苗族独木龙舟却能在清水江河谷里特立独行、独善其身？它传承与发展的文化逻辑是什么？经历的是一条什么样的发展路径？等等。对这些问题的学术追问，成为我们撰写《清水江苗族独木龙舟文化研究》一书的初始缘由。

三 情感与积累是我们写作此书的内在动力与优势

我们生于斯、长于斯，是"独木龙舟文化区"正宗的"土著"。全方位展示清水江苗族独木龙舟文化独有魅力和丰富内涵，既是我们的义务，也是我们的责任。对独木龙舟文化而言，我们既是持有者，又是审视者。说是持有者，是因为我们是喝清水江的水、吃清水江的鱼、听"咚咚、哆……咚咚、哆……"的独木龙舟锣鼓声，参与数不清的"独木龙舟节"，吮吸独木龙舟文化乳汁成长起来的；说是审视者，是因为我们都走出了"独木龙舟文化区"，摆脱了"不识庐山真面目，只缘身在此山中"的视域局限，使我们能以社会学、人类学、民族学、神话学等不同学科的视角，对独木龙舟文化进行观察、把握。对"独木龙舟文化区"以及独木龙舟文化而言，我们既是"我者"，又是"他者"。这种身份的自由切换，使我们在对独木龙舟文化的理解与把握上具有其他文化学者难以获得的便利和优势。可以说，这本小书，不是作者两三个月，在"田野"上走马观花的结果；也不是三年两年，所谓"深度田野"的产物；而是我们在独木龙舟文化里浸润了几十年的生活积淀，是我们几十年来对独木龙舟文化的所知、所感、所悟的集成。然而，谋事与成事之间总是存在着距离，我们所能做到的唯有尽心尽力而已。

在本书中，我们尽可能在全面、细致地把握素材的基础上，尝试着对以下问题进行了较为深入的探讨和研究。

苗族独木龙舟与汉族龙舟之间的源流关系；"独木龙舟文化区"的形

成与演变；独木龙舟的形制演变及其文化逻辑；独木龙舟的打造与独木龙舟的"神性"建构；"独木龙舟节"划独木龙舟与龙舟圣俗功能的彰显；独木龙舟的文化内涵演进的历史脉络；独木龙舟的神话与禁忌民俗的文化解读；独木龙舟文化的发展传承以及存在问题的探讨；"独木龙舟文化区"未来的发展方向与路径展望等等。

为了让读者对"独木龙舟文化区"和独木龙舟文化有一个较为全面的认识，我们努力在广度和深度上下功夫。

在广度上，本书内容几乎涵盖了独木龙舟制造和"独木龙舟节"过程的所有环节。在独木龙舟的制作上，对"筹资"、"选树"、"砍树"（请龙木）到龙舟制作、下水组装调试、龙头的设计与雕刻等各个环节进行了跟踪调查；对"独木龙舟节"，则从"请龙"、"洗龙"到"出龙"、"接龙"、"比赛"、"吃龙肉"以及"接龙礼物的处置"等各个环节进行了参与性观察；对划独木龙舟活动中各地在祭祀、服饰等方面的差异，进行了细致的调查，对独木龙舟的数量变化，做了尽可能全面的调查与统计。

在深度上，对清水江苗族独木龙舟与"中国原龙"、中国远古独木龙舟的渊源以及苗族独木龙舟与汉族木板船龙舟之间的源、流关系进行了探讨；对"独木龙舟文化区"和苗族独木龙舟的形成、发展、演变，从历史人类学、民俗学等角度，做了深入的研究；运用神话学、社会学、人类学、文化学等研究成果，从不同角度对独木龙舟的神话与禁忌、苗汉龙文化的交流与融合等，进行了内涵阐释与缘由探析；探讨了独木龙舟文化逆势发展的文化逻辑以及"独木龙舟文化区"未来的发展路径与方向；对独木龙舟文化发展存在的问题与困惑，提出了我们的看法和思考。同时，为了给其他的独木龙舟文化研究者提供便利，本书还特别附录了《独木龙舟神话·祭词·歌谣选录》。

按理说，书稿完成付印，应当有如释重负般轻松，但此时的我们却有些忐忑不安。因为，独木龙舟文化实在太博大精深，我们虽然力求做到既有"广度"，又有"深度"，但由于精力、见识、学术素养等方面的原因，本书与我们的初衷仍然有着很大差距，仍有许多不尽人意之处。比如，在祭词、祭祀仪式、龙舟歌谣的调查与研究上，在"上游龙"与"下游龙"的特色上，在"独木龙舟文化区"苗汉文化的交流与融合等方面，都只是浅尝辄止，而且学术视域也欠开阔与深入，甚至还可能有许多疏忽与错误之处。希望我们抛出的这块"砖",能引出真正的"玉",以光大独木龙舟文化的独特魅力,感恩这片神奇的土地。

四 神奇的"独木龙舟文化区"

发源于贵州高原的清水江,一路向东流入洞庭湖、汇入长江。清水江中游与其支流巴拉河构成了"独木龙舟文化区"的主体骨架。元朝开通的"苗疆走廊"(古称"东路"或"一线路")是一条集政治、军事、经济、文化为一体的国际大通道。它东起湖南沅陵,经镇远、施秉(古称偏桥)、黄平,沿"独木龙舟文化区"北部边沿一路向西直达云南以及东南亚。这两条水陆大通道不仅促进了"独木龙舟文化区"的政治经济文化发展,也加快了该地区族群演化与文化的融合。特别是明朝对处于"独木龙舟文化区"核心的施秉长官司实施"改土归流",在今马号镇设置了施秉县(县城先在平地营,后在老县,最后才迁到现在的施秉),派遣流官,设置了大量的屯堡哨所,使大量的汉族人口进入这一地区,从而进一步加快了该地区政治经济文化发展以及族群的变化,促进了苗汉文化的交流与融合。因此,"独木龙舟文化区"自古以来就是苗汉文化交流与融合最为活跃的地区,也是苗汉文化冲突与碰撞最为激烈的地区。不同文化之间的交流与融合、冲突与碰撞,成就了这一地区文化的丰富性、多元性、独特性。

一是独特的民俗节庆文化。比如:"姊妹节"、"过八月十五"、吃新节、吃卯节、祭桥节等。在这些节日中,"姊妹节"被学界誉为"藏在花蕊里的节日",被列入国家级非物质文化遗产名录。而"姊妹节"与"独木龙舟节"相比,过节的时间更长(仅在"独木龙舟文化区"每年过三次,每次过二至三天,时间为农历二月十五、三月十五、十月十五)、范围更广(分区域过节,其范围包括施秉县、台江县、剑河县、镇远县等)。在"独木龙舟文化区","过八月十五"虽然与"中秋节"是一天,但其内涵却与"中秋节"完全不同。在这一区域内,无论苗族汉族还是其他兄弟民族,他们的"八月十五"都与"团圆"无关。在这一天,孩子们偷南瓜煮稀饭,大人们则为新婚夫妇或久婚不育的夫妇"送子"。此外,苗族的吃新节、吃卯节等同样有着鲜明的民族特色和地域特色。

二是形式多样的民族歌舞。苗族飞歌、苗族大歌、踩鼓舞、板凳舞、芦笙舞等已蜚声海内外。其中，仅踩鼓舞的舞步及鼓点节奏就有数十种。苗族古歌里有这样的唱词："来到踩鼓场，来赞踩鼓场，踩鼓多少种，共有三十六。"① 施洞、双井地区的元宵龙灯，双井地区的汉族"梭草狮子灯"，汉族的山歌、酒歌、孝歌也具有独特的文化魅力。此外，"独木龙舟文化区"还有众多的民族村寨，古朴雅致的刺绣，绚丽多彩的银饰以及特色鲜明的饮食文化等等。这些文化事象不少已列入各级非物质文化遗产保护名录。

在"独木龙舟文化区"，无论在社会管理（"议榔"、寨老制）、经济发展模式（具有多重市场体系），还是文化上都与其他地区有着十分明显的区别。这种独特性与多元性，既是苗族文化与外来汉族文化在特定区域内相互交流与融合的结晶，也是贵州"文化千岛"形成的一种基本范式。因此，研究"独木龙舟文化区"的独特文化现象，以及这种文化现象形成的因果关系，也许可以为研究贵州的"文化千岛"现象，找到一个可资探寻的窗口和解剖的范本，从而为理论解读类似文化现象提供贵州或中国经验。

五 我们的几个观点及其说明

（一）关于"活化石"的理解

人们称"独木龙舟"为"活化石"，或许将之视为亘古不变的东西。而我们对"活化石"的理解并非经典进化论的理解，它并非可有可无的"文化遗存"，而是强调它历史之根的悠远又具有顽强之生命延续，而且至今仍然强劲地参与苗族的整个现代社会进程。独木龙舟之所以能够如此，是由于它已经深嵌于苗族的社会结构与文化系统里，从而得到社会文化各个丛结长久不衰的精心养护。比如，在"独木龙舟节"里，划独木龙舟是节日不可或缺的重要一环，那些被市场经济裹挟的外出务工人员，往往不远万里回来参加"独木龙舟节"，去完成他们神圣的使命。这是划独木龙舟的人员保障。另外，整个区域与外地客人至少有十万人参与，物资的消费量必然巨大，还有龙舟长期养护之精力财力的长线投资，这些是需要雄厚的经济基础支撑的。如果没有神圣信仰与社会组织完美结合所产

---

① 马号镇平地营务勇归红口述，2017年8月，张乾才、刘锋翻译整理。

生的持续力量在养护着独木龙舟及其节日，它的长期存在与运转是不可能的。一般"空心寨"地区不可能承担得起如此巨大的持续的区域性节日。如果仅靠外力，即使一时可能轰轰烈烈，没有社会文化运转支撑，断难长期维系其传承与发展。这是独木龙舟文化与民间信仰、社会组织等高度嵌合产生的坚韧力量。

因而，我们对"活化石"的理解，不是沿用前人的习惯词义，而是赋予其非经典进化论的理解。面对多元的文化时空，如果以统一时间来简化复杂空间的文化存在，并将之排列在同一坐标上，必然会发生错位；不同时空的文化存在，都有属于自己的坐标及其演化路径。在这一点上，我们持文化相对主义的态度，反对貌似客观的单项指标排列与任何文化中心主义的偏见。因此，我们把"独木龙舟"视为"活化石"，是在历史悠久并与时共进的意义之上去加以理解，是没有断裂的文化的旧帮新命在当地社会现代演化刚健日新的一个有机组成的部分，而绝非是可有可无的附加陈余。

（二）关于"独木龙舟文化区"与"独木龙舟文化圈"的理解

"文化圈"与"文化区"这两个概念源于人类学的两个学派。前者来自德奥传播学派，后者来自美国历史学派，两者既有联系，又有区别。但关键在于"文化圈"强调文化的传播特性，否认众多民族创造文化的能力，而"文化区"则承认各个民族有能力创造自己的文化，而且是在既定生存的历史与环境里创造积累形成的。著名考古学家苏秉琦根据考古事实及其理据提出中国文化源头满天星斗学说，并对中国新石器时代文化进行区系划分，同样说明了文化是特定地理环境与人文环境的产物。我们认为"独木龙舟文化"是清水江苗族独立创造与传承的结果，这套文化机制承载着独木龙舟及其节日悠远不衰地运行，当然也不能否认它与互为环境的其他民族文化有过交流与借鉴，但却以其主体性的方式消化吸收一些要素纳入自己的结构之中。因此，我们选择使用"独木龙舟文化区"的表达，而放弃了"独木龙舟文化圈"的原有表述。尽管我们在中标的贵州省2017年度哲学社会科学规划文化单列课题里与2018年在施洞召开的独木龙舟学术会议上均使用过"独木龙舟文化圈"作为主题词，但随着研究的深入，求真的学术精神迫使我们不得不放弃这一概念，而启用了"独木龙舟文化区"这一关键词，去精准表达该区域独木龙舟文化的有机整体性及其悠久传承性之存在状况。

（三）关于苗族文化之龙的理解

鲁西奇认为"经过苏秉琦、张光直、石兴邦等几代考古与古史研究者的多年探索与努力，黄河中下游地区（中原地区）为中华文明起源的单一中心论，已经被抛弃，中国文明起源的多中心论或多元论已经得到广泛的承认。距今6000年至4500年间的中国早期文明，至少有几条线索"，其中之一就是"长江中游地区以所谓'苗蛮集团'为主体的大溪文化－屈家岭文化－石家河文化"，历史学界也对此有过相对一致的结论①，而最近分子人类学（李辉等）、水稻文明（李国栋等）的研究也进一步证明这一点：古三苗分布在"江、淮、荆州"、"左洞庭、右彭蠡"之地，而且苗族是水稻文明的创造者之一。历史文献与考古也证明这一区域存在悠远丰厚的龙文化。源远流长的中国龙文化与江河、湖海、农业、渔业等，特别是水稻种植存在着密切关系。水稻文明、龙文化都与雨、水密切关联，今日苗族的龙文化自然是其原生、原创演化而来的。作为生物的"原龙"，它有自己的生物演化系列，与国家、民族、文化没有任何关系；而作为文化的"原龙"则需要探寻各种文化根脉之"龙"的呈现与表达，才能说明"原龙"起点隐含的深层寓意。

那么，怎样理解苗族文化里的龙呢？在叙述万物起源的苗族古经里，蝴蝶妈妈生了十二个蛋，从蛋里孵出各种动物，其中雷、龙、水牛等各是一个蛋所出，而人是从最难孵的一个蛋里最后出来的。如果将雷、龙、水牛等视为"自然"的代表，与之相对的"人"在自然面前只不过是排行最小的"老幺"。这是苗族生态伦理观的形象表述。然而，由于"老幺"的任性、自私与贪婪，致使生态失衡。"老幺"（人类）也因此受到来自"兄长们"的惩罚——水旱天灾。

独木龙舟起源神话也是这种寓意的表达。神话说的是一个苗族小孩天天在清水江边钓鱼，误伤了龙子。龙王很生气，才吃了那个钓鱼的孩子；人也很生气，就杀了这条吃人的龙。然后天地变得一片漆黑，雨水失调，颗粒无收（苗谚云：天上不落，地上不生），人的生存产生危机。后来，

---

① 鲁西奇：《人群·聚落·地域社会：中古南方史地初探》代序，厦门大学出版社2012年版。

龙托梦给人，人遵照执行而划龙舟。于是，天地复明，风调雨顺。神话表达的其实是苗族关于人与自然因果关联、一损俱损的生态伦理观。其深层次的含义：人的"恶"导致龙的"恶"，人与自然关系的恶化，人是始作俑者，也是受罚者。所以，最终还是人主动修复关系：龙与人重新回到原来的位置，宇宙万物又回归到和谐共荣的理想状态，从这里我们可以看到，苗族对待与处理万事万物关系的基本规则：遵守规则、对等平权、和谐共荣。

龙与水牛又是什么关系呢？我们知道，游牧民族的生业离不开马。因此，他们的龙是基于对马的崇拜与想象，于是便有了"龙马精神"之说。苗族的传统生业是水稻种植，水牛耕作是最佳选择（旱地以黄牛或马耕效率最高），而且雄性水牛长着威武的角，勇猛好斗，自然就成了苗族崇拜与想象的对象。在苗族的信仰世界里，祭祀的最高牺牲是水牛，如：鼓藏节祭祖、祭祀最高的天神、祭祀雷公神等，都必须用水牛。在苗族的观念里，水牛与龙在现实层面上，是一种既分工又协作的关系；在宗教信仰层面上，则是可以互换形态、浑然一体的关系。因此，清水江独木龙舟的龙头上长着一对大大的水牛角。你可以说它是一头"龙牛"，也可以将其视为一条"牛龙"。如果还要在苗族文化里寻找一种精神，那么，这种精神就是"龙牛精神"——威武雄壮、勇于拼搏、坚韧不拔。

"独木龙舟文化区"处处都是龙之所居的神山圣水，关于"龙"的观念纷繁复杂，表现形式也多种多样。不仅江湖里有龙，山里有龙，洞里有龙，井里有龙，屋基下有龙，幕穴下有龙，而且不同的地理单元也存在各种各样龙的家族。就是一座山的山岭、坡坳、沟壑、溪流都有不同的龙。不少山水、村寨直接以"龙"冠名，如龙塘、龙井、龙颈、龙坳等。"有龙则灵"。没有了龙，就会没有水、没有树、没有花鸟、没有生机，也就沉寂了，败落了。人的荣发富贵、子孙繁衍来自于祖先与"龙"的关系（墓地之龙脉），也与屋基、祖桥有"龙"护佑存在关联。山清水秀是由于龙的存在，美好的事物都与龙相关。花鸟鱼虫只要美丽，龙都可以借其形体呈现自己，或者是龙的美丽赋予了它选择的事物而得到适于自己的表达。一个贤淑漂亮的女子成了"龙女"的化身；一个优秀英俊的小伙子也会是"青蛙哥"—龙子的化身。在苗族观念里，龙从灵魂到躯体都是最"美"的，龙就是一种"美"的状态。人们也由此推演出"一切美的都是"vongx（龙）"的结论。

爱美是女人的天性，但不同文化里的女人对美的理解却有差异，表现也各不相同。在"独木龙舟文化区"，有一种美与"龙"紧密相连——在她们的刺绣与服饰里，有各种各样的"龙"：虾龙、飞龙、蚕龙、鱼龙、蛇龙、蜈蚣龙、人头龙、花尾龙、叶身龙、水牛龙等等。这些众多的"龙"交织在一起，呈现出一种灵动的美、生命的美、繁衍的美、奇幻的美、和谐的美——美美与共之美。

在苗语里，"龙"从名词变成了形容词，与一切福祉、优雅、美好产生了密切的关联。"龙"不仅是一种生机，也是一种境界、一种理想、一种修为。只要修为达到一种境界，人人皆可成圣，万物均能成"龙"。所以，在苗族的核心价值里存在一条坚定不移的信念：你把一切当成"龙"（美好），"龙"才变成你的一切——你"用美丽回答一切"，一切就会因你而美丽。

但无论在神话里或是现实中，总有违规犯忌者。施秉县双井镇的龙塘寨，不仅有这样的神话，而且有这样的"物证"——寨左，一口干塘——"龙塘"，崖壁上还有一张"龙床"。"龙床"前方有一片断崖。据说是龙王离开的时候，发洪水冲断山脉的遗痕。传说古时候有一个未满月的产妇，她出门不戴斗笠，还在这个龙塘里洗尿布等秽物。龙得不到应有的尊重，一气之下怒走他乡。于是洪水滔天，山崩地裂。清幽幽的水塘干枯了，护寨的龙脉也冲断了。类似的许多故事，看似无聊、荒诞，实则是当地人以神话形式智慧地表达地方性的经验知识。直到今天，不少村寨如果发生古树倒伏、山体滑坡、坟墓塌陷、瘟疫、火灾等灾害，他们都认为是护寨龙神离开所产生的后果，都要举行招龙仪式，把出走离开的龙神重新请回来安顿好。他们通过议榔定约（现在演化为村规民约）或以禁忌的方式，保护着这里的一草一木——"龙之所居"。谁触犯了，必定被处罚"三个一百二"（一百二十块钱、一百二十斤酒、一百二十斤肉）作为扫寨招龙的费用。这些经议榔而定的约款，有的镌刻在石碑或木板上，立在寨门口、井边或则悬挂在公共场所的墙壁上；有的则融入神话、故事、歌谣，铸成心碑，让人们永远铭记并遵循。也就是说，苗族以神话、禁忌、法律的形式维护着"龙"的自在与安宁，维护着自然生态的蓬勃生机与社会人生的和谐美丽。

总之，苗族文化里的"龙"，既是一种和谐共生的秩序之美，也是一切美的最高价值追求。

（四）关于"独木龙舟节"的文化理解

理解"独木龙舟节"是非常复杂的问题，我们只能就三个关键的问题谈谈看法，其他问题留待后来者进一步探讨。

首先，是节日与节期。与苗族众多节日一样，"独木龙舟节"也要尽量满足同一文化区各地的需求。"独木龙舟节"最初只过三天，目前为五天。苗族文化有一个"转"的特点：一个寨子要喝"转转酒"，赶场要赶"转转场"，芦笙舞也需要"转圈圈"；姊妹节也是一片一片地"转"着过，鼓藏节、芦笙节与苗年也是"转"着走。反映在婚姻上，也是"转"着开亲——"家家砍柴卖，家家买柴烧"——互为"姑舅"。因此，"转"也反映在"独木龙舟节"上。如果三天"转"不到文化区内有关联的村寨，那么就要延长节期。为什么要"转"呢？因为"转"与"圈"有关系。在苗族社会里，存在"人人有份"的观念，它的扩展也就成了"家家有份"、"寨寨有份"、"片片有份"。"转"要周全，不能让相关单元缺失。因为缺失，就意味着不公平。相关单元也不能自我"缺失"，自我缺失，就意味着被逐出了圈子，而成了陌生人、他者。"转"反映了苗族社会的一种整合方式。今天"转"到你，你是主，我与他是客；明天"转"到他，他是主，我与你是客；后天"转"到我，我是主，你与他是客。"转"的过程，既是融洽情感，连接网络，获得声誉的过程，也是争取资源，整合社会的过程。如果再深入分析，这个"转"就是一个婚姻圈在"转"，在一个相对稳定的社会单元里"转"，它是关系到人口再生产与互相认同的重大问题。我们必须看到，"独木龙舟文化区"不仅是一个相对完整的地域群体，而且还是一个相对封闭的婚姻圈。因此，他们要想方设法进入"独木龙舟俱乐部"，即使被疏离排斥也要坚守下去，以此增添自己的社会权利份额，保持社区声誉，铸牢固有婚姻圈与原有认同。随着"独木龙舟俱乐部"成员的增加，"独木龙舟节"的节期也许还会有所变化，同时还会再造杀龙与分龙（肉）的神话，来改变和确证自己在社区里的身份与地位的合法性。如果不如此理解其文化的内在机理，你就很难想象，苗族的一个节日过上十天半月（如苗年、芦笙节、吃卯、姊妹节等节日，在不同地区分时段举行），一个仪式要分几年

（如鼓藏、婚姻等仪式分不同年份不同季节举行）完成。如果再追问下去，我们还会发现早已被国家统合的社会，其节日统一、节期较短。而历史上国家力量薄弱或没有这种力量支配的地带，节日多样、节期绵长。在开辟苗疆之前，"转"着过节是苗族社会的主要整合方式之一，那么，对该地苗族的节日多、节期长的现象也就不难理解了。苗族今日的过节方式，只不过是历史的惯性延续罢了。然而，既然国家与市场在场，也就少不了国家干预与利益的追逐，如"新生活运动"的服饰与习俗改革，"文革"的毁船、龙舟赛事规则的标准化，以行政区划为单元的资源博弈，以及当今节日的市场营销对各种权利包括对游客的迎合等等。在各种权力与经济双重逻辑夹击下，我们看到"游方"的消失，婚仪日期的压缩，那么"独木龙舟节"的节日与节期将如何改变，则取决于各方力量的合力制衡。

其次，是龙的部位与集会地点。苗族的传统生计复杂多样，除了主要种植水稻外，也还有其他经营方式，如：坡地执行刀耕火种，水源好的地方稻鱼鸭兼营，没水源则进行旱地农作；江河、山地还兼营渔业、林业；在天灾年代或农闲时，狩猎、采集也是生计不可或缺的一部分，或是调节生活情趣的一种方式。也就是说，苗族生计是因时因地制宜，不拘一格地按照物性操作。没有灵魂的死龙也就没有了神圣性，其躯体也就与猎物等同，因此按照狩猎"见者有份"的规则来执行。神话表述，恶龙被杀，其身被砍成几段顺江而下，下游的一些村寨因此分获不同部位的龙肉。龙舟集会的时间、地点，则按照所得龙肉的相应部位来依次举行。这个逻辑虽然解决了清水江边村寨的问题，却不能作为巴拉河流域龙舟集会地的依据——因为顺清水江而下的"龙身"不能逆流而上。为此，人们创制了"鸟吃龙"的神话，让鸟把龙的内脏衔到巴拉河的榕山，从而赋予了榕山作为龙舟集会地的社会合法性。事实上，也不是平寨以下的清水江两岸的所有苗寨都是划龙舟的集会地点。为什么上游许多村寨得不到龙肉，而下游的某些村寨反而得到了呢？对此，一些神话版本也用"来得早"或"去得晚"来说明这种可能性的存在。

还有另一个问题，龙头到哪里去了？有的神话版本说是胜秉得龙头，有的说是平寨得龙头。这些如同乱麻的版本互相叠加与链接，使人们很难从它们本身厘清其真实关系。然而，如果我们从多元逻辑套合的角度去观察，或许会得到一些真相。我们知道，神话是为了解决当时的社会问题而创制的解释理据。这种"神话理据"，在合理解释社会问题的同时，也能疏通人们的心理情感障碍从而获得社会认同。因此，必须从当时社会的政治、经济、文化、自然的事实与逻辑里去探求。如上所述，死龙之躯在苗族文化里被定位为猎物（在物性层面，不是神性层面），按照"见者有份"的狩猎规则，当然要无限分割龙肉给"见者"，因此才会有下游村寨的"见者有份"。清水江苗族狩猎规则里还有一条：猎物的头应归猎杀者所有，且还参与分配余下的猎物之肉。所有神话版本里的"人杀龙"，不是雇人杀龙就是自己杀龙。无论什么情况，龙头都应该归属这个"自己"。因为雇人杀龙，被雇的人已经"收人钱财，替人消灾"，他的权利与义务也就此结束，其余与他无关。龙头自然归属于雇人者；如果是自己杀龙，龙头当然归属于自己。据此，可以推论出两种事实的存在：其一，因为龙头归个人，而不是归地方（他还参与分肉，也就表明个人是归属群体的），所以，杀龙地并不必然是龙舟集会地。再则，在这里举行龙舟集会，只会增加死者被杀情形的追忆而产生怨气，与安抚龙灵而划龙舟的初衷有违。其二，龙的灵魂在龙头，而不是在龙身。所以古代才把祭龙仪式放在杀龙地点，即"杀龙深潭里"的那个"十里长潭"。后来，为了方便与减少危险才将祭龙地点调整到下游安全的地带举行，并以取"十里长潭"之水替代"十里长潭"，才有后来的"取水"仪式这一环节。也就是说，龙头是隐含性的存在，杀龙地即龙头之地，是凶险之地，也是神圣之地，只适宜执行装严肃穆的祭龙仪式，而不宜举办喧嚣的集会，这是对龙灵的尊重。

而胜秉或平寨得龙头的神话，则是多种力量与逻辑平衡嵌套的结果。胜秉得龙头并于五月初五划独木龙舟，比"独木龙舟节"要早近二十天。一种可能是，苗族还在江南地区时，端午节过的就是五月初五，龙舟也在这一天划。他们迁徙到清水江河谷后，因为怕耽误农时，才改到五月二十四至二十七日划龙舟、过端午。保留五月初五划龙舟，既是尊重传统，又是对故乡、对历史的记忆。另一种可能是，胜秉作为前施秉县县城（今称老县）的汛城，又靠近清水江边，是当时的政治、军事要地，自然对当地民间神话产生重大影响。又因该地五月初五划龙舟，因此，有的神话版本说胜秉得龙头，依据的就是这种政治逻辑与时间逻辑。平寨位于

"独木龙舟文化区"上游,在"十里长潭"潭口。按照接触律与符号的部分代表整体的原则,潭口也能替代"十里长潭"。而且潭口下有宽阔的深潭水面与沙坝,龙舟的"取水"仪式与表演在这里举行,便于人们无障碍观赏。再则,平寨还是"独木龙舟文化区"古老的码头与集市,也是人们习惯的阶段性物质交换与联系交往的场所,自然具备一定的经济影响力与社会知名度①。因此,平寨成为神话版本之一的"龙头"获得者也不足为奇。因为它套合了政治、自然、市场、宗教(划龙舟"取水"仪式)与时空等逻辑力量,从而产生了"龙头"的想象。

　　成为龙舟集会地,需要多方面因素的套合与叠加。首先,是市场的存在。市场不仅满足人们购物消费的需求,也是人们沟通交流传播信息的场所,因而成为人们认同的民间基层的政治、经济、文化中心。市场往往是宽敞的场所,不然难以容纳成千上万购物消闲的游动人群。其次,还必须具备水面宽阔的深潭,否则龙舟的聚集与表演也难以展开。江边的集市基本上都具备这些条件,龙舟集会地几乎都是集市所在地。就此而言,是市场经济的力量模塑了"分龙肉"神话的基本构架,因为分得龙身主干的总是拥有集市的村寨。例外的是铜鼓,它现在是一个没有集市的龙舟集会地(或许古代某个时期是一个市场,只是后来消失了,这有待进一步考证)。但这也可以从另外的角度获得解释——历史上,平寨上游的黑寨、冷西等地,距离施洞较远,而铜鼓正处在这些村寨与施洞的中点上。再则,历史上把琴等山上村寨都拥有龙舟,他们的龙舟棚就建在铜鼓及其附近,"请龙"、"洗龙"到"出龙"等仪式均在铜鼓或其附近举行。而且铜鼓距离把琴也几乎也与此地到施洞一样的远,铜鼓的居中之地利促成其为三段线路的枢纽,并成为这些地方的龙舟加餐歇息的最佳地点。人们在这里加餐歇息之后,再前往施洞或回家也就不是很累了(对于没有机动船的年代而言)。对于具有接待站性质的铜鼓进入龙舟集会点行列,而且只是"分龙"时的小集会,并不要求多大的龙舟展演场所,加上地利与人情(亲属网络)的关系,人们也不会有太多的异议。另外,铜鼓作为集会地,也许还有地域管辖的行政因素。在民国以前,平寨属黄平县

---

① 平寨曾经是著名的猪场,猪的买卖必须在这里进行,而双井市场就不能做猪生意,这种情况直到20世纪90年代才逐渐改变。平寨集市逐渐衰落,现已消失。

（州），铜鼓则属施秉县，也就存在行政与民间的力量共同平衡出来的问题。廖洞、芳寨得益于所在地的地利、政治与市场影响力，独木龙舟展演的最后一天在两地分别举行，因为他们得到了龙尾。

总之，政治、经济（码头、市场）、文化、地理、时空、情感与认知等力量的综合平衡，或强化了神话的稳定持续，或促成了神话的表达转向。但神话的表达往往因主体而异、随时空而变、为适宜而改，它只是说明事物有序化的一种方式。而公共事务（公共理性）必定是多方协商之产物，而这种协商是依凭上述的多种力量博弈制衡的结果。神话只是表达、说明与强化了这种结果的情理之必然而已。

最后，是龙所表达的社会关系（结构）。在苗族社会里，习惯于用各种物像来表达各种情感和关系。比如，在主人招待客人的正式宴席上，一只鸡的各个部分：鸡头、鸡爪、鸡翅、鸡心、鸡腿，表述着不同的意义。鸡头敬给最尊贵的客人，客人则将其分成上下两块，并将上部分转敬给主人或长辈（上部分有鸡冠肉多），鸡肝（鸡胸）献给老人或长辈，鸡翅或鸡爪送给青壮年，鸡腿、鸡心赠与小孩。因为在这种文化氛围里，鸡头被赋予了对权威的认同，鸡肝表达对长辈的尊重（表面是老人牙齿不好的表述，实质是礼制秩序的表达），鸡翅寄寓年轻人"远走高飞"，鸡爪则希望壮年能够找吃找穿（年轻人是养家糊口的主力），鸡腿（多肉）、鸡心是对小孩的爱护与鼓励，希望孩子茁壮成长，而且能够心细胆大、做事沉着认真。可见，此鸡不是"非凡鸡"。在此场域表达的是苗族社会的礼制——伦理、秩序与道德，以及对不同年龄段人群处于不同社会位置的不同社会期望。再如，在婚、葬与鼓藏等仪式上，对作为牺牲的猪或牛也有着类似的表达。这些场合，主家要回赠给舅家一条带尾巴的猪（牛）腿，以示对舅家的看重以及表达对这门亲戚还要继续走下去愿望。同时，主家还要以不同部位的猪（牛）肉分赠给其他亲友，以表达各种关系的连接与承续。

独木龙舟及其节日源起于杀龙、分龙肉的神话故事，遵循的也是同样的文化逻辑，本质上也是苗族以物表达社会关系的逻辑延伸。龙无非是放大的鸡、猪、牛而已。家庭之宴与村寨之宴、社区之宴、地域性之宴也是一种同构关系。把杀死的龙分段"吃龙肉"，把各段的"龙肉"整合起来就是一条龙。把这些吃"龙肉"的村寨整合起来就是一个完整的"独木龙舟文化区"。唯有庞然大物的"龙"才能承受得起地域性社会如此宏大规模的宴席。所呈现的既是一种地域性社会的有机整体的表达，也是一种地域性社会共享之宴的社会关系（结构）、秩序、伦理、道德与认同的表达。如同结构主义所认为的那样，神话反映一个社会的结构，而结构具有超强的稳定性。独木龙舟神话的版本众多，话语庞杂，也说明利益主体的行动实践一直在作用于"独木龙舟文化区"的社会结构，但文化区的价值共意使其结构仍然稳如泰山。而最近出现的新神话（发源地、古歌），显然是在旅游背景下个别主体因利益而搏弈的产物。我们相信只要文化区的价值共意没有改变，共同利益的平衡与深层结构的稳定也必将依然存续。

就主客位文化解读而言，情形非常复杂。或许主客位各方看待世界都是不完整的，而且经历、学养与注意力差异，也会导致主客位解读的偏差。而主客位也是多重的、相对的、对话的、立场的，意义也是生产性的。在田野中，我们的调查对象作为个人的解读往往具有情景与背景的差异。这或许是跨文化，或许是阶层、年龄、性别、教育等等因素的不同所导致的。因此，具体的个人提供资料与见解并不一定切中该文化本身。而我们也只是一孔之见的记录与解读，读者的阅读与理解应该多角度参与我们的探讨而互相获得更多的换位思考与启迪。虽然我们对调查事实之解读，力求文化的意义与逻辑的统一，社会的因果与功能的统一，但请不要限于我们的言说。因为我们的言说不仅受到篇幅的限制，而且也受到行文逻辑的制约，更囿于我们的学养与视角。因此，在逻辑的通与事实的真之间还得靠读者自己去补充完成，才能达到多重主客位视野融合的更高境界。

"独木龙舟节"仿佛是摆在清水江江畔的"巨龙"般的长桌宴，区域性的主人招待来自各方客人。人神共饮，主客同醉。无论你选择以什么样的身份、什么样的方式进入，摆满"龙肉"的长桌宴，都为你预留下开怀畅饮、不醉不归的言之、思之、辩之、吟之、歌之、舞之、蹈之的广袤空间。这个空间虽然古老，但温暖热情亘古不变。清水江涛声依旧，古老的龙之灵仍然在护佑着踏浪而行的心灵之舟。这里的每一处深源、每一道河湾，都是追寻自我本真的场域和灵魂的居所。

第一章　同源异流的苗、汉龙文化

中国是龙的国度，我们都是龙的传人。20世纪80年代，一首《龙的传人》火遍大江南北、长城内外。中国龙文化历史悠久。考古发现的实物证明，中国龙文化至少有八千年以上的历史。发端于民族还未形成的石器时代的中国龙文化，是中华民族智慧的结晶，是华夏各民族先民们共同创造的产物。内涵丰富、形象多姿的中国各民族的龙文化，就整体而言（个别现象除外），既不是各民族各自独立的创造，也不是谁学习谁、谁模仿谁的结果，而是出自一个共同的源头——中国原龙①。只不过在八千年的历史长河中，在各民族形成的道路上，因所处环境、价值观念等方面的差异，而形成了具有各自民族特色的龙文化发展路径。中国各民族龙文化产生的"同源"，正是形成"龙的传人"共同认识的思想基础；发展路径的"异流"，则是成就中国龙文化多姿多彩、蔚为大观的客观条件。清水江苗族龙文化的丰富多彩正是中华民族龙文化同源异流的具体体现。

第一节　"苗龙"与"中国原龙"

在清水江苗族的剪纸刺绣里，龙的形象千姿百态，龙的家族蔚为大观。于是，人们就把这些形象万千，与汉族文化中龙的形象完全不同的龙称为"苗龙"。在"苗龙"的家族里，有：水牛龙、马龙、猪龙、狮子龙、老虎龙、乌龟龙、蛤蟆龙、蛇花鱼龙、蜘蛛龙、蚕龙、蚯蚓龙、蜈蚣龙、船龙、网龙、椅子龙、轿子龙、撮箕龙、人龙，还有人首蛇身龙、人首鱼身龙、鱼身鹿角龙、人首鸟身龙、蚕身牛角龙、象身鹿角龙、猪身鹿

---

① 指"最初的、原始的龙"。参见庞进《中国龙文化》，重庆出版社2007年版，第47页。

角龙、蛇身猪头龙、蛇身鸟翅龙、鱼身鸟翅龙、鸟身飞天龙等等。这些龙,既可以是动物,如:猪、羊、牛、马、蛇、鱼、虾等等;也可以是植物,如:树、花、藤蔓等等;还可以是器物,如:船、渔网、板凳、椅子等等;甚至石头、枯木、云朵、彩虹、山体都可以是龙。用一句话来说,就是世间万物皆可以为龙。在传统的苗族剪纸刺绣图案中,龙形象几乎没有"写实"的。苗族妇女用她们充满神话幻想和玄幻诡谲的想象,把自然界中包括人在内的动物、植物、矿物、器物等拆散成"零件",然后将这些"零件"进行随意组装。这种看似随意而夸张的"混搭",既是对自然万物的发自内心的尊重,也是古代"天人合一"、"物我一体"的生命伦理的形象表达。"苗龙"不仅形态万千,还可以相互转化,任何一种龙的形象都不是固定不变的。比如,枫木叶子掉到水里,就变成鱼龙;鱼龙来到岸上,就变成蛤蟆龙;蛤蟆龙到山上,就有可能变成人龙。但无论"苗龙"如何千变万化,却始终保持着古朴拙稚、和善可亲的神态。独木龙舟的龙头虽与汉族"九似龙"①的形象十分相似,但由于保留了"苗龙"的一对巨大的水牛角,其形象便显得和蔼可亲。

苗族剪纸:蚯蚓龙(张老英作品)

民俗学家庞进先生在《中国龙文化》一书中,把中国龙文化的发展

---

① (宋)罗愿:《尔雅翼·释龙》:"龙,角似鹿,头似驼,眼似兔,项似蛇,腹似蜃,鳞似鱼,爪似鹰,掌似虎,耳似牛。"(明)李时珍:《本草纲目》:"龙有九似:头似驼,角似鹿,眼似兔,耳似牛,项似蛇,腹似蜃,鳞似鲤,爪似鹰,掌似虎,是也。"

分为"原龙期"、"夔龙期"、"飞龙期"、"行龙期"、"黄龙期"、"祥龙期"六个阶段。"原龙期"属于新石器时代，时间大约为公元前8000年到公元前2100年之间。1994年，在辽宁阜新县查海遗址发现一条用大小均等的红褐色砾岩摆塑，全长19.7米，龙头部最宽处约2米，呈昂首张口、弯身弓背状的"蛇型原龙"。据碳十四测定，该龙距今已有8000年。此外，还在不同地域出土了众多年代不同的中国原龙。其中有距今7000年的鹰型原龙、鱼型原龙；距今6000年的鹿型原龙、鹰型原龙、牛型原龙；距今5500年的鲵型原龙；距今5300年的牛型原龙；距今5000年的马型原龙、熊型原龙、虎型原龙、蜥蜴型原龙、鲵型原龙；距今4800年的猪型原龙；距今4500年的蛇型原龙、鹰型原龙、虎型原龙等。从出土地域来看，有属于黄河流域的鱼型、鲵型、蛇型、鹰型、虎型原龙；有属于长江流域的鹰型、虎型、牛型、猪型原龙，有属于辽河流域的蛇型、猪型、鹿型、鹰型原龙。① 这些形态各异的中国原龙，经过从"原龙期"、"夔龙期"到"飞龙期"（汉代）数千年的整合，中国龙的形象已基本定型。"头似驼，角似鹿，眼似兔，耳似牛，项似蛇，腹似蜃，鳞似鲤，爪似鹰，掌似虎"的"九似龙"已成为中国龙的"标准相"。此后，"九似龙"就被历代帝王所垄断，成为帝王的象征和皇权的代表。其神态也越发盛气凌人、不可一世。直到帝制被推翻，中国"九似龙"才走下"神坛"，回归民间。

拿千姿百态、和善可亲的"苗龙"与千龙一面、张牙舞爪的"九似龙"作比较，它们仿佛来自两个不同的星球。但如果拿"苗龙"与中国原龙作比较，我们会吃惊地发现，它们仿如一对孪生兄弟，存在着一脉相承的家族相似性。

其一，形象万千，都没"准形"。在苗族观念里，世间万物皆可以成龙。"苗龙"只能用种类繁多、形象各异来概括，而无法用具体数字来统计。中国原龙从已经出土的实物来看，虽然经历了数千年的沧海桑田，但仍有11种之多。可以断言，我们现在发现的中国原龙，对于远古"原龙期"的中国原龙来说，不过是九牛一毛、沧海一粟而已。

其二，造型相似，和善可亲。无论是"苗龙"，还是在中国原龙，也

---

① 庞进：《中国龙文化》，重庆出版社2007年版，第47—48页。

不管这些"龙"是托形于现实中凶猛的老虎、鳄鱼、蛇、巨蜥，还是温顺的牛、马、猪、鱼，其造型都给人以和善可亲之感，全无盛气凌人之相。

其三，相同的理念——神的"平民化"。在苗族的观念中，"神"并非高高在上，不可冒犯。他们认为世间万物都是平等的。人与人，人与神以及宇宙万物之间，只有分工不同，没有贵贱之分。在独木龙舟起源传说中，龙虽然是神，但它杀了人，就是罪犯。在"法律"（苗族习惯法）面前，人神平等。于是，人们杀龙、吃龙，让龙"以命抵命"。俗话说，鬼蜮人世界。这个杀龙、吃龙、划龙舟的故事隐喻的不是什么"与天斗、与地斗、与外来的剥削和压迫斗"，也不是"向社会宣战，向外来统治者宣战"①。这个故事彰显的苗族人民信奉和坚守的万物平等理念。自古以来，苗族都不是一个好战的民族。他们之所以多次进行武力抗争，不是为了与谁"斗"，而是在用生命和鲜血捍卫他们心中"没有人压迫人，人剥削人"的万物平等、和谐相处的社会理念和现实生境。

其四，清水江苗族剪纸刺绣中的龙图案，不仅与中国原龙神形一致，在古代汉族史籍中，也能找到它们的踪迹。比如马龙，《周礼·夏官》中就有"马八尺以上为龙"的记载；蛇龙，《续仙传》就有"孙思邈尝救一青蛇，龙子也"的记载；狗龙（犬龙），《太平广记》有"犬化为龙，长数十丈"的记载；人身牛首龙，《太平御览》说炎帝是龙种，"人身牛首"；鲤鱼龙，《山海经》有"龙鲤陵居在其北，状如鲤"的记载，民间还有鲤鱼跃龙门而化为龙的说法。羊龙，《太平广记》还有羊龙的记载："……忽一日，水波腾跃，有羊龙出于水上。"在苗族的剪纸刺绣图案中，还有骑龙、驯龙的图案。骑龙、驯龙在古代典籍中也累见不鲜。敦煌莫高窟有唐代的"神人乘龙壁画"；《韩非子》有"黄帝合鬼神于西泰山之上，驾象车而六蛟龙"的记载；屈原在《九歌》中经常坐的是龙拉的车，"驾八龙之婉婉兮，载云旗之委蛇"；等等。

"这些上古中原文化与现今苗文化的同种同类现象，并非偶然的巧合，而是一种同源然后分流的文化表现"②。因此，我们认为，无论"苗

---

① 钱星：《浅述清水江畔苗族的龙舟文化》，《贵州民族研究》2000年第2期。
② 杨鹍国：《苗族服饰：符号与象征》，贵州人民出版社1997年版，第146页。

龙"还是"九似龙",其源头都是中国原龙。

第二节 苗族是中国龙文化的共同缔造者

中国龙文化产生于民族尚未形成的原始部落时代。"中华各民族的形成是多民族融合的结果……中华民族的文化是多民族共同的创造"。[①] 仅就苗族而言，无论是远古时期的居住、迁徙地域以及文化发达程度，都具备创造龙文化的条件和能力。

首先，从时间上看，苗族有参与创造中国原始龙文化的时段。中国龙文化，最晚发端于新石器时代。目前考古发现年代最早的原龙，是辽宁省阜新市查海遗址出土的属于红山文化的蛇型原龙，距今约 8000 年。此外，还分别在陕西宝鸡市北首岭遗址、浙江余姚市河姆渡遗址、河南濮阳市西水坡遗址、内蒙古赤峰市敖汉旗小山遗址、湖北黄梅县焦墩遗址、安徽含山县凌家滩遗址等处也有中国原龙出土。其时间跨度在距今 4500 年到 8000 年之间。5000 年前，苗族先民"九黎集团"就长期生活在黄河、长江流域地区。这一时期正是中国各种"原龙"满天星斗的形成时期。

其次，从生活地域上看，苗族具备创造远古龙文化的条件。大约在距今 5000 年的时候，蚩尤与炎帝、黄帝"逐鹿中原"失败，苗族先民陆续迁徙到长江中游地区并建立了"三苗国"。到距今 4000 多年前的夏禹时期，苗族再次由洞庭湖一带南迁到江西、湖南一带，而现在出土的中国原龙产生的时间就在距今 4500 年以前。这一时期的苗族先民，就生活在中原和江南地区。而鱼型原龙、鲵型原龙、蛇型原龙、鹰型原龙、虎型原龙，特别是深受苗族喜爱和尊敬牛型原龙、猪型原龙就是其先民对长期居住地区环境产物的文化赋予。

第三，从文化发达程度上看，苗族有创造原始龙文化的能力。在远古时期，苗族先民的文化发达程度，远远超出我们的想象。著名历史学家王桐龄先生在《中国民族史》中说："当时苗族文化相当发达……后来汉族

[①] 刘尧汉：《中国文明源头新探——道家与彝族宇宙观·引论》，云南人民出版社 1985 年版。

所用之五刑，兵器甲胄，而信奉之鬼神教，大抵皆苗所创，而汉族因袭者"。① 也就是说，后来"华夏集团"所沿用的"五刑"、"兵器"以及宗教信仰等文化，是汉族从苗族先民那里沿袭的。而中国原龙本身就有着浓厚的宗教色彩，是远古原始宗教的产物。毫无疑义，宗教文化十分发达的苗族具有创造中国原龙的基本条件。苗族即使不是中国原龙的单独创造者，至少也是主要的参与者。

第三节 独特的发展路径成就了"苗龙"的丰富多彩

远古时期，炎帝、黄帝与蚩尤部落（"九黎集团"）的"逐鹿中原"，以及后来以汉族为主的统治集团与苗族之间的多次冲突，表面上看来是生存空间、主导权力之争，其实质可能还是价值观念的冲突。在民族形成过程中，地缘和相同的价值观是形成统一民族的重要条件之一。苗族关于万物平等、万物有灵、"有族属无君长"等观念，都起源于远古原始部落时代。这些传统观念不为苗族所独有，在其他少数民族甚至汉族的观念里，仍然可以窥见这些远古观念的痕迹。比如中国唯一产生于本土的道教所奉行的"无为而治"、"小国寡民"、"群龙无首"②的理念与苗族所坚守的宇宙价值观就有许多共同或相通之处。而汉族则在历史演进中，形成了"为我独尊"、"大一统"等价值观。其文化内核也逐渐从原始传统的多元走向专制的"一元化"。这也是"九似龙"定型于汉代以及汉代以后历代帝王"独尊儒术"的文化逻辑。这种苗、汉价值观念的差异，导致的文化发展的差异，在苗、汉龙文化的发展演变中，表现得尤为突出。

"九似龙"、"苗龙"虽然都源自中国原龙，但在"大一统"等观念的驱使下，经过不断的优化、美化，"九似龙"逐步由原龙时期的多元化，走向一元化。汉族传统的思想文化也由春秋时期的"百家争鸣"，进

---

① 王桐龄：《中国民族史》（上），长春人民出版社2013年版，第3页。
② "群龙无首"出自《周易·乾卦》："用九，见群龙无首，吉。"意思是：看见一群龙在宇宙中自由自在的翱翔飞腾，却没有一个以首领自居，这是大吉的征兆。简单地说，就是人人都具有龙的品德和能力，都不愿意唯我独尊。人们既不需要别人约束，也不约束别人，又都各司其职、各尽其能。这就是古人理想中的最高境界，即"天道"。所以说是"吉兆"。此处用的是《周易》的本义，与我们现在所说的"群龙无首"完全不同。

刺绣鱼龙（榜香郁提供）

入"独尊儒术"的时代。这种变化，绝不是偶然的巧合，而是文化发展的必然逻辑。同时，汉族龙文化也分化成两种，一种是神化的灵物，存在于民间；一种作为"神圣"进入宫廷，成为皇帝和皇权的象征。

而苗族却始终坚持"有族属无君长"的"万物平等"的传统观念，虽经历多次的失败和艰难的迁徙，却无怨无悔。甚至在战争状态下，这种理念也不曾动摇。拿清咸同年间的苗族大起义与同一时期发生的太平天国起义作比较，我们发现，太平天国起义一开始就有严密的组织机构。起义没多久，刚攻下几座县城，他们就开始封王，建立属于自己的政权机构。而苗族大起义前后经历十八年，诸多城池也被义军攻占十余年之久。但他们从始至终没有建立一个政权，而是让其处于"无政府"状态。这种差异是"一"与"多"的文化取向所导致的不同结果。发端于中国原龙的"苗龙"，跟随苗族一路迁徙，在西南地区的山岭河谷间扎下根来。由于山隔水阻、远离中原，"苗龙"很少受到中原汉龙文化发展的影响，从而使"苗龙"不仅保持着中国原龙多元化的基本特征，而且在多元化的道路上越走越远。

在清水江苗族地区，龙无处不在。几乎每一片天空、每一片水域，每一座山、每一眼泉、每一块地、每一个村庄都是各种龙的地盘。它们各管一片，却和谐共处。个个都是"龙王"，没有谁"唯我独尊"。在你的"一亩三分地里"，你说了算；在他的管辖区内，他说了算。清水江苗族

苗族剪纸：蜘蛛龙（张老英作品）

划独木龙舟时，每到一地都要进行一次"镇龙潭"仪式（苗语"闷勇"），即：将放在龙舟尾部的芭茅草扔进当地的龙潭里。一是朝拜，二是警告。在前往目的地的途中，如遇深潭、险滩，也要举行这种仪式。因为，这些地方属于不同的龙管辖。"苗龙"家族虽然庞大，但他们之间互不统属、"各自为阵"，互相尊重约定的边界。虽然在苗汉文化的交流与融合中，苗族吸纳了汉族的"九似龙"的形象，如独木龙舟和龙灯的龙头形象。但这种"唯我独尊"、威严尊贵的"汉龙"，一经"苗化"，就成了"苗龙"家族里相互平等的普通一员，不再拥有特权。这种"群龙无首"的社会形态，正是远古人类所追求的"理想社会"，也是苗族所坚守的社会理念。正是苗族"群龙无首"的价值理念，造就了"苗龙"文化的丰富多彩。

第四节　独木龙舟与汉族木板船龙舟同源异流

贵州省施秉、台江两县交界的清水江及巴拉河下游地区的独木龙舟，与流行于江南地区的汉族木板船龙舟在形制、内涵等方面，有着较为明显的差别。有学者也认为："从组织和参与的主体、龙舟的形制、节期的时间、活动的方式等方面看，独木龙舟节有其独特性，它不同于长江、珠江流域端午节的龙舟竞渡，而是一种自成一体的民俗现象"。① 但我们今天看到的独木龙舟与江南地区龙舟之间的"差别"和"自成一体"，并不是"与生俱来的"，而是他们同源异流的结果——无论是苗族的独木龙舟，还是汉族的木板船龙舟，它们的源头都只有一个：那就是远古的独木龙舟。如果忽视了中国龙舟源于远古独木龙舟和苗族自江南地区迁徙而来这一事实，关于清水江苗族独木龙舟的解读就必然出现偏差。

一　源自神话的独木龙舟

在中国几乎所有的民俗活动都有与之相关联的神话传说。汉族的端午节划龙舟有许多与人文始祖、民族英雄有关的神话传说，比如，纪念屈原、伍子胥、盘瓠（盘古）等。清水江苗族划独木龙舟的缘由却与众不同。他们是因为杀龙而划龙舟——相传清水江里有一条恶龙。恶龙吃了够保的独生子，而且还用他儿子的尸体做枕头。够保为儿子报仇，杀死了恶龙。远近的人知道后，纷纷跑来分龙肉吃。恶龙被杀死，吓跑了龙公、龙母。没有管雨水的龙，就给当地带来了旱灾。为了接回龙公、龙母，人们就按龙的样子，用杉木树做成龙船在河里划。这样就产生了独木龙舟。

神话传说往往是现实的曲折再现。

在远古，龙吃人的故事虽然不会发生，但蟒蛇吃人，特别是吞食小孩的事却时有发生。在古人的心目中，许多时候，龙与蛇是一体的。传说中龙吃小孩，人们杀龙、吃龙的故事，其实就是远古时小孩被水蟒吞食，人们为了报仇杀死水蟒，并将它的肉分而食之的真实事件的神话呈现。在苗族古歌《斩龙歌》里，吞食孩子的就是一条大蛇："那些看牛娃，告诉勾久哈，这样告诉他：今天咱放牛，见条蛇很大，吃去你的娃"。② 但对传说中龙拿小孩做枕头，把孩子压扁的情节，笔者一直找不到对古人这一想象的合理解释。直到在央视的"动物世界"里看到一个情节，才明白古人这一情节安排的合理性。在非洲，一条大蟒吞食了一头幼狮。母狮发现后，对蟒蛇发起攻击。蟒蛇吞食了幼狮，行动十分迟缓，无法逃过母狮的

---

① 贾仲益：《节庆文化及其传承逻辑》，《广西民族研究》2016年第5期。
② 贵州省黄平县民族宗教事务局等编译：《苗族十二路大歌》，贵州大学出版社2013年版，第484页。

攻击。为了逃命，它只好将吞食的幼狮吐了出来。被吐出来的幼狮，其形状就像一个圆条形"枕头"。在远古时代，当孩子被被蟒蛇吞食时，人们会奋不顾身地与蟒蛇搏斗。蟒蛇面对人类的攻击，就像面对凶猛的狮子一样，为了逃命它也会把孩子吐出来。这被吐出来的孩子，就与幼狮一样，成了"枕头"。

从神话学的观点来看，人们创造神话的目的是使人们的行为活动获得社会合法性，从而使这种行为或活动得到人们的认同和遵循。同时，人们在活动开展的过程中，又根据现实需求对活动内容、对象以及行为方式等，不断进行充实完善和神性的建构，从而进一步强化神话的权威。清水江苗族独木龙舟之所以有多个不同的神话传说版本，就是人们对神话进行不断充实和完善的结果。人们杀死恶龙、分食龙肉的情节，既是古代苗族社会追求人神平等，人与自然和谐的理念的体现，也是古代苗族社会"邻里相帮、守望相助"的狩猎文化——"隔山打羊，见者有份"的生动诠释。

传说可以反映历史，但传说不等于历史。2019年6月份，在一年一度的"独木龙舟节"即将举行之际，在台江、施秉两县的一些独木龙舟文化爱好者之间，发生了一场关于"独木龙舟发源地"的争论。争论双方的依据都是神话传说，结果谁也说服不了谁。但划独木龙舟的村民对"谁是发源地"的问题似乎并不关心。他们按千百年来形成的传统行事，该到哪里走亲戚，就到哪里划，整个节日气氛未受丝毫影响。这些争论是为争夺知名度（其本质是为了旅游经济效益）而引起的，虽然有当地的一些精英参与，但丝毫不能改变原有的文化逻辑。清水江南北两岸的苗族群体本来就是一个文化整体，大家都参与了独木龙舟文化的建构，所谓"起源"只是一种秩序的确立，并非是具体的杀龙地点的"起因"。而杀龙地点往往安排在上游某一深潭，而不是该区域的中心地带，这是一种人文与地理互动之逻辑整合的结果。因此，在这里"起源"与"起因"是不同的概念。"起源"是文化认同，"起因"是具体事件。而神秘的具体事件与人们认可的"起因"与"起源"关联，则是一个选择和确立的过程。不能让所谓"起因"替代或遮蔽了"起源"。神话传说的"起因"也只是内部秩序安排的缘由而已。正如当地俗话："鬼生胡子是人做的"。必须认识到神话传说起源于民俗活动，而不是民俗活动起源于神话传说。

任何民俗事象的"起源"都是该文化共同体的认可与安排。而独木龙舟的出现则远远早于苗族抵达清水江之前。因此，该地的神话传说也仅仅是远古时空随着苗族迁徙位移于清水江而已。也就是说，独木龙舟起源神话是带着原有的文化框架在新环境里的重新模塑，而"杀龙"的真正地点也许还在那遥远的祖居地。所谓的利益之争，最终还得回归原有社会规则的认同与遵循。

二　来自远古的独木龙舟

不仅苗族龙文化与汉族龙文化同源异流，苗族独木龙舟与汉族木板船龙舟，同样是同源异流的结果。因此，有专家说，杀龙传说和划龙船，根本没有任何关联，而仅仅是当地苗族群众对这一节日的一种解释和假托。[1] 同样，汉族端午节划龙舟的神话，也是一种解释和假托。

（一）远古独木龙舟的产生

中国的舟船文化和龙文化一样，历史悠久，源远流长。在遥远的古代，人们因为受到树叶、树干在水里会漂浮的启发而发明了舟船。《易经》中有"刳木为舟"的记载。传说大禹治水时就使用过独木舟。

"大量的出土文物证明，中国的独木舟和筏一样，是中国船舶的始祖。"[2] 浙江萧山跨湖桥遗址出土的独木舟，距今已有7000年到8000年。浙江余姚河姆渡遗址出土的8支木桨，据考证也有8000多年的历史，是目前所知世界上最早的水上交通工具。此外，河姆渡遗址还出土了大量鲨、鲸等海生鱼类骨骸。可见，在石器时代，中国南方的先民们已经凭借舟楫把活动范围扩大到江河及近海地区。这一时期使用的舟船，就是原始的独木舟。

独木舟是古人常用的生产生活工具，但独木舟的安全性差，经常发生船翻人亡的悲剧。当时的人们不知道从舟船的安全性上找原因，而是把这种悲剧算在妖魔鬼怪头上。当他们在强大的自然力面前束手无策的时候，往往会借助另一种超自然的力量。在远古，龙虽然没有御风降雨的神通，

---

[1] 李瑞岐等主编：贵州省民族事务委员会等编《中华龙舟文化研究》，贵州民族出版社1991年版。

[2] 彭德清主编：《中国船谱》，经济导报社、经济出版有限公司1988年版，第23页。

但龙一产生,就被赋予了管理水族(包括水中的一切邪魔魑魅)的职责。《礼记·礼运》有"龙为百鳞之长"的记载;《苗族古歌》中也有"雷公在天上,雷公管雨水;水龙在大海,水龙管鱼虾"①的唱词。于是,被赋予管理水族、驱邪除魔"神通"的"龙",就成了人们的不二选择。他们把想象中的"龙头"画在独木舟头上或用树木雕成"龙头"安装到独木舟上,原始的独木龙舟就此诞生。有了龙头,普通的独木舟就有了龙的神性,具备了驱邪逐魔的神通。《晋书·王濬传》就有"画鹢首怪兽于船首,以惧江神"的记载。独木龙舟的驾驭者因为得到"有神龙护佑"的心理暗示,他们在面对风浪时就能沉着镇静,从而减少了翻船事故的发生。这种效果又反过来使人们更坚信"龙神"的"灵验"。这种情况不唯中国独有,古代的西方国家,也有与此十分类似的情况。他们把绘制或雕刻的各种怪兽或神像放置在船头上,称之为"船头像"。美国海洋史学家埃道尔·A. 斯赖克普认为:"'船头像'的绘制,旨在安抚海神"。②可见,不管是东方还是西方,这些绘制或安置在船头上的头像,不是为了美观、装饰,而是被涂上了浓厚的宗教色彩。可以说是"江湖险恶"成就了"龙"与"舟"的奇妙姻缘。

此时的"龙舟"还只是具备了驱邪逐魔神通的生产、生活工具。"龙头"也还没有一个大家都认可的标准形象。从出土的中国原龙形象来推测,当时独木龙舟的龙头可能有"蛇形"、"鹰形"、"鹿形"、"牛形"、"马形"、"鸟形"等等。但不管是什么形状的头,它都是人们心目中的"龙"。就是现在,龙舟也并不完全是龙头,还有蛇头、凤头、公鸡头、狗头、象头、虎头、鹰头等等。这些"蛇舟"、"凤舟"、"狗舟",它们都是远古时期的"龙舟"。它们都以"龙"的"无边法力",扮演着舟船保护神的角色。"龙"与"独木舟"相结合产生的单体独木龙舟,就是中国龙舟的先祖。关于中国龙舟的记载,最早见于《穆天子传》:"天子乘鸟舟龙,浮于大沼。"所谓的"鸟舟龙",就是在船头画鹢鸟首"以惧江神"的独木龙舟。《穆天子传》大约成书于战国中期,也就是说,最晚在

---

① 燕宝:《苗族古歌》。转引自钱星:《浅述清水江畔苗族的龙舟文化》,《贵州民族研究》2000年第4期。

② 房仲甫:《船头图像话交流》,《人民日报》1979年10月14日第6版。

战国中期，龙舟已经十分普遍。但从"龙"和"舟"产生的年代来推测，独木龙舟的出现要远比这个记载早得多。湖南常德澧县城头山遗址，属于新石器时代的古城遗址，距今6300年至6500年，被考古学界称为"中华第一城"。该遗址的南门壕沟中曾出土了完整的木浆、艄。据专家研究，这些就是当时使用的独木舟。复旦大学李辉教授和贵州大学李国栋教授都认为，该城的建造者是古代的苗瑶族群。可见，苗族的先民们早已掌握了独木舟的制作技术。

远古时期与汉族以及其他少数民族的先民们一起生活在江南河湖地区的苗族先民，既是独木舟和龙文化的共同创造者，也是中国龙舟文化的共同创造者。

(二) 龙舟竞渡与木板船龙舟的产生

关于龙舟竞渡的源起，目前有多种说法。有的说源于劳动：外出捕鱼或采摘时的争先恐后；有的说源于新船试划，以竞渡来检验船的速度；有的说是劳动或外出过程中与别的船只偶遇，而即兴"飚船"比赛；有的说是在龙舟走亲访友的游乡中，逐步形成的。这些说法，各有所据。但对于龙舟为什么要走村访友，为什么要竞渡等问题，没有作深入的分析，使这些说法显得缺乏说服力。

首先，龙舟为什么要走村串寨、走亲访友？前面说过，作为"凡物"的舟与"神物"龙的结合，从它产生的那天起，人们就赋予了它驱除水中邪魔，保佑一方平安的职责。在远古时代，制作龙舟也是一项大工程，并不是每个部落都有能力打造龙舟。在中国，无论古代还是现代，联姻都是两个家族、两个村寨（部落）之间最紧密的纽带。他们一旦有了龙舟神器，往往会相互分享。你的龙舟到我的村寨（部落）帮助驱魔降妖送吉祥，我的龙舟也会到你的村寨（部落）驱邪除凶送平安。这就使划龙舟在最初的驱魔降妖功能之外又增加了联谊社交内涵。现在江南地区走村串寨的"游龙"活动和清水江苗族"独木龙舟节"的"姑妈接龙"习俗，就是这种远古习俗的遗存。

其次，龙舟为什么要竞渡？龙舟竞渡最初只是一种仪式性的娱神表演，而不是以输赢论高低的竞赛。随着时间的推移，划龙舟在娱神的同时，也增加了娱人的成分。竞渡就是这种仪式性的娱神表演衍生出来的一种成人游戏。正如闻一多先生所说："在急鼓声中（那时许没有锣），划着那刻画成龙形的独木舟,在水上作竞渡的游戏,给图腾神,也给自己取乐(《端午节的历史教育》)"。① 再后来,人们把救屈原、纪念屈原以及其他民族英雄附会在龙舟竞渡上,使这种竞速争胜的游戏"合法化"。于是,就产生了龙舟竞渡比赛。竞渡比赛也是中国古代龙舟走向分化的开始。

由于龙舟竞渡中的速度快慢,关系到本部落或村寨龙舟的荣誉,因此,如何提高自己拥有的龙舟的速度,就成为一个大家关心的问题。最迟到商周时期,我们的先民们就发明了打造木板船的技术。据专家分析,甲骨文中形态各异的"舟"字,表示的就是古代各种形状的木板船而不是独木舟。木板船的出现,不仅是我国造船技术的一大飞跃,对中国龙舟文化的发展也具有划时代的意义。

随着时代的发展,江南汉族地区的龙舟竞渡,逐渐从原始神圣的宗教仪式,向半娱神、半娱人的方式转变。竞渡中的宗教色彩被逐渐淡化,争先取胜成为龙舟竞渡的主要目的。于是,制造木板船技术的客观条件和人们越来越强烈的竞速争胜的主观需求一拍即合。笨重、速度慢、平稳性差的独木龙舟,就逐渐被重量轻、速度快、平稳性好的木板船龙舟所取代。此后,在江南汉族地区,木板船龙舟就成为龙舟竞渡的主角。这种淡化历史宗教内涵,竞速争胜的风气,隋唐之后,越见明显。当时的一些文人士大夫就对此表示了深深的担忧。唐宋八大家之一的苏辙在《竞渡》一诗中,就表达了自己的不满和担忧:"史君欲听榜人讴,一夜江波拍岸流。父老不知招屈恨,少年争作弄潮游。长鲸破浪聊堪比,小篨逆风殊未收。角胜争先非老事,凭栏寓目思悠悠。"诗人虽说争先取胜并非传统文化("非老事"),但民间的争先求胜之风却越演越烈。许多地方在龙舟竞渡中,因为争胜而发生打架械斗事件。

但来自远古的独木龙舟并没有在江南地区完全消失。从考古发现来看,独木龙舟一直到唐代,人们仍然在使用。1960 年,江苏省扬州市的施桥镇出土了一只长 13.65 米、宽 0.75 米、深 0.56 米的唐代独木舟。该独木舟船体狭长,船中安有 13 道横梁和坐板。据专家考证,这就是当时龙舟竞渡所用的单体独木龙舟。这说明,在江南地区汉族的龙舟竞渡中已

---

① 闻一多:《闻一多讲国学》,吉林人民出版社 2009 年版,第 57 页。

经消失的独木龙舟,仍然在一些边远的少数民族地区存在并使用着。这些少数民族中就有苗族的先民。从现在清水江苗族独木龙舟的划龙手的华丽穿着和站着划龙的姿势上看,清水江苗族独木龙舟仍然保留着原始古老的仪式性表演痕迹。

(三) 独木龙舟与木板船龙舟的分道扬镳

西南地区的苗族是被迫多次迁徙后,由中原地区迁到江南的河湖平原地区,再迁徙到西南的崇山峻岭中的。苗族的每次迁徙,大多不是大规模的整体迁移,而是一种在较长的时间内不断的逐步西迁。不同地方的苗族古歌对迁徙原因的叙述也不尽相同。有的是因为人多地少,"麻雀生多了,窝窝挤不下。子孙生多了,寨子住不下",而"迁徙来西方,寻找好生活"。① 有的则是因为战败被迫迁徙,以找寻他们理想中的家园——就像《诗经》所表达的:"逝将去女,适彼乐土。乐土乐土,爰得我所。"当前面的找到一片合适安家的地方定居下来之后,后面的则继续往前,寻找他们的理想居所。

对此,我们虽然找不到相关的历史文献记载,但各支苗族在他们的"古歌"中,对迁徙路线和过程都有生动的吟唱。随着苗族的不断西迁,其中一支苗族,由广西沿都柳江到榕江,然后翻越雷公山,来到巴拉河下游和清水江中上游一带定居下来。关于这支苗族的迁徙路线,在清水江《苗族古歌·跋山涉水》中,有这样的叙述:当他们一路逆水行船,来到河流上游,水浅滩陡,无法行船,于是,他们弃船上岸,来到一座高山上。这时,"燕子飞来说:'那个好地方,名字叫方先。'喜鹊飞来讲:'方先产棉粮,白米喷喷香。一个大棉桃,裹腿织一双。两个大棉桃,套头五丈长。'奶奶和公公,相望喜洋洋。大家手挽手,一齐下山岗……雄公来议榔,榔约这样讲:一支住方先,一支住方尼,一支住者雄,一支住希陇,一支住春整,分开过生活"。② 这支苗族的迁徙路线,也解决了长期以来我们关于独木龙舟为什么只存在于清水江与巴拉河交汇地区,而再往上或再往下都没有独木龙舟的困惑。

---

① 潘定智等编:《苗族古歌》,贵州人民出版社1997年版,第134至138页。
② 潘定智等编:《苗族古歌》,贵州人民出版社,1997年版,第150至152页。地名为苗语音译:"方先"为榕江;"方尼"为台江,"者雄"为雷山,"希陇"为黄平(谷陇),"春整"为施秉。

这一支苗族的到来，既带来了古老的独木舟，也带来了远古的龙文化。虽然在他们西迁时就已经掌握了制造木板船的技术——"树子已经砍好了，树子解成一段段。一共解成七大截……一段拿去解板子，拿给妈妈盖房子；二段拿去造木船，造船划上西方来……来看造船这段木……要解树子成九块……船头像个黄鳝头，船身就像鱼身子，船尾鱼尾一个样"。① 这不仅说明苗族在古代就已具备了打造木板船的能力，而且木板船已在生产生活中得到广泛运用。但他们来到清水江流域之后，并没有完全放弃制作工艺简单、成本低廉的独木舟。据《台江县志》记载：台盘普济渡口，始建于清乾隆五十年（1787年）。直到"光绪四年（1878年）由同知李道本拨公田济渡，时以掏空独木为船。解放后1951年始置船更替，独木船遂废"。② 可见，苗族虽然掌握了制作木板船的技术，但仍在一些地方和一些领域使用独木舟。

在龙舟文化上，他们坚守自己的传统文化和信念，较为完整的传承了远古独木龙舟驱邪逐魔、保一方平安、祈求风调雨顺、人丁兴旺的宗教功能和娱乐社交功能。他们站着划龙的姿势，其实是宗教仪式的表演；那些挂满龙头的礼物，则是人脉关系的炫示。完全与竞速争胜无关，他们对竞渡的胜负不仅不太在意，反而对那些不合传统礼仪的竞速争胜有着天然的反感。2009年7月，黔东南麻江县下司镇（现属凯里市，当地没有划独木龙舟的传统）曾邀请清水江独木龙舟到该地举办"全国首届独木龙舟大赛"，施秉、台江两县一共去了6只独木龙舟去参赛。对这次比赛，"独木龙舟文化区"的许多人并不赞同。他们说："这次去下司比赛的时候，船上的旗啊伞啊，全部拆去了，连个红绸布也没有，光秃秃的。他们说带着伞挡风，龙舟划不快。可是这些都是我们少数民族的习惯，都是老规矩。这样不合礼数（报道人：张YT，男，36岁，巴拉河村村民）。"③ 正是清水江苗族对传统文化的坚守，独木龙舟才没有像其他汉族地区一样，因为追求速度而被抛弃。让来自远古的独木龙舟，在偏远的清水江河谷里保留并传承下来，使我们还能一睹来自远古的独木龙舟风采。

---

① 燕宝整理译注：《苗族古歌·创造宇宙》，贵州人民出版社1993年版，第239至246页。
② 贵州省台江县志编纂委员会编：《台江县志》，贵州人民出版社1994年版，第444页。
③ 刘锋、靳志华、徐英迪等：《地方文化资源与乡村社会治理》，社会科学文献出版社2018年版，第88页。

中国古代独木舟有三种基本形制：第一种"头尾均呈方形，不翘起，接近平底"；第二种为"头尖尾方形，舟头起翘"；第三种为"头尾均呈尖形，两头起翘"。第一种属于独木舟最原始的形制，第二种、第三种则属于改进型。清水江独木龙舟的船身，是三条独木舟的结合体，分别用三根巨大杉木抠槽掏空而成。中间的一只独木舟粗大，称为"母龙"（苗语"合迷"）；两边的独木舟较小，称为"子龙"（苗语"嘎呆"）。母船、子船形制相同——前端翘起、略尖，后端平秃。这与"头尖尾方形，舟头起翘"的古代独木舟十分相似。因此，我们可以说，清水江独木龙舟的船身就是中国古代独木舟的"活化石"。独木龙舟在清水江苗族人心中与"遥远的东方故乡"一样，已成为这一群体"集体记忆"中的重要组成部分。

清水江苗族独木龙舟能够传承至今，一是，它被苗族带到清水江时，远离中原，基本未受到汉族龙舟形制及内涵变迁的影响，使它在清水江河谷这一相对封闭的空间里，完全在苗族传统的理念支配下实现了自我发展。二是，在苗族独木龙舟的发展过程中，苗族人不仅较为完整地传承了远古独木龙舟的文化内涵，还与时俱进，对独木龙舟的神性功能、宗教信仰进行不断的充实完善。比如，现在划独木龙舟祈愿"风调雨顺"、"人丁兴旺"等内涵，就是远古独木龙舟所没有的。三是，以具有地域特色的神话传说，使划独木龙舟活动的时间、空间安排具备了社会合法性，也使独木龙舟完成了从"客人"到"主人"的华丽转身。汉族的龙舟则走了一条相反的路径。汉族划龙舟虽然后来也增加了纪念屈原等民族英雄等内涵，但从总体趋势来看，汉族划龙舟从独木龙舟到木板船龙舟的演变过程，即是神性功能不断减少、淡化的过程。

苗族独木龙舟与汉族木板船龙舟的分道扬镳，不仅体现在形制上，更重要的是在文化内涵上。这也是现在的汉族划龙舟成了一种以争胜为目的的体育运动，而清水江苗族划独木龙舟"这项活动对身体并无明显的体育效果"，[①] 至今仍然只是一项具有鲜明民族特色和地域特色的民俗活动。

划龙舟作为一项历史悠久的具有特定文化内涵的民俗活动，如果抛弃其特有的传统文化内涵，而把注意力放在竞速争胜上，那么，这种竞速争

[①] 华南师范大学、贵州民族学院联合调查队：《黔东南独木龙舟的田野调查——体育人类学的实证研究（一）》，《体育学刊》2009 年第 12 期。

胜的形式，与国际流行的划船（划艇）项目就没有多少差别。这也许就是中国划龙舟迟迟不能成为奥运项目的主要原因。

总之，无论是形制还是内涵，清水江独木龙舟的源头都是远古的中国独木龙舟。因其在历史发展中所经历的路径、所秉持的理念的不同，才形成了今天的苗族独木龙舟与汉族龙舟的巨大差异。也正是这种差异，成就了中国龙舟文化的丰富性和多样性。

第五节　苗族"独木龙舟节"与"端午节"习俗同源异流

现在的端午节与划龙舟已成为不可分割的整体。但在古代，它们是分别起源于南方和北方的两种不同的习俗。

划龙舟习俗产生于江南水网河湖地区。从考古出土的青铜器上的纹饰来看，"早在春秋时期，古越族就已经有竞渡习俗了"。① 比如，1976年浙江鄞县出土的春秋时期的青铜钺的纹饰就有四个头戴羽冠的羽人划船的图纹。这说明划龙舟习俗远在春秋之前就已经形成。在远古，"龙为百鳞之长（《礼记·礼运》）"，负责管理水族。在《苗族古歌》里，管雨水的是雷公，龙管水族："雷公在天上，雷公管雨水；水龙在大海，水龙管鱼虾"。② 龙管雨水的神性，是后来才被人们附加上去的。当时人们把龙请上独木舟，目的是为了驱除水中邪魔，保佑行船平安。

端午节则起源于古代北方中原地区的"恶日习俗"。先秦时期的端午节，不是好日子。人们普遍认为五月是毒月，五日是恶日。传说在这一天，邪恶当道，五毒并出。于是，人们围绕"驱邪除毒"形成了一系列的习俗。如"五瑞避毒"，即用菖蒲、艾草、榴花、蒜头、龙船花五种植物以驱毒辟邪。"端午节的起源的具体时间。已经很难准确考证，我们能见到的最早的记录在甲骨文中就有了体现"。③ 也就是说端午节习俗的形成要远早于屈原等人生活的时代。端午节的一些习俗"是古人无奈于自

---

① 张建世：《中国的龙舟与竞渡》，华夏出版社1988年版，第11页。
② 燕宝：《苗族古歌》，转引自钱星：《浅述清水江畔苗族的龙舟文化》，《贵州民族研究》2000年第2期。
③ 都春屏：《民族精神与端午文化构建》，贵州大学出版社2011年，第40页。

然现象的遗风，与屈原无关"。①

　　这一南一北两种习俗的结合与它们基本相近的内涵有关。不管是端午节还是划龙舟，它们的出发点和目的都是为了驱邪除魔，消灾防病。当北方的端午节习俗传到江南的水网河湖地区时，人们就将这两种习俗合并融合。

　　关于端午划龙舟的记载，最早见于三国人周处的《风土记》："仲夏端午……竞渡。"《荆楚岁时记》也有"五月五日……是日竞渡"的记载。可见，至少在三国以前，端午节划龙舟的习俗就已经形成。清水江苗族划独木龙舟也和端午节联系在一起。据传说，清水江苗族独木龙舟最初也是五月初五划，后来怕耽误农时，才推迟到五月二十四日至二十七日划，五月初五的仅在胜秉象征性的划一下。在这一带，无论苗族、还是汉族，都过两个"端午节"。五月初五他们称为"小端午"（苗语直译叫"吃小龙"）；五月二十四日至二十七日他们称为"大端午"（苗语直译叫为"吃大龙"）。

　　"小端午"过得简单，而"大端午"过得十分隆重。在"独木龙舟文化区"，民间没有"独木龙舟"和"独木龙舟节"这两个汉语称谓。人们称"独木龙舟"为"龙船"（苗语"亮嘎"），称木板船龙舟为"汉龙船"；称"独木龙舟节"为"大端午"。在这一地区苗族人的心目中，"独木龙舟节"就是端午节，是与姊妹节等同、仅次于春节的重要节日。但在其他地区，不仅汉族不过"独木龙舟节"，苗族也不过。由此可见，"独木龙舟节"是该地区苗族独有的节日。

　　不管是苗族还是汉族，粽子都是端午节的标志性食品和亲友之间相互馈赠的礼物。

　　苗族还有"独木龙舟节"姑妈回娘家的习俗。在带回娘家的礼物中，粽子是必须的。过去，新出嫁的女儿端午节回娘家，人们往往以挑粽粑的多少来衡量婆家的富有程度和对娘家的重视程度。当地人管这种习俗叫做"挑粑粑"。未生育的新婚夫妇挑的粽粑是不同的，他们有意把两个粽粑捆在一起，称为"背崽粑"，寓意祈求龙神保佑他们早生贵子。在过去，"独木龙舟节"新出嫁的姑娘回娘家，要请几个壮汉，挑三、四挑插着小

---

①　张心勤：《端午节非因屈原考》，《新华文摘》1982年第4期。

彩旗的硕大的"枕头粽"作为礼物,其数量,少的几十斤,多的达到数百斤。现在这种习俗虽然没变,但不再讲究粽子的数量,只是象征性地挑几个表示一下就行了。苗族的"独木龙舟节"姑妈回娘家习俗这与古代的"躲午"或"躲端五"习俗(主要指已出嫁的女儿回娘家过端午节,以躲避"恶月恶日"的邪毒)十分相似。

"姑妈"的礼物:粽子

由于苗族"独木龙舟节"也吃粽子,而且五月初五端午节时,曾经在胜秉(平兆)划过独木龙舟,有的史料据此认为:"从传说上和历史上来看,这个节日在最初大概是向汉族学来的。……比如这一地带的苗族没有锣,而划龙船时锣鼓齐鸣,与汉族地区一样。汉族端午节吃粽子,而苗族龙船节也吃粽子,这决不是一种巧合。"① 还有人认为也许是当地汉人不识水性、不会划船,所以,这一带以汉族为主的村寨都不划独木龙舟。对此,我们需要做进一步分析。首先,如果划独木龙舟是汉族传进来的,汉族人却不参与,道理上说不通。其次,说汉族不习水性,也没有道理。生活在水边的人,无论苗、汉,习水划船都是基本生活技能。如果说这一带的汉族都不习水性、不会划船,他们又怎么能将这项民俗带进来的?其三,施秉建县是明正统九年(1444年),在当时的江南地区,木板船龙舟早已取代独木龙舟。同时期的湖广、江西船工带到贵州舞阳河流域的就是木板船龙舟。当地人将这种木板船龙舟称为"汉龙船"。如果说是明代汉

---

① 全国人大民族委员会办公室编印《贵州省台江县苗族的节日·划龙船》(内部资料),1958年版。

族传进来的，也应该是木板船龙舟，而不可能是独木龙舟。其四，粽子也不是端午节汉族的专用食品，而是一种古老的节日食品。在端午节习俗未传入南方之前，在北方就有端午节吃粽子的习俗。早在春秋战国时期，人们就用菰叶（茭白叶）包黍米，做成牛角状，称"角黍"。黍米为中国北方特产，南方较少。因此，粽子也可能产生于北方中原地区。大约在汉代，粽子才传到南方。制作粽子的原料黍米也被南方盛产的糯米所替代。由于南方气候炎热，为了延长保存期，南方人用草木灰水浸泡糯米，将其包成牛角、羊角以及四角状。在清水江苗族地区，不仅粽子的形状与古代一样（羊角、牛角形的都叫"羊角粽"；四角的叫"枕头粽"），而且做法上与古代一致：用草木灰水浸泡糯米，然后用"箬叶"（俗称"粽粑叶"）将其包成尖角状或扁圆条状，蒸熟即可食用。在汉代，苗族并没有迁徙到西南，他们还有相当部分生活在江南地区。这种习俗应该是与独木龙舟一起，随着苗族的迁徙带来的，而不是"向汉族学来的"。

因此，无论从哪个角度看，"独木龙舟节"和独木龙舟都属于清水江上游苗族自己的节日。至于苗族的节日习俗有的与汉族一致，这也是苗、汉族文化同源异流的结果。他们之间的差异性，则是发展路径与环境的不同而产生出各自的特点。这既是中国龙文化丰富多彩的基石，也是苗汉文化同源异流的佐证之一。

第二章　"独木龙舟文化区"的形成与演变

清水江苗族独木龙舟，形制独特，文化内涵丰富，是世界龙舟文化中的一朵奇葩。划独木龙舟的习俗以台江县的施洞镇、老屯乡和施秉县的马号镇、双井镇四个乡镇的清水江和巴拉河两岸村寨为核心，涵盖面积500多平方千米，人口约8万人。在这一区域内，苗族人口占总人口的85%以上。因其独特的独木龙舟以及其他别具一格的民族文化，而被一些专家学者称为"独木龙舟文化圈"。这一称谓，一直以来经常被一些宣传报道及学术论文所使用。然而，从社会学、文化人类学关于"文化圈"与"文化区"的定义来看，将这一区域称为"独木龙舟文化圈"是欠严谨的。

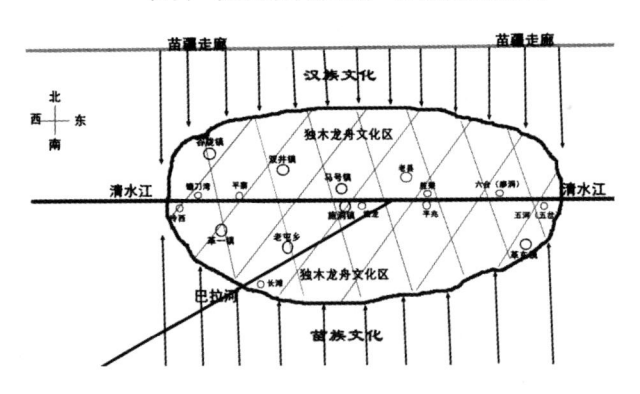

古代"独木龙舟文化区"文化生态示意图

"文化圈"与"文化区"是社会学、文化人类学描述、划分文化分布的两个概念。前者来自德奥传播学派，后者来自美国历史学派。两者既有联系，又有区别。"文化圈"是一个空间范围，在这个空间内分布着一些彼此相关的文化丛或文化群。但"文化圈"不仅限于一个地理空间范围，

第二章 "独木龙舟文化区"的形成与演变   23

它在地理上不一定是连成一片的。它强调文化的传播性，否认众多民族各自创造文化的能力。"文化区"则是具有某种共同文化属性的人群所占据的地区。它在地理上是一个统一连片的空间单位。"文化区"承认各个民族在特定的历史与环境里创造自己文化的能力。"文化区"涉及的地域范围和文化区域比"文化圈"狭窄。"从属于某一文化系统的人所居住的特定地域称之为文化区。文化圈的范围更广，指一组相关相似的文化系统所涉及的空间范围，即一组相关相似的文化区在空间上连续或不连续的分布"。① 虽然在过去的一些研究课题和学术会议上使用过"文化圈"这一概念，但随着研究的深入，我们认为，将这一区域定义为"独木龙舟文化区"更为科学严谨。因此，启用了"独木龙舟文化区"这一概念。

在本章中，我们将就"独木龙舟文化区"的形成和演变，从空间范围、自然及文化环境、文化景观、特定人群等方面，做简单的梳理讨论。

第一节 "独木龙舟文化区"的形成

翻开中国文化版图，我们惊讶地发现，在西南的贵州，在贵州东南部的崇山峻岭中，在施秉、台江两县交界的清水江和台江县的巴拉河下游，有一块面积不大却异彩纷呈、魅力独具的文化板块。这个板块就是以举世独有的独木龙舟文化和姊妹节文化等为共有文化要素代表的——"独木龙舟文化区"。

任何一个"文化区"的形成，都与空间范围、自然环境、人文环境、文化景观、特定人群以及共同的文化要素等方面有着密不可分的关系。"独木龙舟文化区"也是如此。

苗族是世界上最为顽强地坚守自己的理想信念和价值观的民族。中原逐鹿的失败，使他们失去了自己的家园。从此，他们踏上了漫长而艰辛的迁徙的征途。这一支苗族，是什么时候进入"独木龙舟文化区"的，已无法做出准确的判断。但经碳十四测定，贵州平坝县桃花村苗族棺材洞中第516号棺材，距今为1100±80年。而"独木龙舟文化区"位于平坝县以东数百千米。从苗族由东向西逐步迁徙的史实来推测，这一支苗族迁入

---

① 王星等：《人类文化的空间组合》，上海人民出版社1990年版，第38页。

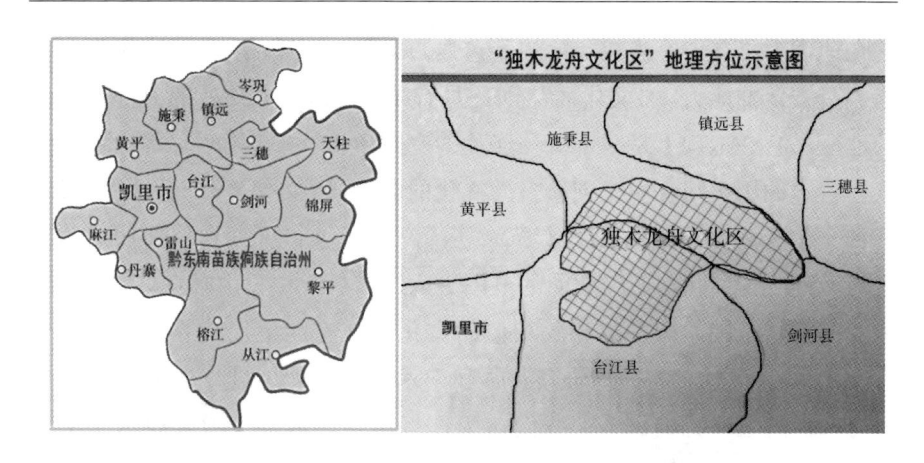

"独木龙舟文化区"的时间当在距今 1000 年以前。他们由江南地区一路向西,"从淮阳丘陵出发,经江汉一带,抵洞庭湖,溯资水、潇水和湘江等河流而上,经融江、寻江一带,再沿都柳江向上进入黔东南"。① 来到黔东南后,他们通过"议榔"的方式,将迁徙的人群分散到各个地方居住:"一支住方先(榕江),一支住方尼(台江),一支住者雄(雷山),一支住希陇(谷陇),一支住春整(施秉),分开过生活"。② 当时被安排住在"春整"的那一支,就从雷山沿巴拉河而下,在巴拉河下游以及巴拉河与清水江交汇处上下游的两岸定居下来。当时的施秉指的就是现在的马号、施洞一带(元朝的前江长官司和明朝的施秉长官司以及施秉县都设置在这一地区)。于是就形成了以巴拉河下游和清水江上游河道为骨架,以施洞、马号为中心,以 10—15 千米为半径的生活交往、产品交换的"交际圈"③。在古代,交通不发达,在一个以集市为中心、10—15 千米为半径的区域内,即使跋山涉水,最远处,半天也可以到达,当天可以往返。这是古代人际交往、产品交换、文化交流的理想空间。按当地传统婚俗(包括汉族),新娘前往夫家,中途不允许进入其他人家歇脚,更不能在外住宿过夜,必须一天内去到夫家。这就限定了他们理想婚姻圈的范

---

① 余未人主编,中国(贵州)民间文化遗产抢救工程办公室、贵州民间文艺家协会编:《苗人的灵魂——台江苗族文化空间》,黑龙江人民出版社 2005 年版,第 5 页。

② 潘定智等编:《苗族古歌》,贵州人民出版社 1997 年版,第 152 页。

③ 清光绪以前,这一带的集市在清水江北岸的马号;后来施洞修建码头、市场后,集市转移到南岸的施洞。

第二章 "独木龙舟文化区"的形成与演变

围也在这一区间。因此,我们将这样的空间结构和范围称为"黄金交际圈"。从拥有独木龙舟的村寨分布来看,整体大致呈"丁"字形分布("一横"为清水江,"一竖"为巴拉河)。在拥有独木龙舟的36个村寨中①,巴拉河流域有11个,清水江流域有25个。除了1个村寨与河流的距离在4千米之外,其他35个村寨都居住在江河边。这些村寨距离中心(龙舟集会地塘龙)最远的约15千米。这些村寨之间,因为有水道的便利,交往更加密切。而"文化区,同时也是交往最密切的地区"②。现在这一区域虽然分别属于两个县的四个乡镇,但行政区划的分割并不能带来"文化区"的割裂。从文化人类学的角度看,这一区域仍然是一个统一连片的文化空间单位。

在苗族进入之前,这一带并不是无人居住的洪荒之地。根据最近的考古发现,在"独木龙舟文化区"的"把往寨古人类遗址",就出土了大量属于新石器时期的石器。这证明,清水江流域在远古时期就有人类活动。这些远古人类的后代,才是这片土地上真正的"土著"。苗族古歌也叙述过四个不同的人类群体。对于真正的土著来说,苗族也是"客家"③。当大量的苗族人口聚集到这一地区之后,原来的土著不仅在人口数量上处于劣势,在强势的苗族文化面前,他们的文化也处于弱势。在历史上,苗族文化十分发达。民国《贵州通志》有这样一段论述:"夫苗族之在中国,论者谓尚在汉族之先。彼族君长如蚩尤者,明乎天道,为当时之官。实始造兵为剑、铠、矛、戟,以威天下。其才实横绝一代。又如中国周秦之刑法,亦实始于苗族。由是观之,苗族之开化亦与汉族同时。"④ 在这种情况下,原来的土著民族,要么迁移,要么被同化。表面上看,是苗族文化在"反客为主","实际上,文化的移入并不像字面表示的那样是单方面的。发达的文化确实给予不发达文化许多特征,但是它们本身也可能吸取

---

① 本统计中,乡镇和村均按现在的行政区划统计;在自然寨的统计中:廖洞按1个;铜鼓按1个;凉伞按1个,长滩按1个,老屯按1个,榕山按1个,鲤鱼塘按1个计算。因此,在数量上可能因统计口径不一致而与其他相关资料的数据有出入。

② [美]莫非:《文化和社会人类学》,吴玫译,中国文联出版公司1988年版,第160页。

③ 先到为"主",后来是"客"。"客家"是当地苗族对比他们来得更晚的汉族及其他民族的称谓,与通常说的"客家人"不是一个概念。

④ 贵州省文史研究馆点校:《贵州通志·土司土民志》,贵州人民出版社2008年版,第146页。

许多不发达文化的特点。"① 苗族文化在成为主流的同时，其自身也发生了他们自己也许都意识不到的变化。这也可以说是苗族文化与异族文化在这一地区的首次交流与融合。这种交流与融合在一定程度上，使这一地区的苗族文化与其他地区的苗族文化产生了差异。

第二次与异族文化的交流与融合发生在明清时期。元至元二十九年（1292）由湖广通往云南的驿道"苗疆走廊"（明朝称为"东路"或"一线路"）开通。这条驿道，既是交通大动脉，也是文化大通道。从明朝开始，朝廷就沿驿道设置卫、所、屯、堡，并大量驻军。明正统九年（1444）明朝廷率先对位于现马号镇的施秉长官司进行"改土归流"，设置施秉县（县治最初在马号镇的平地营，后来迁到马号镇的老县）。明万历二十八年（1600）还在偏桥设置了"偏沅巡抚"，明崇祯四年（1631），又在离清水江不远的凉伞营修筑一座"新城"。清雍正年间，张广泗、鄂尔泰武力开辟苗疆，设置"新疆六厅"，又在"独木龙舟文化区"的清水江和巴拉河沿岸，设置了大量的"汛"、"营"、"屯"、"堡"、"哨"、"所"等。汉文化在国家力量的推动下，强势进入。但汉族移民的到来，汉族文化的进入并未遮蔽苗族文化的主体性，在这一地区生活了一千多年的苗族，创造了辉煌灿烂的文化。在该区域内，苗族无论是在人口还是文化上，都占有绝对的优势，汉族则成了"少数民族。"② 在大环境上，汉族文化占有绝对优势，但在小环境里，苗族文化则居于主导地位。"独木龙舟文化区"正处于这两大文化的结合部。这种独特的文化生态环境，一方面使苗、汉文化的交流与融合显得十分活跃，同时，两种文化的矛盾与冲突也最为激烈。正是这种独特的文化生态，造就了"独木龙舟文化区"丰富而独特的节日文化、习俗文化、建筑文化以及公平民主、万类有命的社会观念和宗教信仰等等。"独木龙舟文化区"苗族文化经过漫长的发展演变以及与其他民族文化的不断交流与融合，从而形成了独具特色的有别于其他地区苗族的文化景观。在这些文化景观中，独木龙舟文化，成为"独木龙舟文化区"共有的文化要素。在这一区域，汉族虽然也过

---

① ［美］德伯里：《人文地理：文化社会与空间》，王民等译，北京师范大学出版社1988年版，第124页。

② （明）江东之等纂修（万历）《贵州通志》卷十五："正统九年改为县，设流官，隶本府，编户一里。""编户一里"指当时纳入户籍管理的汉人只有一百户。

自己的端午节，但他们将它称为"小端午"，过得非常简单，而将"独木龙舟节"称为"大端午"，过得十分隆重。他们虽然不划独木龙舟，但都要到附近的龙舟集会地"看龙船"，走亲戚，参与节日活动。"文革"期间虽不允许划独木龙舟，但"文化区"内不管苗族、汉族，到了节日会期，照样前往集会地参加集会。可见，"看龙船"早已是这一"文化区"深厚积淀的标志性文化符号。

巴拉河是清水江的重要支流，其下游水量充沛。居住在江河区域的苗族，因江河水道和舟船的便利，相互之间有着密切的交往。交往的密切加上基本相同的生活环境，使这一区域的苗族在语言、服装、习俗等方面趋于一致。而在苗族古歌中原本应是同一文化源的几支苗族，却因为居住地环境不同，彼此交往不畅，逐渐在语言、服饰、习俗等方面产生差异，成为不同的支系。居住在"独木龙舟文化区"的这一支被称为"河边苗"，而居住在远离江河的高坡地带的一支则被称为"高坡苗"。不同支系的苗族，往往属于不同的婚姻圈。即使在没有地理距离阻隔的情况下，传统观念里"高坡苗"与"河边苗"在通婚上也是有障碍的。在"独木龙舟文化区"内部文化日益趋同的同时，它与周边的文化差异也日益加大。这种同一地域上的文化趋同性，是形成"文化区"的重要条件之一。

总之，在往来便捷的地域范围、同一的自然与社会生境、不同文化之间的交融与区隔等因素的共同作用下，促成了"独木龙舟文化区"的形成。

第二节 "独木龙舟文化区"变迁的自然与人文因素

一 空间范围的变化

从现在"独木龙舟文化区"的地理范围来看，它包括台江、施秉两个县的4个乡镇，面积约为500平方千米，人口约8万。其中的23个行政村，36个自然寨拥有独木龙舟。然而，从调查中我们得知，"独木龙舟文化区"的范围，总体整呈缩小趋势。据调查统计，在清末以前，拥有独木龙舟的村寨约为48个，分别属于黄平、台江、施秉、剑河四个县的7个乡镇。到20世纪中期，县减少1个，乡镇减少2个，村寨减少11个。到20世纪末期，县、乡镇分别再减少1个，村寨则又减少2个。进入21

世纪后，县数、乡镇数不变，村寨增加1个。从空间范围上看，"独木龙舟文化区"面积缩小了约五分之一。历史上，施秉县双井镇的凉伞、杨九寨、把琴、龙塘；黄平县谷陇镇的镰刀湾、斑鸠寨；剑河县革东镇（原属台江县）的五河（五岔）；台江县施洞镇的景洞塘、老屯乡的望虎屯、革一镇的平贾、冷西、黑寨、茅坪等地都曾经拥有独木龙舟（见下表）。

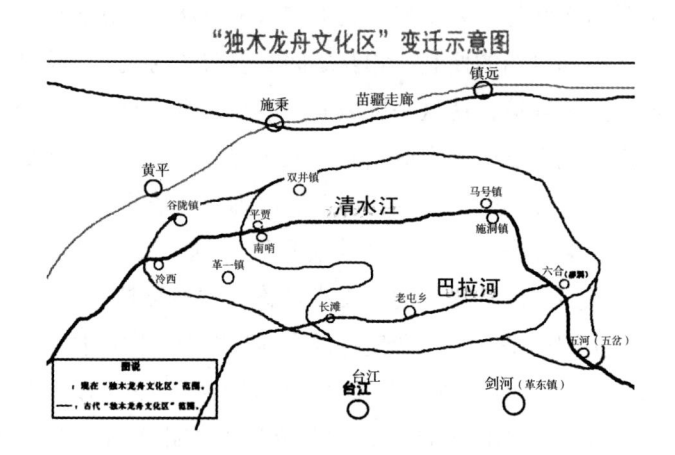

"独木龙舟文化区"变迁示意图

古、今拥有独木龙舟的村寨、乡镇、县数量变化表①　　　　（单位：个）

时间	村寨数	乡镇数	县数	备　注
古代（清末以前）	约48	7	4	原来的四县七乡镇：台江施洞镇、老屯乡、革一镇；剑河革东镇；施秉双井镇、马号镇；黄平谷陇镇。 后来退出的一县两镇：剑河县；剑河革东镇、台江革一镇；分别属于剑河、台江、黄平、施秉四县的平贾、望虎屯、景洞塘、五岔、镰刀湾、凉伞、把琴等11个村寨。

---

①　本表数据系根据我们的调查资料，结合杨通儒1962年《施洞地区苗族划龙船的补充调查·台江县施洞地区苗族村寨的龙船数和户口数》的数据进行推算而来。参见《中国少数民族社会历史调查资料丛刊》修订编辑委员会编：《苗族社会历史调查》（一），民族出版社2009年版（2019.1重印），第214页。

续表

时间	村寨数	乡镇数	县数	备注
20世纪中期	37	5	3	从清末到20世纪中期，"独木龙舟文化区"基本保持稳定。
20世纪末期	35	4	2	黄平县谷陇镇的斑鸠寨和施秉县双井镇的杨九寨两寨退出。斑鸠寨退出后，黄平县所属村寨已没有独木龙舟。
21世纪	36	4	2	施秉县双井镇凉伞寨重新加入划独木龙舟行列。

就"独木龙舟文化区"的地理分布而言，也一直处于不断的变化之中。最晚退出划独木龙舟的村寨是黄平县谷陇镇的斑鸠寨，他们于20世纪中后期退出。最近重新加入划独木龙舟的是施秉县双井镇的凉伞。200年前，因为从清水江边迁徙到离江边四千米左右的高坡居住而退出划独木龙舟。2018年，凉伞重新打造独木龙舟，加入清水江"独木龙舟俱乐部"，从而使拥有独木龙舟的"村落版图"发生了变化。同时，也打破了苗族古歌"上方吹芦笙，下方划龙船"[①]的村落分布格局。只不过这种变化是在漫长的时间里逐渐完成的，是在大格局相对稳定的前提下的一种局部调整。因此，对整个"独木龙舟文化区"的秩序，并未带来大的影响。

二 自然环境对空间范围变化的影响

凉伞、杨九寨、把琴、龙塘、镰刀湾、冷西、斑鸠寨、五河、景洞塘、平贾等村寨退出划独木龙舟活动的自然环境因素主要有以下两个方面：

一是离核心的划龙集会地塘龙太远，且中间有多重险滩阻隔。如果独木龙舟下水却不去塘龙参加集会，对拥有龙舟的村寨来说，犹如锦衣夜行，失去了划龙舟的意义。就目前拥有独木龙舟村寨的地理分布来看，离塘龙最远的村寨有：清水江上游的南哨、把往寨，下游的六合；巴拉河流域的长滩，但这些地方与塘龙的距离都在15千米以内。独木

[①] 黄平县民族宗教事务管理局、施秉县民族宗教事务管理局、镇远县民族宗教事务管理局编译：《苗族十二路大歌》，贵州大学出版社2013年版，第499页。

龙舟即使完全靠人力划动，也可以当天往返。五河一带村寨在六合的下游约 4 至 8 千米处；冷西、镰刀湾、黑寨位于把往寨上游 5 至 10 千米处。它们与塘龙的距离为 20 至 30 千米。这个距离在完全靠人力的古代，想要当天往返是非常困难的。而通常情况下，划独木龙舟必须要当天回到自己的寨子，因为每天出龙前必须要举行祭祀仪式。因此，为了能够当天往返，他们往往天刚亮就启程，到达集会地还来不及尽兴，便匆匆返程，且往往要天黑才能到家。来去匆匆，既不能充分展示自己，也不能与亲戚朋友做深入的交流；既不能很好地娱人，也不能充分地娱己，这在很大程度上也削弱了他们划独木龙舟的内生动力。再者，这些村寨不仅离塘龙的距离远，还有多重险滩阻隔。从五岔到塘龙，要经过廖洞险滩、平地营险滩；从冷西、黑寨、镰刀湾、平贾到塘龙，要经过传说中凶险无比的"长潭"（也称"十里长潭"）、八梗滩等险滩。他们到塘龙参加集会后，回到险滩处往往已是黄昏或晚上。此时视线不佳又没有现代化的照明工具，其危险程度会成倍增加，龙舟翻沉的概率很大。从我们调查的情况来看，造成这些村寨不划龙舟的直接原因都与龙舟翻沉有关。比如，五岔。据传说，五岔当时并没有分得龙肉，但他们看到施洞口一带的村寨划龙船非常热闹，就自己打造龙舟，加入划独木龙舟的行列。有一次，一个寨子的龙舟在回去的时候，不慎沉没，而且死了一个小孩。当地群众就以为是因为没分到龙肉，龙神不让他们划龙舟。同时，出现了他们划龙舟，不仅不能风调雨顺，还会给五岔和附近地区带来旱灾的传说。从此以后，这一带也就不再划龙船了。[①] 位于上游的平贾、冷西等寨也发生过龙舟翻沉的事故。传说他们当中的一个村寨在制造龙舟时，没有将龙颈掏空，当他们划龙舟经过"长潭"时，水面上的龙"太雄"（方言"厉害"的意思）了，就钻进水里与水里的龙打架。结果龙舟就沉没了，还死了好几个人。据当地人说，在"长潭"出现龙舟翻沉的事故还不止一次。而"长潭"又是传说中够杀死恶龙的地方，于是，人们就把龙舟翻沉归咎于恶龙的报复。慢慢的，"长潭"就成了独木龙舟的禁地。除了居住在附近的把往寨、南哨寨的龙舟之外，其他龙舟

---

① 《中国少数民族社会历史调查资料丛刊》修订编辑委员会编：《苗族社会历史调查》（一），民族出版社 2009 年版（2019.1 重印），第 208 页。

大多不敢进入"长潭"。"长潭"上游的这些村寨也因此退出了划独木龙舟的活动。

历史上退出划独木龙舟的村寨示意图

二是村寨整体搬离清水江。景洞塘、凉伞、把琴、龙塘等村寨，它们原来都居住在清水江边。后来因为各自的原因而迁移到远离清水江的高坡上。这些寨子与清水江的距离，近的有四五千米，远的有八九千米。由于离清水江较远，既不便于管理龙舟（龙舟都放置在江边），也会逐渐疏于习水使舟。

寨子搬迁后，龙船棚虽仍在原地①，凉伞、把琴等寨还专门留有一户人家看守龙舟。但由于古代通讯、交通都不方便，遇到清水江涨水时，部分寨子的龙舟因来不及转移而被洪水冲走。有的寨子则因搬离江边后，出龙和回家都不方便，人们就渐渐失去了划龙舟的兴趣。此外，这些村寨远离清水江后，随着世代继替，识水性、会划龙舟的人越来越少。而划龙舟如果没有技术过硬的舵手（艄公）、水性良好的划龙手的话，是非常危险的。因舵手的技术问题而造成龙舟翻沉的事故时有发生。2019年LS寨龙舟在八梗滩翻船、PM寨龙舟在老屯被撞断龙头，就与舵手的技术有很大的关系。景洞塘之所以不划龙舟，则因为曾发生划龙手落水被淹死的事

---

① 景洞塘的在平兆，凉伞的在鲤鱼塘，把琴的在铜鼓，龙塘的在大冲。

故。据传说,大约在清朝时期,当时的平地营还住在现在平地营险滩的下面。景洞塘的龙舟从下游划到平地营时,船上的年轻人与平地营的姑娘们对歌。景洞塘的划龙手们在对歌中嘲笑平地营的男人不会划龙舟,说他们划龙时"裤子都掉落"(有一年平地营的一个小伙子在划龙时用力过猛绷断了裤带);平地营的姑娘们则讽刺景洞塘的人是"高坡佬""干坡鸭",不会水,划龙时"人都掉下河"。结果,不想玩笑成真。当年景洞塘龙舟返程经过平地营险滩时,真的有一个划龙手掉到河里被淹死了。景洞塘因此不再划独木龙舟。

划独木龙舟作为一项民俗活动,有自己的游戏规则,它规范着整个活动,使之得以有序开展。这些规矩虽然没有文字条款,却有神话即神的旨意作为依凭。因此,无论是加入还是退出,都不能随意而为。比如,只有分到龙肉或与杀龙事件有关联的村寨才具有拥有独木龙舟、参与划龙的资格。一旦加入,想要退出的话,也必须要有神的旨意,否则就会被整个"文化区"的人看不起而有损村寨的荣誉,甚至会危及到村落人口的再生产(年轻人会找不到老婆)。因此,这些村寨都把环境、技术等原因,解读为神灵的旨意,从而实现合理、体面地退出。

三 人文环境对"独木龙舟文化区"变迁的影响

由于目前拥有独木龙舟的村寨都属于"河边苗"(施洞支系),以及有人把苗族古歌《斩龙歌》中"Qid gix diot gid bil / Qid niangx diot gid nangl"两句,翻译成"高坡吹芦笙/河边划龙船"。于是,有的人就把"高坡"理解为"高坡苗";"河边"理解为"河边苗",并由此得出:只有"河边苗"(施洞支系)才划独木龙舟,而"高坡苗"(黄平支系)不划龙船的结论。

我们从调查中得知,过去并不是只有"河边苗"才划独木龙舟。在这一带,住在河边的"高坡苗"甚至汉族也划独木龙舟。上节提到的过去拥有独木龙舟的村寨,如:平贾、镰刀湾、冷西、斑鸠寨等村寨全部是"高坡苗";望虎屯则是汉族屯军的后裔。也就是说,在历史上划独木龙舟并没有"河边苗"、"高坡苗"之分。是否划龙船或吹芦笙,与苗族支系没有关系,主要受居住地环境的影响。居于高坡的人们多不识水性,划龙舟有一定的危险,但他们可以通过吹芦笙来祈求风调雨顺、人寿年丰。

马号镇的平扒村虽然是"河边苗",但他们不划龙船而吹芦笙。

这些退出划龙舟的村寨,除了自然环境、技术等因素之外,"高坡苗"与"河边苗"的"婚姻圈"、"交际圈"的不同,也是他们退出划独木龙舟的重要原因。

传统的苗族独木龙舟,既有驱邪逐魔,祈愿风调雨顺、人寿年丰等宗教功能,也有强化血缘、亲缘关系,密切社区关系的社交功能。在古代,划独木龙舟的宗教功能更为强大。从退出划独木龙舟的村寨所处的地理位置来看,它们大多处于"独木龙舟文化区"的边缘地带。不论是六合下游的五河地区,还是平寨上游的镰刀湾、黑寨、冷西等地,他们与中心区的距离都超过 20 千米,已不属于"黄金交际圈"的范围。从五河划龙舟的起因来看,他们没有分到"龙肉",是因为看到施洞地区划龙舟觉得热闹而加入"独木龙舟俱乐部"的。平寨上游的几个村寨划独木龙舟,则是因为与杀龙有关。他们之所以接受并践行这种文化,是因为那时划独木龙舟具有强烈的宗教功能。而驱邪逐魔、祈愿风调雨顺、五谷丰登、人畜平安,这是古代农业社会在靠天吃饭条件下的普遍追求。"文化的变迁实际上是人们在需求和价值观引导下采取行动的结果。离开人们对文化的需求,发明、改造、接纳,文化的产生和变迁无从实现。"[①] 这些村寨由于与"独木龙舟文化区"在地缘上相邻,加上基本相同的自然环境和资源,在强烈的宗教意识的驱使下,他们加入了划独木龙舟的行列。

随着社会的演进,划独木龙舟的宗教功能渐趋淡化,社交功能不断增强。宗教功能的淡化主要表现在两个方面:一是祭祀仪式越来越简化,有的村寨甚至将一些仪式省略;二是一些禁忌被打破或未被严格遵守,民俗文化的神秘性趋于弱化;在世俗功能社交"娱人"方面得到不断增强的同时,"接龙送礼"这种亲友间相互支持的形式,变成了一种攀比和炫耀。这些变化,对于处于"独木龙舟文化区"边缘的这些村寨的退出,有着决定性的影响。

首先,他们当初加入划独木龙舟的需求动力是独木龙舟的宗教功能,

[①] 唐婷婷、甘代军、李银兵、曹月如:《文化变迁的逻辑》,云南大学出版社 2014 年版,第 9 页。

为一方祈求风调雨顺、人畜平安。他们划龙舟，是为造福一方而履行神圣的使命。这是他们甘愿冒险过险滩、入深潭的内在动力。一旦这种功能淡化，其内在需求、内生动力也随之减弱。

其次，独木龙舟社交功能的不断增强，也成为促使他们退出"独木龙舟俱乐部"的巨大推力。这些处于边缘的村寨，亲戚朋友也大多远离龙舟集会地，前来接龙祝贺的亲友就相对较少。因此，在"接龙礼物"越来越成为一只龙舟、一个"鼓头"的荣誉和地位标志之际，当看到别的龙舟因挂满鸭、鹅、彩绸而洋洋得意之时，他们划龙的冲动也就此湮没。

第三，独木龙舟社交展示功能的增强，使划独木龙舟成为一个村寨向自己所属的"婚姻圈"展示实力与分享荣耀的平台，由于独木龙舟集会地不属示自己的"婚姻圈"，他们的展示就缺少了他们所希望的观众。退出没有观众的"舞台"，对这些村寨来说，也在情理之中。

任何一种文化现象的产生和消亡，都与这种文化是否具有利用价值直接相关。这种价值包括物质价值、精神价值、社会价值等方面。当它具有价值的时候，人们就会创设它、传承它；当它的价值消失的时候，也就是这种文化消亡的时候。因此，文化的变迁，不是文化本身的问题，而人的需求变化之后，自觉行动的结果。

下游的五河虽然属于"河边苗"，但因为距离远，其婚姻圈与"独木龙舟文化区"重合的部分不多；上游的平贾、镰刀湾等寨，则属于"高坡苗"，他们与"河边苗"一般不通婚。因此，当独木龙舟的宗教功能弱化而社交功能强化的时候，这一民俗事象对他们来说就失去了价值。而同样属于"高坡苗"的斑鸠寨，为什么一直坚持到20世纪中后期才退出呢？我们在调查时，ZZ寨的人给出的理由是："他们太懒，既不划龙舟，也不抬龙舟，只吃饭不干事。"其实，他们之所以"懒"、不积极，是因为他们对划龙舟已失去兴趣和动力。他们之所以成为退出划龙舟的最后一个"高坡苗"村寨，其原因大致有几个方面：其一，他们原来是居住在河边的"河边苗"。斑鸠寨的龙家、邰家与竹子寨的龙家和杨九寨的邰家是宗亲。他们从河边搬迁到斑鸠寨之后，才逐渐变成"高坡苗"。他们在空间上虽然处于"独木龙舟文化区"的边缘，但这之前他们的"婚姻圈"仍然在"独木龙舟文化区"之内。其二，他们由"河边苗"变为"高坡苗"，也不是"突变"，而是一个长期的渐进的过程。亲缘关系的疏远，也是一个长期的过程。其三，新的"婚姻圈"的确立和巩固也不是一两代人就能实现的，同样是需要经过渗透、接纳、确立、巩固的过程。只有当他们新的"婚姻圈"、交际圈完全建立，才可能完全废弃老的"婚姻圈"、交际圈。这也许是他们参与划龙舟不积极，并最后彻底退出的深层次原因。

对此，我们以下面两个村寨（地处清水江"独木龙舟文化区"上游地带）接龙亲友的分布情况予以说明。

> 例一：2017 年，ZD 苗寨新龙舟下水，该寨有 80 多户人家，前来接龙的亲友约 1000 户。其中，属于"独木龙舟文化区"范围内的有 967 户，占所有接龙亲友的 96.7%；如果以 ZD 苗寨为圆心，分别以 5 千米、10 千米、15 千米为半径画圆的话，在接龙亲友中，处于 5 千米半径范围内的占 42.8%；10 千米半径范围内的占 65.62%；15 千米半径范围内的占 84.92%；15 千米半径之外的约占 15%。由于该寨处于"独木龙舟文化区"的上游边缘，就是处于 15 千米半径之外的亲友，也大多仍属于"独木龙舟文化区"的范围。

> 例二：2018 年，LSSJB 苗寨的新龙舟下水（该寨为一个大自然寨的一个组成部分）。该寨共 110 多户，前来接龙的亲友 944 户。其中，属于"独木龙舟文化区"范围内的 903 户，占所有接龙亲友的 95.7%；以该寨为中心，分别以 5 千米、10 千米、15 千米为半径划圆，在接龙亲友中，处于 5 千米半径范围内的占 22.81%；10 千米半径范围内的占 63.77%；15 千米半径范围内的占 85.69%；15 千米半径之外的仅占 14.31%。

从上例两寨接龙亲友的分布情况来看，超出 15 千米"黄金交际圈"范围的亲友仅占 15% 左右，85% 处于"黄金交际圈"范围之内；其亲友的分布密度呈东密西疏的状态，完全向"独木龙舟文化区"中心内倾斜。也就是说，在求雨、驱魔等宗教功能淡化的今天，大量的亲友生活在"独木龙舟文化区"，密切亲缘关系是他们划独木龙舟的内在动力；而亲友接龙时赠送的大量礼物，则是他们收获村寨荣耀，彰显社区地位的外在表达。反之,则会失去划独木龙舟的热情和动力。

第三节　龙舟集会时间、地点的演变

从古至今,独木龙舟的集会时间和地点,虽然基本保持稳定,但也有一些调整、波动。集会时间最初为4天,后来变为3天,再后来又变为4天,到现在又变为5天;集会地点最初是5个,后来增加为6个,再后来又减少为5个,现在则增加到了7个。对于独木龙舟集会时间、地点的确定,看似以神话传说为依据,其实这些"神"的旨意,都是人的智慧表达。

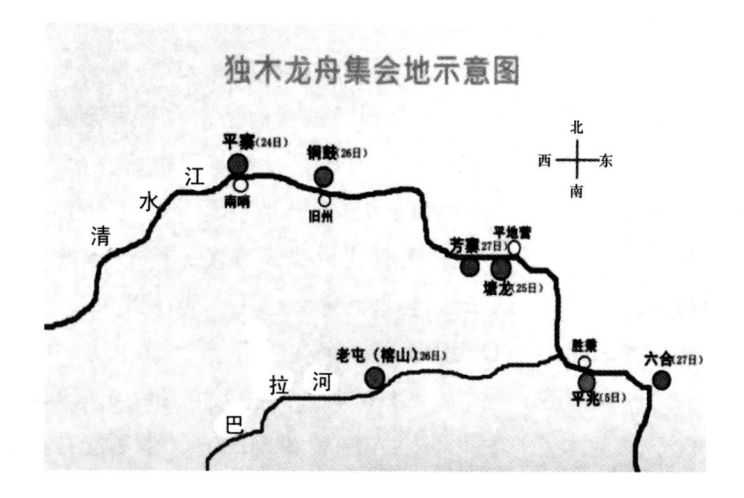

独木龙舟集会地示意图

一　"神"的旨意——活动秩序的"合法性"

关于独木龙舟集会地点及其时间顺序的确定,大致有三种源自于神话的解释。

传说一(梗概):传说在南野河口,有一条恶龙把故亚的儿子抓进龙洞,吞进去、吐出来,压得扁扁的。故亚为子报仇,放火烧了龙洞,烧死了恶龙。人们从四面八方赶来分食龙肉。平寨割得龙颈,塘龙寨割得龙身,铜鼓寨和榕山寨得龙腰,廖洞寨得龙尾。恶龙死后,天黑地暗,人们无法生存。恶龙托梦,让人们做龙舟划才能年年丰收。从此以后，各寨按所得龙肉的部位先后举办龙船节。即：五月二十四日在平寨划龙，二十五日在塘龙划龙，二十六日分别在榕山和铜鼓划龙，二十七日在廖洞划龙。①

在这个传说里，划龙舟的集会地点和时间是依据各地分得龙肉的部位来确定的：集会的时间为四天，即农历五月二十四至二十七日；地点有五个，即平寨、塘龙、铜鼓、榕山、廖洞。五月二十四日在平寨划，二十五日在塘龙划，二十六日分开在铜鼓和榕山划（当地称为"分龙"），二十七日在廖洞划。

传说二（梗概）：传说在小江河口，恶龙伤害了渔民保公的儿子，保公烧死恶龙为儿子报仇。龙尸浮出水面，大家分食龙肉。胜秉寨分得龙头，平寨分得龙颈，塘龙寨分得龙身，铜鼓寨和榕山寨分得龙腰，芳寨和廖洞寨得龙尾。于是，人们以各地分得龙肉的部位，来确定划龙舟的时间顺序：胜秉农历五月初五日划，平寨五月初六日划，其他以此类推。但时值农忙，大家协商，改在农历五月二十四日至二十七日分别在以上各地划龙舟。结果次年发生了旱灾，大家认为这是改变划龙舟日期造成的。于是决定，五月初五日在胜秉随便划一下，表示划龙开始。五月二十四日再到平寨举行大规模划龙。其后是：二十五日在塘龙划，二十六日分别在老屯（榕山）和铜鼓划；二十七日分别在芳寨和廖洞划。②

在这个传说里，虽仍以各村寨分到龙肉的部位来确定划龙的地点和时间，但划龙地点增加了胜秉、芳寨，变为七个；划龙时间增加了一天，变成了五天；原来的五个地点以及划龙集会的时间没变。将胜秉的划龙时间确定为农历五月初五，正好是汉族的端午节；而芳寨与廖洞则同时在五月二十七日划龙。

---

① 见《附录·独木龙舟神话选录·起源神话·"人杀龙·人吃龙"（之六）》。
② 见《附录·独木龙舟神话选录·起源神话·"人杀龙·人吃龙"（之一）》。

传说三（梗概）：很久以前，平寨上游有个叫够保的老人和儿子到江里捕鱼，惊动了江里的一条龙。龙便把够保的儿子拖进龙洞。够保为救儿子而潜进龙洞，杀死恶龙。过了三天三夜，龙头、龙颈在平寨的长潭口先浮出水面。岸边的苗寨因此得名"涌狼巩"（意为"龙颈"），汉名叫把往寨。龙尸顺水往下漂，引来老鹰、鹞子等来抢吃龙的内脏。有的得了一块肺，飞到巴拉河的榕山，有的叼了一块肝，飞到铜鼓的河边，有的叼得一点肠子，飞到廖洞。龙身因为内脏被掏空，就渐渐下沉。敏捷的鹞子已叼得一块肉到施洞口的场坝上吃完，正要返回再叼的时候，龙身便完全沉没到水底去了。龙身沉下去的地方，就是塘龙（苗名叫作"党涌"，意为"沉龙"，一说为"看龙的地方"）。恶龙被杀后，发生旱灾。玉皇大帝知道后，就狠狠训斥了龙。龙托梦给清水江边的苗民，让人们用杉木做成龙的样子，每年划几天，就可以风调雨顺，五谷丰登。人们做好龙舟后，就按龙尸浮出水面和沉入水底以及鸟叼得龙内脏的顺序确定划龙舟的时间和地点。①

这个传说里划龙地没有胜秉，地点变为六个，时间变为四天。平寨、塘龙、铜鼓、榕山、芳寨、廖洞的划龙时间没发生变化。

我们发现，不管这些传说以什么为依据，也不管集会时间、地点如何变化，对平寨、塘龙、铜鼓、榕山四个地方的集会地地位，都没有丝毫影响。

神话起源于民俗活动，而不是民俗活动起源于神话传说。也就是说，先有民俗活动，后有神话传说。民俗活动为神话传说的产生提供土壤和素材，而神话传说则使民俗活动成为神的旨意，使之更具权威性和社会合法性。神话"是永远为一种目的而创造的——为的是完成一种社会功能，提高某一人群或者对于反常的现状来加以根据"②。在"独木龙舟文化区"，划龙地点和时间的增减，也可以说是一种"反常的状态"，也要用

---

① 见《附录·独木龙舟神话选录·起源神话·"人杀龙·鸟吃龙"（之一）》。
② ［英］马林若夫斯基《巫术科学宗教与神话》，李安宅译，中国民间文艺出版社1986年版，第109页。

神话来作为依据。创造神话的人们,在用神话赋予民俗事象合法性的同时,也赋予了它神秘性,从而使民俗活动的秩序、规则得到尊重和维护。

二 人的智慧——活动秩序的"科学性"

古人对划独木龙舟集会时间、地点的秩序安排,撇开神话传说赋予的权威性和社会合法性不说,从现实条件来分析,这种安排也是非常科学合理的,体现了苗族人非凡的智慧。

首先,"独木龙舟节"的时间安排避开了农忙时段,有利于集会活动的开展。

平寨独木龙舟节盛况

前文引的"传说二"说,龙舟集会地是按照各寨得到龙肉的部位来确定的:农历五月初五日到胜秉集会,五月初六日到平寨集会,五月初七日到塘龙集会……但时值水稻插秧大忙季节,大家就商量改在农历五月二十四日至二十七日再分别到集会地划龙舟。结果次年发生了旱灾,大家认为这是改变划龙舟日期造成的,于是决定,五月初五日在胜秉随便划一下,表示划龙开始。五月二十四日再到平寨举行大规模划龙。

这则神话至少给我们两个方面的联想:一是苗族最初的端午节可能与

汉族一样，都是五月初五日过，龙舟也是这个时间划；二是后来改到五月二十四至二十七日，主要原因是因为五月初五处于插秧农忙季节，人们没有时间参加集会活动。从"独木龙舟文化区"的农事气候来看，农历五月中旬以前，是插秧的最佳时机。过了五月下旬才插秧，会影响收成。之所以把时间确定为五月二十五前后，是因为五月二十五仍然是"端午"——"三端午"①。苗族作为稻作民族，农事气候是他们必须遵循的自然规律。因此，东方祖居地与清水江河谷的气候差异也许就是促成这种改变的原因。他们把端午节从"初端午"改到"三端午"，体现了他们既尊重和延续传统又不墨守成规，一切从实际出发的品格智慧。同时，把过节时间安排为四至五天，也使独木龙舟的宗教和社交功能得到更为充分的发挥。

其次，龙舟集会地分布合理，便于龙舟集会和表演。

现在的龙舟集会地中，塘龙和平寨是两个最为重要的集会地。为期五天的龙舟集会，这两个集会地各占据一天的时间。同时，它们也是整个"独木龙舟文化区"所有龙舟的集会地，而其他集会地则是局部的、分散的。关于龙舟集会地的安排布局，与集会地村寨的大小和力量的强弱没有直接的关系。苗族社会信奉平等自治的理念，"以强谋私"、"恃强凌弱"的情况一般不会发生。即使有，也只能在一时起作用，绝不可能延续千百年不变。因为苗族社会对这种不公平的谋私行为是不能容忍的。在我们的调查中，不仅老百姓对此没有"闲话"，而且神话传说中也没有这方面的痕迹。"独木龙舟文化区"的人们不仅接受这种安排，还以神话的形式，赋予它们合法性，使它们的地位更加稳固。其实，这些地方之所以能成为独木龙舟集会地，与它们自身的自然环境、地理位置、经济社会条件等方面有着直接关系，与该地方（村寨）的实力或势力没有必然联系。

平寨（苗名"赏欧"）是"独木龙舟节""开幕式"的所在地，也是新龙舟的"取水"地。在所有的龙舟集会地中，其地位仅次于施洞塘龙。所有第一年下水的新龙舟，都必须到平寨的长潭取水，否则，这只龙舟就不能算是一只真正的独木龙舟。因为，没有到过长潭"取水"的龙舟不具备"神性"，没有"神性"的龙舟便不具备驱邪逐魔，保佑一方风调雨

---

① 古人把五月初五叫"初端午"，五月十五叫"大端午"，五月二十五叫"三端午"。

顺的宗教功能，也不可能给亲友送去吉祥安康。平寨自身的自然环境、地理位置、经济条件等"硬件"，是它获得如此重要地位的决定性因素。从现在拥有独木龙舟村寨的分布来看，平寨的地理位置并不好，它处于"独木龙舟文化区"的最上游。但在古代，平寨的上游还有镰刀湾、平贾、黑寨、茅坪、冷西等苗寨拥有独木龙舟。这些寨子中处于最上游的冷西，距离平寨约有十千米水路。而由平寨往下到塘龙，其距离也只有15千米左右。就这一河段来说，平寨处于居中位置。另外，平寨有宽阔的河滩，能容纳大量的观众；平寨江面宽阔，有较深的"龙潭"，利于独木龙舟的聚集和划龙表演。再者，平寨还是古代清水江上的一个重要码头和集市，有为参加集会人员提供贸易交换和生活便利的条件。最后，历史上平寨居民以汉族为主，且从来不划独木龙舟，但当时平寨的"四大家族"（傅家、贺家、蒋家、林家）对划独木龙舟十分支持。他们每年都会拿出大量的银钱奖励给前来平寨参加集会的独木龙舟。这些也许是在上游的冷西等苗寨不划独木龙舟之后，平寨的集会地位未受到影响的原因之一。可以说，平寨成为龙舟集会地，既有自然环境因素，也有社会经济原因。而"杀龙"传说和"取水"神话，只不过是对平寨作为新龙舟唯一的"取水"地和举办"开幕式"提供了神圣性的解释以及合理性支撑。

如果把平寨的龙舟集会比喻成"开幕式"，塘龙（苗名"党涌"）的龙舟集会就是这个节日的"高潮"，是节日的"正日"。塘龙在"独木龙舟节"中的重要性，可以用一句话来概括：凡当年下水的独木龙舟（不论新老），如果不到塘龙参加集会，那就等于没有参加划龙舟活动。因此，到塘龙参加集会的龙舟最多，观众人数也最多，接龙和比赛的场面也最为热烈。这是因为：其一，不论在地理位置还是文化意义上，塘龙都处于整个"独木龙舟文化区"的中心位置。就地理位置而言，最上游的平寨、最下游的六合（廖洞）以及巴拉河的长滩，他们到达塘龙的距离都在13千米至15千米之间，属于"黄金交际圈"的核心。就文化意义而言，在杀龙、抢龙肉的传说里，塘龙得到的是中间部位的龙身。其二，在所有龙舟集会地中，塘龙有较为宽阔、水流平稳的江面，比赛竞渡的赛道最长。其三，塘龙有面积远超平寨的河滩草坪，能容纳更多的观众，它也依托于施洞市场，能为前来观看龙舟展演的观众提供购买、交换的便利。此外，塘龙作为最重要的独木龙舟集会地，也许还有另一个不能忽视的因素——从元代开始，施秉县的前身——前江长官司（明代改为施秉长官司）衙门就设在塘龙对面的平地营，平地营作为"独木龙舟文化区"政治经济文化的中心长达两百年。在当地关于"杀龙"的传说中，就有"够保杀龙之后，龙尸漂到平地营老寨址的寨脚浮出水面，许多河对岸的人就跑到塘龙寨来看龙。于是，塘龙寨就得名叫'党涌'，意为'看龙的地方'；而平地营则得名叫'奔涌'，意为'龙浮出来的地方'（平地营古地名，现平地营苗名叫"宝老"）"①。看龙的人在塘龙，而龙在平地营。这里的"龙"也许可视为权力的隐喻。因此，塘龙在"独木龙舟节"中具有举足轻重的地位，既是历史的选择，也是自然的赋予；既是神灵的旨意，更是人的智慧。塘龙成为众龙所归之"塘"，是多方面因素相互叠加、共同作用的结果。

塘龙龙舟节盛况

另外，平寨和塘龙之所以能成为"独木龙舟节"两个重要的集会地，也与两地分属不同的行政辖区有一定的关系。在施秉建县之前，施洞地区（包括巴拉河下游地区）属于前江长官司管辖（明初改为"施秉长官司"），施秉建县后，即属于施秉县管辖。施洞与巴拉河下游地区是清雍正年间设台拱厅后，才划归台拱厅（后来的台江县）管辖。而平寨地区在黄平建县之前，属于黄平州岩门司长官司管辖，黄平建县后，即属黄平县管辖。直到民国时期，平寨地区才划归施秉县管辖。从两地的历史沿革

---

① 详见《附录·独木龙舟神话选录·起源神话·"人杀龙·鸟吃龙"（之三）》。

来看，它们分属于两个长官司（后分属于两个县），因此，人们在安排独木龙舟集会地点时，一个土司辖区安排一天，是合情合理的。

其他几个龙舟集会地，除了所处地理位置便于附近群众前来参与外，它们都有较为宽阔的河滩，河水较深、流速较缓等利于划龙舟的自然条件。这也是铜鼓与旧州、榕山与老屯虽隔河相望，但神话里却只提铜鼓、榕山，不提旧州、老屯的原因。因为在铜鼓与旧州之间，铜鼓有河滩，旧州没有；在榕山与老屯之间，榕山有河滩，而老屯没有。

现在没有河滩、不具备独木龙舟集会条件的胜秉，不仅在传说中分得"龙头"，而且在历史上，它还是独木龙舟的第一个集会地。集会时间是五月初五的端午节。其他地方的集会则要推后到五月二十四日才陆续举行。这种间隔近20天的节日安排，在"独木龙舟文化区"是绝无仅有的。对此，我们认为，大致有两种可能：

一种可能是：这种安排，从一个侧面印证了我们前面所作的"苗族最初的端午节可能与汉族一样，都是五月初五日过，龙舟也是这个时间划"的推论。苗族之所以象征性地保留五月初五的胜秉独木龙舟集会，不仅是沿袭传统习俗，也是对先祖、对故土的记忆。胜秉现在没有河滩，不等于古代也没有。"三十年河东，三十年河西"，白云苍狗、沧海桑田。我们现在看到的胜秉，也许是河水改道后的地貌。在清水江未改道之前，胜秉也许曾拥有广阔的河滩。河水改道后，原本在胜秉一侧的河滩变成了隔河相望的平兆沙洲（胜秉在北岸，有汛城和苗寨两个自然寨；平兆在南岸，原来有上、下两个自然寨）。该沙洲面积约数万平方米，沙洲南侧的旧河道现仍然清晰可见。20世纪70年代以前，这片沙洲曾是繁华的集市，住有百十来户人家，叫做平兆下寨。曾是繁华的集市，称为"平兆场"。20世纪70年代初，下寨被洪水冲毁，住户全部搬离，市场也随之消失。根据史志记载，"平兆场"原来叫做"胜秉场"[①]。当地人也说，过去的独木龙舟集会本来在胜秉，后来由于活动场地小，才改到河对面的平兆集会。胜秉苗寨过去也是有龙船的，后来因为汉人逐渐增多，而龙船又被洪水冲走，所以就不再划龙船了。这似乎从侧面印证了"河水改道"的假设——河水改道之前，胜秉不仅有河滩，还有集市。这也许是神话传

---

① 贵州省文史研究馆点校，《贵州通志·学校选举志》，贵州人出版社2008版，第229页。

说把"龙头"分给胜秉,却对平兆只字不提的原因。在当地还有一个独木龙舟起源传说:远古时代,龙公龙母一家从东方而来。龙公走到了凯里附近,回头看时,龙母带着孩子才走到胜秉。龙公就在那里等她们。当龙母带着孩子走到巴团时,鸡叫了。鸡一叫,他们都走不了啦。于是,龙公就变成了香炉山,龙母和孩子变成了金钟山。由于龙公回头时龙母还在胜秉,所以胜秉就做龙船来划。龙船的样子也照着金钟山做:中间的母龙大,两边的子龙小。"①

另一种可能是:当时的施秉县城(现老县)离胜秉只有两千米左右,胜秉汛城,既有屯军,也有屯民。对岸的平兆下寨是一个比较繁华的集贸市场,有许多来自江南地区的生意人。据当地人讲:五月初五"小端午"在胜秉对岸的平兆划龙船的习俗,是古代受当地汉族邀请之后才逐渐形成的。平兆原来分为上、下两寨。上寨全为苗族,有独木龙舟;下寨是苗汉杂居,没有独木龙舟。胜秉苗寨,也有独木龙舟。平兆离当时的施秉县城老县很近,平兆下寨赶场很热闹,住有很多做生意的汉族人。"小端午"时,平兆下寨的汉人就邀请附近苗寨的独木龙舟到平兆去划。这样就形成了平兆五月初五(小端午)划独木龙舟的习俗。由此看,胜秉作为独木龙舟的集会地并在时间上处于"龙头"的位置,也有可能是政治经济等因素干预的结果。当地官员为了让汉族的端午节也过得热闹,就动用行政和经济等手段,五月初五邀请附近的苗族村寨到平兆划独木龙舟。后来,县城迁走了,这里的龙舟集会就逐渐不举行了。传说中关于胜秉抢得"龙头"的说法,也许只为了证明其"合法性"而进行的再创作。这与现在的一些地方政府,以权力和金钱为手段,让传统民俗离开它的原生地,"搬迁"进城的做法十分相似。这种"移民搬迁",一旦失去权力和经济支撑,就自然失去了存在的理由和空间。

以上两说,虽然无可靠的史料支撑,但胜秉五月初五划独木龙舟的史实背后,却可能隐藏着苗族丰富的社会、经济、历史、文化等重要信息,值得进一步探讨和研究。就倾向性而言,我们更倾向于第一种可能性,即:胜秉原来有河滩、有集市,该地五月初五划独木龙舟,是苗族传统习

---

① 流传于马号一带。讲述人:马号平地营刘永乾(苗族,男,75岁)。2018年7月,张乾才搜集整理。

俗的承续和对东方故乡的历史记忆。否则，对所有独木龙舟起源神话中只提胜秉而不提平兆的原因就难以得到合理的解释。

近年来，平兆的苗族群众重新恢复了五月初五举行独木龙舟集会的传统，这是一件好事。但要想重新取得"龙头"的地位并为"独木龙舟文化区"广泛接受，需要各方面因素的合力叠加，不是一朝一夕可以做到，也不是一个村寨力所能及的。这不仅需要他们付出更多的努力和坚持，更需要各方面的理解、支持和帮助。

独木龙舟节踩鼓（磨桂宾摄）

从总体上看，独木龙舟集会地布局合理，利于活动的开展和龙舟的集中表演。现有的七个集会地中，清水江北岸三个（平寨、铜鼓、廖洞），南岸四个（塘龙、榕山、芳寨、平兆）。其中，单独的集结地三个：北岸的平寨和南岸的塘龙、平兆。分散划龙地四处：北岸的铜鼓、廖洞，南岸的榕山（巴拉河流域）、芳寨。从这些集结地在"独木龙舟文化区"所处的位置来看，平寨处于上游；廖洞处于下游；榕山则属于巴拉河流域且位置居中；塘龙、芳寨居于中间位置。在交通十分不便的古代，这种既集中又有分散，既照顾到上游又兼顾下游、中游，既有"开幕式"又有"高潮"、"尾声"的活动地点及时间顺序安排，既体现了活动的仪式性，又增强了活动的参与性。

清水江苗族独木龙舟集会地点的产生和确定，各集会地自身的条件是决定性因素，这是"独木龙舟文化区"大多数龙舟集会地能稳定千年不变的根本原因。这些龙舟集会地的确立，既不是靠"势力"争来的，也不是靠"神灵"送来的。每一个龙舟集会地的确定，都是千百年来苗族人民在划独木龙舟活动中，经过不断的筛选、优化和淘汰之后的产物。试图靠权力与金钱在短时间内改变一个地区的文化生态，结果是可想而知的。但这并等于说，独木龙舟的集会地会就此固定不变。任何一种文化都是发展变化着的，发展和变化是文化的生命所在——它是一条奔腾不息的河流。但这种发展演变需要时间以及各方面条件的密切配合，是一个水到渠成的过程。当变化发生并为大众所接受的时候，"神话"也自然生成并成为人们新行为的"特许证书"[①]。一些新增的独木龙舟集会地能延续到现在并得到人们的认可，还被纳入到一些版本的神话之中，就说明了它的存在具有合理性、合法性。

[①]　[英]马林若夫斯基：《巫术科学宗教与神话》，李安宅译，中国民间文艺出版社1986年版，第86页。

第三章　独木龙舟形制及技艺的演变

我们现在看到的清水江苗族独木龙舟，是用三根巨大的杉木挖凿而成的"三体组合独木龙舟"。这种"三体组合独木龙舟"并不是它的原始形态，而是不断发展演变之后的结果。

第一节　独木龙舟"龙身"及制作工艺的演变

清水江苗族独木龙舟来自于远古的江南地区。按闻一多先生的考证，划龙舟起源于远古吴越地区苗族的祭祀习俗。[①] 对闻一多先生关于龙舟起源的说法，我们持保留态度。但苗族人民是中国龙舟文化的创造者之一，这是毫无疑问的。是苗族被迫不断西迁，才把这种源自远古的独木龙舟带到了清水江河谷。经历了千百年历史沧桑的独木龙舟，无论是"龙身"的形制还是制作的工艺，都发生了很大的变化。

一　"龙身"形制的演变

中国原始的独木龙舟都是单体独木龙舟。这种单体独木龙舟直到唐代，江南地区的人们仍在使用。1960年，江苏省扬州市的施桥镇出土了一只长13.65米、宽0.75米、深0.56米的唐代独木舟。该独木舟船体狭长，船中安有13道横梁和坐板。据考证，这就是当时的龙舟竞渡所用的独木龙舟。1960年，温州出土四艘独木舟。经中国社会科学院考古研究所进行碳十四测定，距今已有1215±70年，为唐开元前后。近年，人们根据1975年在山东平度出土的隋代双体独木舟船体，对四艘唐代独木舟

---

① 闻一多：《闻一多讲国学》，吉林人民出版社2009年版，第78页。

独木龙舟形制

进行了重新调查,"发现这四艘独木舟应为两艘双体独木舟……舟内横梁捆扎方式,与贵州台江流传至今的三体独木舟十分相近。"① 可见,在隋代就已经出现了独木舟的双体组合形制。由此推测,清水江现在的三体组合独木龙舟,也应该经历了一个从单体向多体组合演变的过程。

对这个推测,由于没有考古发现的实物可以佐证,也没有历史文献的确切记载,我们只好从独木龙舟的起源神话里,去找寻清水江独木龙舟发展演变的蛛丝马迹。

关于独木龙舟的起源,有这样两个传说:

> 流传于黄平谷陇和施秉双井、平寨地区版本:说是"往色够雄"的儿子被恶龙吞食了,然后他便把恶龙杀掉,替儿子报仇。龙死后,开始天昏地暗,不见太阳。人们开始发愁,不知道怎么办好。"往色够雄"也很苦恼。有一天,他在河边冥思苦想,无意中把一片芭蕉叶丢到河里,天突然就亮了。芭蕉叶在水上漂了一会,就沉了。叶子一沉,刚才还明亮的天一下子就黑了。他感到奇怪,又把芭蕉叶丢到水中,天又亮了,叶子一沉,天又黑了。他得到启发,让大家轮流往水中丢芭蕉叶,只要还有浮在水上的芭蕉叶,天便一直亮着。但这也不是长久之计。于是,人们就仿照芭蕉叶的样子,用杉木树做成一只船,让人坐在上面划来划去,这样天就不会一直黑,而是该亮就亮,

---

① 王刚:《浙江温州西山出土的唐代双体独木舟》,《中国科技史料》1991 年第 1 期。

该黑就黑。但人们担心被杀的恶龙的阴魂看见，把人拉下水去。于是就在船头上安上龙头，水里的恶龙看见是它的同类，就不会再来伤人了。独木龙舟就此诞生了。①

流传于台江施洞地区的版本：（梗概）说是在"十里长潭"，渔民够保的儿子被恶龙吞食了，够保为了给儿子报仇，深入龙潭杀了恶龙。因为恶龙被杀了，它的阴魂不散，使得当地天昏地暗，日月无光。人不能下地干活，庄稼不能生长。有一天，清水江边的一个妇女带着小孩摸黑到河边洗衣服。小孩没事，就拿捶衣棒在水里拖来拖去，嘴里还发出"咚咚，哆；咚咚，哆"的声音，突然，天一下子就亮了。于是，人们就照着洗衣棒的样子，做成船，安上龙头在河里划。独木龙舟也就此产生②（还有一说是小孩拿扁担在水里拖）。

解读这两个看似各不相同的神话，我们发现，它们给我们提供了同样的信息：即独木龙舟的形象不是凭空杜撰出来的，它的造型有现实的参照物——芭蕉叶、洗衣棒。这两个性质好像完全不同的参照物，它们都有一个共同的特点：都是单体的形象。"古代神话文献，既不是神秘莫测的'天书'，也不是铁板一块的古老文物，它是历史巨川的折射与缩影。混杂着漫长的人类进程的飞光掠影——汇集、沉淀了不同时期、不同背景的种种材料，将其凝聚到自己神奇而不平凡的复杂形式中。"③ 这两个神话折射出来的古代清水江独木龙舟的"图片影像"，给我们提供了想象空间。如果把现在的三体独木龙舟的两条"子龙"拿掉，"母龙"除了长度不成比例外，其形状与捶衣棒和芭蕉叶十分相似——都是"头尖尾方形，舟头起翘"的样子。而将现在的苗族独木龙舟与江苏省扬州市施桥镇出土的唐代独木舟比较，我们发现，它们有许多相似或相同的地方：一是形制基本一致；二是唐代独木龙舟长 13.65 米，而清水江独木龙舟"子龙"长 14 米左右；在宽度上，唐代独木龙舟是 0.75 米，苗族独木龙舟"母龙"的宽度多在 0.75 米左右。唐代独木龙舟的长宽比例正是单体独木舟

---

① 见《附录·独木龙舟神话·起源神话·"人杀龙·不吃龙"（之五）》。
② 见《附录·独木龙舟神话·起源神话·"人杀龙·鸟吃龙"（之二）》。
③ 谢选骏：《神话与民族精神 几个文化圈的比较》，山东文艺出版社 1986 年版，第 6 页。

维持平衡所需的基本规格。由此推测,曾处于"单体"状态的清水江独木龙舟的长度也可能在 14 米左右。

既然清水江独木龙舟的原始状态是单体独木龙舟,那么,在古代单体独木龙舟与现在的三体组合独木龙舟之间,是不是还有一个双体组合独木龙舟的阶段呢?抑或是它由"单体"直接一步跃升到现在的"三体"?在(乾隆)《镇远府志》里,有关于清水江苗族划独木龙舟的记载,记载中对独木龙舟的形状有简单描述:"形制诡异,以大树挖槽为舟,两树并合而成。"① 这是目前所见的关于清水江苗族独木龙舟最早的文字记载。这则记载中"两树并合而成"的独木龙舟,也许就是双体组合的独木龙舟。虽然"孤证不立",但这至少给了我们一个展开想象和探索的空间。

现在的三体组合独木龙舟,应是由"单体"或"双体"组合的独木龙舟发展而来。苗族没有文字,对重大的文化事象缺乏文献记录,但在神话故事里,仍然可以窥探到这种演变的发生:

> 古时候有一群龙住在平寨上面的长潭里,水的涨落都由他们主管。他们经常游出龙洞,到河岸边擦痒。龙的身体来回摆动,引起河水暴涨,冲毁了庄稼、房屋、家畜,老百姓苦不堪言。人们为了制止龙的恶作剧,请来法师,收服恶龙。法师来到江边,穿上蓑衣,戴上铁三角,潜入龙洞中,将恶龙斩成三截。龙死了,天空变黑了,很久也没有亮起来。后来有个小孩把三根包谷杆绑到一起,放到水中拖着玩,嘴里还有节奏地发出"咚、咚、哆……"的声音。玩着玩着,天竟然亮了起来。于是,人们仿效小孩绑包谷杆的做法,砍树做成龙的形状,开始划龙船。②

在这个神话传说里,仿照"三根包谷杆绑到一起"的样子做成的独木龙舟,其形状就类似于我们现在看到的三体组合式的独木龙舟。此外,在"榜香尤与独木龙舟"的神话传说里,还讲述了独木龙舟从"独木"到有龙头的"三体实心有头独木龙舟",再到"三体空心有头独木龙舟"

---

① 贵州省镇远地方志编纂委员会编:《镇远府志》,中州古籍出版社 1996 年版,第 63 页。
② 见附录《独木龙舟神话·起源神话·"人杀龙·不吃龙"(之六)》。

第三章 独木龙舟形制及技艺的演变

长滩独木制作的百年老龙舟

的产生过程。

（梗概）古老以前，大旱，地不长庄稼，人无法生存。有一天，阿劳跟母亲到河边去洗衣服，拿着妈妈的洗衣棒槌系上一根线在河里拖上拖下，还无意识地喊出："咚咚哆，咚咚哆"的声音。时隔不久，就下起了瓢泼大雨。于是，大家每年都拿一根粗木棒到河里划，边划边整齐地喊："咚咚哆，咚咚哆！"阿劳老了，儿子尤劳接替父亲组织大家划"独木棒"。尤劳觉得这样的"独木棒"不好划，就用三根大木棒绑在一起划。同时还加上了龙头。后来，尤劳也老了，他的儿子香尤接了班。香尤受到空心竹子浮力大的启发，把龙舟的三根实心大杉木挖空，还在原来的龙头上加上一对宽大的牛角。于是，龙舟就变成了现在的样子。①

---

① 见《附录·独木龙舟神话·起源神话·"人杀龙·人吃龙"（之四）》。

这个神话故事虽然与前面的故事有所不同，但都反映了独木龙舟形制不断发展演变的过程。

芳寨制作独木龙舟的木料

二　独木龙舟制作工艺及材料的演变

20世纪中期以前的独木龙舟，是真正的独木龙舟。"子龙"、"母龙"都由巨大的杉木挖凿而成①。其制作工艺是古老的"刳木为舟"技法。20世纪60年代以后，由于难以找到适合打造独木龙舟的巨大杉木②，就算有这样的杉树也价格高昂，一般村寨无力承受。因此，部分村寨的独木龙舟的"母龙"，就不再使用真正的"独木"，而是采用多根杉木解成厚方板做材料，采用打造木板船的"镶拼"技术，按照独木龙舟的形状，"镶拼"成独木龙舟。"子龙"因为选材容易，基本上还用"独木"制成。进入21世纪后，制作"子龙"的直径较小的材料也不太好找。即便有适合的木料，其价格也十分昂贵。因此，人们索性完全采用"镶拼"技术打造独木龙舟。最近十几年之内打造的独木龙舟，已全部由厚方板拼合而

---

① 过去也有用泡桐或楠木制作独木龙舟的，但都因楠木较重、泡桐虽轻却不耐用，而被淘汰。

② 制作"母龙"的杉木，直径至少要超过1米，长度至少要达到22米，通稍笔直；"子龙"直径要求0.5米，长度15米左右。

成。打造一只独木龙舟，大约需要直径30公分的杉木20根。现在的独木龙舟虽仍叫作"独木龙舟"，但除了外形，无论是用料还是工艺，都已"名不副实"。可以说，在"独木龙舟文化区"，真正意义上的"独木龙舟"已所剩无几。据我们统计，总数大约为五只。拥有一只真正意义上的独木龙舟是一个村寨可资炫耀的资本。如榕山张家山的独木龙舟，是仍在使用的为数不多的真正的独木龙舟。因此，在2019年的"独木龙舟节"期间，他们就在独木龙舟两只巨大的龙角之间挂出了"中国民间正宗独木龙舟"的横幅，以显荣耀。

第二节 龙头形制的演变

如今，清水江独木龙舟的龙头是典型的苗、汉文化结合的产物。如果去掉龙头上一对巨大的水牛角，其形象与汉代定型的"九似龙"基本一致。清水江苗族独木龙舟的龙头也经历从图画到雕刻，从苗族所信奉的龙形象到学习借鉴"九似龙"的演变过程。具体来说，从秦汉时期开始，"九似龙"作为中国龙的"标准相"就已基本定型。后经历两千多年的封建社会，"九似龙"的形象除了细节上更加精致、神态上更加霸气之外，其基本模样没有太大的变化。随着汉文化的不断南下，特别是明代在"苗疆走廊"沿线以及清水江沿岸设置了大量的军屯、民屯之后，"九似龙"就与其他汉文化一道，"被西南的各少数民族广为吸收，故而导致了不少民族中的龙形象与汉族的龙形象相差不大"[①]。"九似龙"形象被苗族所吸收、接纳最为典型的例子就清水江苗族的银饰。苗族银饰中的龙图案，大部分是"九似龙"形象，与苗族刺绣中龙的形象有着巨大的差别。之所以出现这种情况，是因为"苗族银饰出现于明代，流行于清代"[②]。当时制作银饰的工匠都是汉族人，直到清朝才出现苗族银匠，其技艺也是向汉人学习的。苗族银饰中的"二龙戏珠"："其造型和构图，同主流社

---

① 杨正权：《西南民族龙文化研究》，云南民族出版社，1999年版，第75页。
② 李黔滨主编、贵州省文化厅、贵州省博物馆编：《苗族银饰图集》，文物出版社，2003年版，第14页。

会的'汉龙'有着明显的承继关系,或系抄袭而来。"① 据此,我们或许可以说,现在所看到的独木龙舟的龙头形象,也应是在学习、借鉴"九似龙"的基础上,经长期发展、演变的结果。

那苗族独木龙舟龙头形制的演变大致又经历了一个什么样的过程呢?

剪纸:水牛龙(张老英作品)

《晋书·王濬传》有"画鹢首怪兽于船首,以惧江神"的记载;《穆天子传》所记载的"鸟舟龙",就是一只画鹢鸟头为"龙头"的"鸟龙舟"。也就是说,中国最初的龙舟,只是在船头上只画一个"龙头"。雕刻精美生动的龙头则是审美情趣、雕刻技艺提升之后的产物。根据考古发现,中国远古原龙形态万千:有"蛇型龙"、"鹰型龙"、"鱼型龙"、"鳄型龙"、"猪型龙"等等。每一个部落、每一个群体,他们所信奉的"龙"也是不一样的。这反映在原始独木龙舟上,就是龙头形象的千姿百态。他们的龙舟上或画或雕的牛头、马头、鱼头、鸟头、蛇头、猪头、狗头,都是人们心中能驱邪逐魔的"龙头"。现在的江南地区仍有"鸟头""狗头"等形状的龙舟存在就是很好的证明。

在独木龙舟形制演变的过程中,清水江苗族独木龙舟最初的龙头也应

---

① 李黔滨主编、贵州省文化厅、贵州省博物馆编:《苗族银饰图集》,文物出版社,2003年版,第35页。

该是其原始的"龙头"形制。那么,苗族独木龙舟原始的龙头是个什么形象呢?肯定不是"九似龙",而应是众多"苗龙"家族中的一员。然而,在蔚为大观的"苗龙"家族里,哪一种龙才最有可能获此殊遇呢?根据调查了解,我们认为,在众多的"苗龙"中,"水牛龙"和"蛇龙"均有可能。

其一,"水牛龙"的可能性:

首先,现在独木龙舟的龙头上仍保留有一对巨大的水牛角,这是苗族独木龙舟龙头是"牛型原龙"的直接证据。

其次,中国原龙中的"牛型原龙",出现在距今6000年前的长江流域地区,而这一时期的苗族先民就生活在这一区域。作为中国最早的稻作民族之一,水牛在苗族人心目中有着崇高的地位。现在在"独木龙舟文化区"仍有一个独特的节日——"牛王节"。到这一天,人们要给牛"放假",为它准备好吃的,要等它吃后人才能吃饭。

寨胆新龙头

第三,在苗族关于人类起源的古歌中,人、水牛、龙本来就是一母所生的亲兄弟,水牛和龙是可以互换替代的(龙是无形的,而牛是有形的)。在"独木龙舟文化区",有一种被称为"招龙"的习俗。村寨如遇到火灾、旱灾、人畜传染病等灾害,通常被认为是由于保护寨子的龙离开的缘故。没有了龙的保护,所以才导致灾害或疾病的发生。于是,就要设法把"龙"请回来。"招龙"要招齐各个方位的龙,这些龙也有主次之分，主龙方向一定要用水牛作为龙的替身，把龙引回寨中。其他方向则用鸭、羊、鹅等作为替身。

第四，独木龙舟是在水中划行的，是水龙。水牛识水性，在河里划的龙舟当然可能是水牛龙。苗族的说法是"弯角的是水龙，直角的是山龙"（直角指的是黄牛）。

在访谈中，当地人对此有三种说法：

其一，寨胆够龙（苗族，男，76岁）：古老古代的时候，人啦、水牛啦、龙啦都是蝴蝶妈妈生的十二个蛋抱（方言：孵）出来的，是兄弟。水牛是大哥，它也是龙。龙船头上当然要装水牛角。

其二，铜鼓塘够乜（苗族，男，68岁）：龙有两种，一种住在河里头，叫"乜嗡"（苗语，意为水牛龙）；一种住在山洞里，叫做"嗡朗"（苗语，意为蟒蛇龙）。山上的龙不会水（方言：不会游泳），龙船是要到河里头扒的，只有水牛龙才可以。

其三，六合潘够相（苗族，男，80岁）：要讲这个角角，是有古话的。水牛本来是天上的龙。古老古代的时候，人发得太多了，粮食不够吃。天王打发（方言：派遣）水牛来凡间传话：所有的人，一天只准吃一顿饭，但要洗三次脸。水牛龙走出南天门的时候，不小心滑了一跤，把天王的话记错了，它来到人间就把话传反了：所有的人一天要吃三顿饭，只洗一次脸。于是，天王就惩罚它到凡间来给人耕地犁田，生产粮食。为了感谢它，就把它头上的角安到龙船头上。

因此，水牛型龙头是苗族原始独木龙舟的"龙头"是很有可能的。

至于苗族古代"水牛龙"的龙头是什么样子，我们或许可以从苗族刺绣剪纸中水牛龙的形象来加以推测。苗族刺绣图案中的水牛龙，有一对巨大而突出的角，圆形或椭圆形的大眼睛；颈部短粗，有鳍、鳞；牛形嘴；下颚短，有须。在两角之间，还有小人、弯曲的线条等装饰物。整个头部呈圆形。形象拙稚古朴、和蔼温顺。

其二，"蛇龙"的可能性：

首先，苗族先民早已把蛇（大蛇）奉为神灵。《山海经·海内经》："南方……有苗民，有神焉，人面蛇身。"芮逸夫在《苗族的洪水故事与

四新寨百年老龙头（刘晓妍摄）

伏羲女娲的传说》一文中推测，"人面蛇身"的伏羲女娲本来是苗族的祖神。① 在苗族关于人类起源的古歌里，蛇、水牛和龙都是人的同胞兄弟，在"独本龙舟文化区"，人们对普通蛇没有好感，有"见蛇不打三分罪"之说，但对大蛇却充满敬畏，遇到大蛇，他们不仅不打，还要"封赠"（用语言祝福）它"成龙下海"，关于龙的来历，主流观点认为，龙是以蛇为蓝本，加上想象建构出来的现实不存在的东西。一些学者进一步把建构龙的蓝本确定为蟒蛇——"蟒蛇为蛇中之王，故古人以最大的蛇——鳞蛇为基形造龙。"② 而闻一多先生则认为"龙"本来就是一种大蛇；"所谓龙者只是一种大蛇，这种蛇的名字便叫作'龙'……"龙在最初本是一种大蛇的名字。"③ 这与苗族的"龙蛇"观念在某种程度上不谋而合，在苗族人观念里，大蛇和龙既是两种东西，又时常合为一体——大蛇是龙的托形，凡人看不见龙的原形真相——人们看到的大蛇也许就是龙，因此，当看牛娃告诉久哈："今天咱放牛，见条蛇很大，吃去你的娃"的时候，久哈不知道这条大蛇，是龙还是蛇，就去找占卜师，占卜师告诉他："那不是大鳝，那是龙公子，吃你家儿郎。"④ 看牛娃眼里的"大蛇"就是

---

① 闻一多：《神话与诗·附录一·苗族的洪水故事与伏羲女娲的传说》，天津古籍出版社2008年版，第79页。
② 何星亮：《苍龙腾空》，社会科学文献出版社1998年版，第84页。
③ 闻一多：《神话与诗》，天津古籍出版社2008年版，第21页。
④ 黄平县民族宗教事务管理局、施秉县民族宗教事务管理局、镇远县民族宗教事务管理局编译《苗族十二路大歌》，贵州大学出版社2013年版，第484—485页。

"龙"，"龙"在人的眼里就是大蛇，这首苗族古歌的歌名"斩龙"，苗文写作"Dod Dail"，"Dod"，意为"砍、斩"："Dail"，意为"长长的（东西）或长物"。"Dod Dail"可译为"砍长物"或"斩龙"，在苗语里"长物"，既用来指代大蛇，也用来指代"龙"，因此，现实中"蛇吃人、人杀蛇、人吃蛇"的生活情景，经巫师（占卜师）的演绎就成了"龙吃人、人杀龙、人吃龙"的独木龙舟起源神话。龙是虚构的，谁也没见过，当人们要打造龙舟来安抚龙神的时候，大蛇就是不二的蓝本，蛇头就是当然的龙头。

其次，在在已知的中国原龙中，"蛇型龙"时间跨度最长——从距今8000年到距今4500年；分布范围最广——黄河流域、长江流域、辽河流域均有分布。距今8000年到距今4500年这个时间段，涵盖了苗族先民从黄河流域一路南迁到长江流域的全过程。从现在的江南地区仍有"蛇龙舟"的事实推断，长江流域也曾一度流行"蛇龙舟"。清水江苗族从江南地区带到清水江河谷的独木龙舟，极有可能就是曾流行于江南地区的"蛇龙舟"。

第三，独木龙舟上有一个用来悬挂锣的小龙头。在过去，这个小龙头的造型，既没有"大角"，也没有"嫩角"，与蛇头十分相似。这或许是古代"蛇龙舟"的遗痕（现在独木龙舟上的小龙头的造型与龙舟龙头基本一致）。

第四，上述假说虽然没有史料可以佐证，却有一则独木龙舟起源传说可资探寻——传说远古时候，清水江一带大旱无雨，庄稼枯死。阿劳跟母亲到河边去洗衣服，他拿着妈妈的洗衣棒系上一根线在河里拖上拖下，嘴里发出"咚咚哆，咚咚哆"的声音。随即，天降大雨，解除旱情。从这一年起，大家就拿一根长长的粗木棒到河里划，齐声地喊："咚咚哆，咚咚哆！"后来，人们觉得划一根独木站不稳，就把三根木绑在一起划。突然，河面上出现一条五六丈长的大蟒蛇，由上而下慢慢游去。尤劳对大伙说："刚才大家见到河中的那条蛇，我们就把它当成龙，我们所做的龙船就像它那个样子，头尾小，身上也要有鱼鳞片。"于是，大家砍来水柳树，用它来雕刻成粗大带有鳞片的龙头。龙头做成蛇的样子，绑在三根杉树中间那根的头上。从这年起，人们就划像蟒蛇一样的龙船。再后来，人们把三根独木刳空，划起来也比原来快。但觉得龙头不太好看。有一天，香尤看见一头大水牯牛泡在河里洗澡，水面上露出一对宽大的牛角。香尤想：在龙船的龙头上安上一对水牛角，那样子一定很雄壮。于是，人们就在龙头上安装了一对宽大的水牛角。这时的独木龙舟还没有锣鼓，经龙王托梦，人们才制造出龙船锣鼓。再后来，人们划龙船惊动水底龙王。龙王害死了锣手。人们才杀龙、分龙肉。然后按照得到龙肉的部位来确定龙船集会的时间。① 这则神话，讲述了清水江独木龙舟主要的演变过程及原因："龙身"：从"单体"到"三体"，从"实心"到"空心"——体现了人们的现实需求：安全与速度；"龙头"：从"无头"到"有头"，从"蛇头"到"牛头"——体现了人们审美追求的不断提升：从"实用"到美观、雄壮，"锣鼓"：从无到有，从靠人喊"咚咚哆"，到使用锣鼓敲击出悠扬的节奏——反映了社会经济、科技的进步。这些演变虽然是"神话表达"，但这种遵循事物由简单到复杂的发展演进逻辑的"神话表达"，在某种程度上可视为"历史事实"的"影像"折射。苗族独木龙舟龙头的形象经历了一个漫长的发展演变过程，这种发展变化，仍在不断地进行之中。调查中我们在四新苗寨发现了一个老龙头。据当地人介绍，这个老龙头已有一百多年的历史。因为当时装有这个龙头的龙舟在"独木龙舟文化区"十分厉害，被人们称为"霸王龙"。天神因此很生气，于是说，你在地上的龙还敢称"霸王"?! 天神一生气，后果很严重。在一个大雨倾盆的夜晚，天神派雷公下来，把停泊在河里的龙舟的龙头给劈断了一只角。对这个被雷劈过的龙头，四新寨民十分珍惜，平时妥善收藏，一般不轻易示人。只在每年划完龙舟，请姑妈以及亲朋好友来"吃龙肉"的时候，才将它抬出来展示。龙头虽被雷劈过，但它承载着村寨一段辉煌的历史记忆。这个有一百余年历史的龙头，就整体外观而言，与现在的龙头大体一致，已完全没有剪纸刺绣中的"苗龙"痕迹。但在细节上，与现在所见的独木龙舟龙头仍然有很多差别。首先，在雕刻技法上，刀法简洁、粗犷，细部表现模糊；其次，具体部件如鼻孔、上吻、额头等的造型卡通，比例失调，有苗族刺绣龙图案大写意的痕迹；第三，没有龙舌和龙珠，双眼眼珠为一突出的圆柱，与三星堆出土的"纵目人头像"向外凸出的眼睛造型十分类似，应为古代雕

---

① 详见《附录·独木龙舟起源神话·"人杀龙·不吃龙"（之四）》。

刻技法的遗留。而现在的龙头，不仅龙舌、龙须、龙珠俱全，而且雕刻也十分精致，工笔写实，细部表现生动传神，整体形象形神兼备，栩栩如生。

有意思的是，苗族在借鉴吸收"九似龙"时不仅保留了苗族水牛龙的龙角（水牛角），还将"九似龙"的鹿形角也保留下来。于是，现在的苗族独木龙舟的龙头上就长有两对角，苗语称水牛角为"大角"，称"鹿形角"为"小角"或"嫩角"。

总体来看，与过去比较而言，清水江苗族独木龙舟的龙头，雕刻刀法越来越细腻，风格越来越写实，形象越来越生动。而流行于全国大多数地区的汉族龙舟的龙头，却走了一条与独木龙舟相反的路径：龙头已无需雕刻，全是用模具压模而成；形象越来越卡通，风格越来越写意。

第三节　独木龙舟"龙尾"形制的解读

现在我们看到的独木龙舟没有特制的龙尾。关于独木龙舟的龙尾，只有两则简单的史料记载：一是清人徐家干成书于光绪初年的《苗疆见闻录》：（苗人）"好斗龙舟，岁以五月二十日为端节，竞渡于清江宽深之处。其舟以大整木刳成。长五六丈。前安龙头，后置凤尾，中能容二三十人。短桡激水，行走如飞。"① 二是（民国）《施秉县志》："船用长木刳成，首尾具备，施以彩色，荡漾波心，蜿蜒有势，颇足观赏。"②

在这些记载里，（民国）《施秉县志》只说"首尾具备"，没有具体描述；《苗疆见闻录》则说"前安龙头，后置凤尾"。"凤尾"长什么样？吴一文先生在注《苗疆见闻录》时，对"凤尾"的解释是："过去施洞的龙舟尾部插有一束鸟尾状的茅草，现在已不插。但一些龙舟上的插孔仍存。凤尾当为更早。"③ 也就是说，吴一文先生认为独木龙舟尾部的"插孔"似乎就是用来安装"凤尾"的。只不过，后来这种"凤尾"被"鸟尾状茅草"所代替。明明是龙舟，为什么要配上"凤尾"？在当地，苗家

---

① （清）徐家干：《苗疆闻见录》，吴一文校注，贵州人民出版社1997年版，第171页。
② （民国）钱国光、杨名胜编纂：《施秉县志》（民国稿），任祥润等点校，施秉县志办公室1986年版，第52—53页。
③ （清）徐家干：《苗疆闻见录》，吴一文校注，贵州人民出版社1997年版，第172页。

插在龙尾的芭茅草

人对龙和凤是分得很清楚的。在苗族银饰、刺绣里都有"龙凤呈祥"的图案，龙尾、凤尾是有差别的。从全国范围来看，不管是过去的木板船龙舟，还是现在普遍使用的塑钢龙舟，几乎都是有头有尾的。那么，清水江独木龙舟是本来就"有头有尾"，只是后来被人们"省略"了？还是本来就"有头无尾"呢？

龙舟是"龙"与"舟"的结合体，独木龙舟就是"独木舟"与"龙"的结合体。根据考古发现，远古独木舟的形制主要有三种：第一种"头尾均呈方形，不翘起，接近平底"；第二种为"头尖尾方形，舟头起翘"；第三种为"头尾均呈尖形，两头起翘"。这三种形制的独木舟，都有成为"独木龙舟"的可能。清水江独木龙舟的船身与第二种"头尖尾方形，舟头起翘"的远古独木舟几乎完全一致。而一些出土铜鼓上所刻画的龙舟，则与第三种"头尾均呈尖形，两头起翘"相类似。也就是说，清水江独木龙舟较好地保存了原始独木舟的形制。应该没有特制的"龙尾"，或者说，独木舟的"方尾"就是独木龙舟的"龙尾"。

既然独木龙舟没有特制的"龙尾"，徐家干所说的"凤尾"又是什么呢？它与吴一文先生所说的"鸟尾状茅草"是不是一回事呢？根据实地考察研究，徐家干在《苗疆见闻录》里所说的"凤尾"与吴一文先生所看到的"鸟尾状茅草"其实是同一个东西。只不过这"鸟尾状茅草"与龙尾无关。在每只独木龙舟的尾部都有一个十厘米见方的方形小孔。这个小孔从来没有消失过。但它不是用来安装"龙尾"的,而是用来插芭茅草的。在这里(还有许多场合)芭茅草不是"草",而是"刀剑",是苗族用来驱邪的"武器"。独木龙舟无论到什么地方划,都要举行"镇龙潭"(闷勇)仪式,即:停止划桨、锣不敲、鼓不鸣,所有人不准说话,让龙舟顺水漂流。由船尾的舵手取出一束芭茅草,从后往前传递,一人一根,最后不管剩下多少根均交给最前面的撑篙手,在撑篙手的示意下,大家一起把芭茅草投入水中。然后鸣锣敲鼓,大家一起高喊"呦后!呦后"的号子,奋力划过这个区域。如果行进途中遇到深潭、险滩也要举行这种仪式。人们把芭茅草投入水中,就是驱逐警告那些恶龙邪魔不要出来作祟。我们如果注意观察就会发现,每只龙舟每天出发时,尾部都插有茅草,回来时芭茅草都没有了。

第四节　独木龙舟形制、制作技艺演变的文化逻辑

从文化变迁理论来看,独木龙舟形制和制作技艺的发展演变,是"各种力量妥协、交易而实现的合力的结果。"① 独木龙舟的船体形制从"单体"到"双体"再到"三体",制作技艺由"独木"到"镶拼"的发展演变;龙头形象从"苗龙"到"九似龙"的变迁过程,就是各种因素共同作用的过程。是"人们在需求和价值观引导下采取行动的结果。"②

首先,独木龙舟形制和制作技艺的演变,是人们顺应自然环境的结果。清水江与巴拉河交汇地区与江南的水网河湖地区相比,河流、水面环境发生了很大变化。巴拉河和清水江落差较大、水流较快,这对独木龙舟的安全性、稳定性提出了更高的要求。组合体独木龙舟的产生,是人们为保障自身安全而采取的顺应自然环境的自觉行动。

---

① 周宪:《文化表征与文化研究》,北京大学出版社2007年版,第4页。
② 唐婷婷、甘代军、李银兵、曹月如:《文化变迁的逻辑》,云南大学出版社,2014年版,第9页。

其次，独木龙舟形制和制作技艺的演变，是人的需求。单体独木龙舟所能容纳的人员较少（唐代独木龙舟就只有13道横梁坐板，只能容纳13个人），随着人口的繁衍、社交圈子变大，为了将更多的人整合到划独木龙舟事象中来，人们就将龙舟加长、增宽。就某种程度而言，正是这一需求促成了独木龙舟从单体向组合的形制变化。现在有许多村寨之所以打造两只以上的独木龙舟，其目的就是为了解决人多船少的问题。而独木龙舟制作技术的变化，在一定程度上也与人们的需求有关系。使用"镶拼"技术打造的"独木龙舟"，不仅便于把控龙舟形状和尺寸规格，而且重量轻、速度快、成本低。近年来，随着独木龙舟比赛的奖金越来越高，人们对速度的追求也越来越明显。"镶拼"的独木龙舟，在某种程度上契合了人们的这种需求。这也是真正的"独木龙舟"被"镶拼"的"独木龙舟"所取代，成不可逆转之势的主要原因之一。然而，如果比赛争胜的奖金越来越高，独木龙舟必然越造越轻，速度也会越来越快。其结果将使独木龙舟"不为竞速而造，不为争胜而划"的古老传统，被淡化、异化。这是值得警惕的。如何利用政治经济等手段，引领传统优秀文化的传承与发展，是一个需要深入研究的课题。

第三，成熟的技术是实现独木龙舟形制变化和制作技艺革新的必要条件。仅仅有环境的要求和人们的愿望，要实现龙舟形制的变化，也是不可能的。成熟的组合技术是实现独木龙舟从"单体"迈向"组合"的基础条件。而唐代的双体独木舟"舟内横梁捆扎方式，与贵州台江流传至今的三体独木舟十分相近"[①]。这反过来说明，清水江苗族独木龙舟的绑扎技术，在唐代就已经成熟。从现在苗族独木龙舟的绑扎方式来看，他们不仅熟练地掌握了这种技术，还可以根据河水流量和水位的高低采取不同的绑扎方式。他们称为"娘背崽"或"崽背娘"（详见后文第五章第一节）。独木龙舟制作由传统的"刳木为舟"向"镶拼"工艺的转变，也同样是在技术保证的前提下实现的。没有成熟的打造木板船的技术与打造传统独木龙舟技术的结合，也不可能实现这种技术上的革新。

第四，自然资源是文化演变的必要条件。独木龙舟从"单体"到

---

① 王刚：《浙江温州西山出土的唐代双体独木舟》，《中国科技史料》1991年第1期。

"三体"的演变,丰富的自然资源为之提供了必要的物质基础。历史上,"独木龙舟文化区"内的森林资源丰富,能够制作"母龙"的巨大杉木,随处可见,人们可以随意选择。据民国《施秉县志》记载:"施秉全县,山岭蜿蜒,林木茜茂……出口以柏木、杉木为大宗,合值银数万余元。"① 明清时期,朝廷还多次下旨采伐"皇木"。《黔史》有"采大木于镇远、偏桥、施秉等处"② 的记载。20 世纪六、七十年代,处于"独木龙舟文化区"的马号、施洞等地,每年都采伐大量的原木支援国家建设。正是林木资源的富有,为独木龙舟的制造、独木龙舟文化的产生、发展提供了必要的物质条件。也正是丰富的资源条件,使得在打造独木龙舟选择木材时具有宗教意义的严格条件得以贯彻落实。然而,由于过度采伐,特别是在 1958 年大炼钢铁时,大量百年古木被当作燃料几乎被砍伐殆尽,现能满足制造独木龙舟条件的大树已十分罕见。一棵直径超过一米,长度 20 米以上的杉木,其生长时间超过一百年,这样的古木不说禁止采伐,即使得到特批,其价格也十分高昂。以前,这样的大树约需要用一头水牛去交换,而现在这样的大树则是用几头水牛也换不来的。"镶拼龙舟"的制作成本则要便宜许多。可以说,用"镶拼"取代传统的"刳木为舟",在很大程度上不是人们的自愿行为,在资源匮乏和高成本的逼迫下,这既是无奈也是明智的选择。可见,人们的意愿以及自然生态环境对文化的产生、发展和演变,在特定条件下有着巨大的影响。

　　清水江独木龙舟形制从单体到组合的变迁,制作工艺从"刳木为舟"到"镶拼"的演进,是人的意愿与自然因素相互交流、磨合、妥协的结果,遵循着相应的文化逻辑,是一种自然而然、水到渠成的过程。

　　这种变迁在"独木龙舟文化区""从古至今一直存在着和发生着。这是一种朴素的文化自觉行为,其间没有抽象文化观念、理论的指导,而仅仅是其生活世界的变动的客观需要就铸就了其文化自我更新的动力

---

① 钱光国、杨名胜等编纂:《施秉县志》(民国稿),任祥润等点校,施秉县志办公室1986年版,第59页。

② (清)犹法贤撰,《黔史》,黄加服、段志洪主编:《中国地方志集成·贵州府县志辑1》,巴蜀出版社2006年版,第555页。

和源泉。"① 清水江苗族独木龙舟从远古到现在，经历了一个长期的不断发展的演变过程。它之所以能传承千年并生机盎然，其秘密就在于不断地吸收、消化、融合一切有益的文化，并去粗取精、为我所用。正是这种文化自信与自觉，使文化在变迁的历史长河中，既有大胆吸收又有顽强坚守——始终坚守自己文化的核心价值观，并"在这个正在形成中的多元文化世界里确立自己的位置。"② 这也是苗族虽经历多次被迫迁徙、受尽各种苦难，其文化仍然能蓬勃发展、生生不息的主要原因。

---

① 唐婷婷、甘代军：《文化变迁的逻辑》，云南大学出版社2014年版，第20页。
② 费孝通：《论文化与文化自觉》，群言出版社2000年版，第190页。

第四章　从树木到神物：独木龙舟的建造与归属

独木龙舟的打造过程，也是其神性的建构过程。一棵普通的杉木，要完成从树木到具有灵性、神性的独木龙舟的蝶变，需要经历一个严格的宗教仪式过程。清水江苗族独木龙舟不仅形制独特，其制造仪轨也保存得十分完整。选材、砍伐、运输、制作都有一套严格的宗教仪式以及人人都必须遵守的各种禁忌。贝格尔说："宗教是人建立神圣宇宙的活动。"① 人们通过举行各类宗教仪式、遵守各种禁忌，使普通的树木成为有灵性、被敬奉的神物，从而实现对独木龙舟神性的建构。

第一节　独木龙舟的管理及制作资金筹集机制

一　管理机构的成立

无论是过去还是现在，打造一只新龙舟，对任何村寨来说都是一项重大工程。这个"重大"不仅是物质上的，更是精神上的。在"独木龙舟文化区"，龙舟不仅仅是龙舟，它还是一个村寨的脸面、地位和荣誉的体现。20世纪50年代以前，组织打造龙舟都由寨老等地方精英人物牵头，全寨人共同参与。50年代后，"独木龙舟文化区"经历了千年未有的社会变革，乡村的经济社会结构发生了翻天覆地的变化。翻身得解放的贫下中农成为新时代的主人，他们中的积极分子则成为新时代的乡村精英。组织打造新龙舟这样的重大活动，他们当然是责无旁贷。人民公社时期，掌握

---

① ［美］贝格尔：《神圣的帷幕：宗教社会学理论之要素》，高师宁译，上海人民出版社1991年版，第35页。

着村寨生产生活资料和政治经济大权的生产大队、生产队的干部们则成为村寨重大活动的决策人和组织者。改革开放后，随着家庭联产承包责任制的全面实施和村民自治制度的施行以及国家行政权力的上收，苗族社会传统的"民主自治"理念与国家的"村民自治"政策产生了某种程度的契合，从而使苗族传统的社会治理形态以一种新的方式实现了回归。打造龙舟等重大活动的决策和组织，也更加开放和民主。为使龙舟打造得以顺利进行，各寨必须召开全寨大会进行决策。大家同意打造龙舟后，民主选举成立专门负责龙舟打造和划龙舟活动的组织机构——"龙船组委会"或"龙舟协会"（以下简称为"组委会"或"协会"）。由"组委会"或"协会"负责新龙舟的打造和划龙舟活动的组织管理。"组委会"或"协会"由村寨的精英分子组成，他们当中有德高望重的寨老、退休教师、国家退休干部，也有村、组干部，还有各家族（或支系）的代表人物；这样的人员结构，既有大家族的成员，也有小家族的代表；既体现大家族位置的格局，又充分照顾小姓氏的话语表达。各村寨的"组委会"或"龙舟协会"的成员，既不是终身制，也没有固定的任期，可根据实际需要和各成员的表现，随时进行更换、增补。

二　资金筹集机制

打造一只独木龙舟，耗资十分巨大。因此，经费的筹集往往是头等大事。就目前来看，打造独木龙舟的资金来源主要有以下几种：一是"公田"、"公山"的收益；二是村民集资；三是政府有关部门的资助；四是一些企业或个人的公益捐赠。

20世纪50年代前，许多村寨都有"众田"、"众山"、"众谷"，"田和山林以每年的收益作为划龙船的开支，谷物则采用放债生息的办法，以利息作为每年的开支。本钱不动……又如小河生产大队有3只龙船，传说在开始制备龙船时，由各户凑钱作基金，放债生息……其中2只龙船到土改时，已积累到1200元大洋，稻谷3200多斤"[①]。旧时划龙舟的费用均由"鼓头"个人负责，此收益主要用于打造新龙舟以及龙舟的日常维修、

---

① 《中国少数民族社会历史调查资料丛刊》修订编辑委员会编：《苗族社会历史调查》（一），民族出版社2009年版，第216页。

维护。20世纪50年代初"土地改革"时,一些地方仍然留有"众田"、"众山",到人民公社时期,所有的山林、土地都收归集体所有,已不存在"众田"、"众山"、"众谷"。到80年代初实行"家庭联产承包责任制"时,有的地方仍留有"众田"、"众山",大多数地方则全部承包到户。也就是说,现在要打造独木龙舟,大多数地方已没有"集体经济"的支撑。要筹集打造新龙舟的资金,除了政府有关部门给予的为数不多的资助和少数地方得到一些公益捐赠外[1],大多数村寨打造新龙舟的资金主要靠村民自己集资。2017年寨胆打造新龙舟的主要资金来源就由村民自己集资,以及过去划龙舟所积累的亲友接龙的结余资金以及有关部门的资助。全寨共有84户人家,他们先按"火坑"(即"户")集资,每个"火坑"出资300元,共得资金2.52万元。而打造一只新龙舟需要20多万元,所得资金远远不够。于是,大家商议又采用按人头集资的办法再次集资。在"独木龙舟文化区",这种先按户头集资,如果不够,再按人头集资的办法被许多村寨在实施大型建设项目时普遍采用。按人头集资时,"独木龙舟文化区"内的苗族村寨有一个不成文的规矩,即:不论老小只算男丁,女人不在集资的范围内。他们认为,嫁进来的女人是外面来的,是"客";还未出嫁的女孩终究要嫁出去,也是"客"[2]。因为是"客",她们出嫁后有接龙的义务[3]。因此,打造新龙舟时她们便没有出钱捐资的义务。2017年筹集资金时,寨胆共有男丁214人,每人出资200元,共4.28万元,两次集资共筹集资金6.81万元。再加上多年来结余的接龙礼金10多万元,以及政府有关部门的资助1.25万元,总计20余万元,已足够打造一只新龙舟。

第二节 "请龙木"与"接龙木"仪式

制作龙身必须用杉木,龙头则需用"水化香"(也叫水柳树)。无论是用于制作龙身还是龙头的树木,都有一套严格的、人格化的选择标准:

---

[1] 2018年双井凉伞的新龙舟就得到马来西亚"101"慈善机构的近30万元捐赠。
[2] 当地苗语把出嫁叫"去做客",当地汉族也管出嫁叫"出客"。
[3] 姑娘即使嫁在本寨,本寨划龙舟时,她们作为寨子的姑妈也要接龙送礼。

第四章　从树木到神物：独木龙舟的建造与归属

上山"请龙木"（奉力摄）

树梢折断的、被雷劈过的、被火烧过的都不能用，这是因为，人们认为树梢折断的树木，生长会受影响，进而隐喻影响寨子人口的繁衍和兴旺发达；被雷劈和火烧过的树，则说明该树品格上有污点，故而受到了老天的惩罚，"政审"不过关，也不能用。此外，树木还必须选择生长在向阳一面的，这样的树才有"阳刚之气"。即使是选好的树，如在砍伐时不慎摔断，不仅不能用，有的地方还会因此停止当年打造新龙舟的行动。在当地人的观念里，这是不好的征兆，是树神、山神不愿意为他们做龙舟。苗族是一个讲究自愿、公平交易的民族，无论是向他人、向自然或神鬼世界的取予，都恪守公平自愿的原则，绝不"强买强卖"。强行索取不仅伤害他人，也会给自己带来灾难。因此，遇到摔断树木的情况，他们要么重新祭祀，再次与树神、山神交涉、沟通，直到树神、山神"同意"，砍下完整的树木；要么直接放弃在该年打造新龙舟的计划。

制作独木龙舟的树木一般由制作龙舟的师傅上山根据所需的尺寸进行选择，也可以由本寨有经验的人去选。选好树木并与主人讲好价格后，下一步就是砍伐和将树木运回寨子进行龙舟制作了。过去制作真正的独木龙舟时，有时会选中临近寨子的一些古树。这些古树被当地人称为"风水树"或"风景树"，主人一般不愿意卖出。这时，想要买树的寨子就会悄悄派人到选中的树下，烧香化纸，进行祭祀，并对树说：你古老古代就在这里，我们要让你成龙，你家主人不愿意。你要给他讲，你愿意成为龙。这样你才会成龙下大海。据说，有时候古树真的会托梦给主人，说想要成龙下海。这样，主人就同意卖树了。

在"独木龙舟文化区",砍伐制作龙头、龙身的树木,不叫能砍树,要叫"请龙木"(苗语"醻豆嗡"),以此表示对龙神的尊敬。砍伐、运输制作龙身的树,叫作"请龙身"(苗语"醻嘎借"),砍伐运输制作龙头的树,叫作"请龙头"(苗语"醻嘎后")。无论"请龙身",还是"请龙头",都有一套严格的仪轨。

请下第一棵"龙木"(奉力摄)

首先,要请巫师测算"请龙木"的吉日良辰。如果制作龙身和龙头的树木生长在同一个地方,就选一个好日子进山"请龙木";如果分别生长在两个不同的地方,就需要选择不同的好日子,分两次"请龙木"。"请龙木"的季节,一般在农历十月或十一月,这时的树木水分少,木材不易变形且经久耐用。对于具体的日子,没有统一的规定,时辰一般选择在辰时(属龙)出发;砍第一斧的时间,一般也定在辰时或寅时(属虎)。也有的村寨只讲究出发时间,砍树时间则不做规定。规定砍树时辰的,往往是由于人们认为树木所在地的"山甲硬",即山神或鬼怪厉害,所以必须选择辰时或寅时砍树,才能镇得住山神、鬼怪。出发前,要做好如下准备:糯米饭若干、大白公鸡一只、大绿头公鸭(当地人称为"青鸭")一只、刀头肉数坨、红布或青布一块、五色丝线一绺、生麻一束、酒一壶以及香、纸等祭祀用品;以及做饭用的米、菜、油盐、锅、碗、盆等("请龙木"的人员须在山上吃一餐饭)。这些东西,过去由"鼓头"家准备,现在则由"组委会"或"协会"准备。对于参与"请龙木"的人员也有讲究:除家中有孕妇、家中有未满40天的新生儿,以及正在服丧的人以及妇女之外，其他男人都可以参加。

出发去"请龙木"这天，天刚亮，龙舟锣鼓就在寨子的广场上敲响。寨子的男女老少都来到广场集中。时辰一到，"请龙木"的人员马上出发。其他人则像送亲人出征一般，在"咚咚、哆……咚咚、咚咚、哆……"的龙舟锣鼓声中，目送他们踏上"请龙木"的征程。现在交通方便，一般不是乘船就是乘车前往。

到了山上，所有"请龙木"的人都必须遵守规矩，不准说不吉利的话。在砍树之前，要祭祀"该西"神（苗语音译也有的称为"嘎哈"）、山神、树神。祭祀由巫师主持。大家用树枝、木棒在早已选定的要用作龙舟"龙骨"的一棵"龙木"前搭起一个临时祭台（有的也直接将祭品放在树前的平地上），将一升米、三杯酒摆在祭台上。米中放有120元钱（过去则放12元、1.2元或12个铜钱）的"利事钱"（也称"利师钱"）。这"利事钱"归祭祀师傅所有。同时，人们将一块长一尺二寸的红布（有时也用青布）用一绺麻系在这棵杉树上。准备就绪后，祭祀师傅①开始烧香化纸祭祀"该西"神、山神、树神。祭祀时，所有人必须肃立，不能随便说话。比如，树很高，但不能说太长了，用不完之类的话，否则，树倒下时会摔成几节；不能说做龙船的树是真龙，否则，其他的龙就会跟着来，这样就会下暴雨，弄垮山坡、田坎等等。同时，锣手、鼓手敲起"咚咚、哆……咚咚、哆……"舒缓、悠扬的龙舟锣鼓。祭祀师傅双手抱着白公鸡面向大树念祭词，大意是："杉树啊杉树，请你答应我们，全寨人将你请去做龙船，愿你保佑老少安康、子孙昌盛。"念诵完毕后，把白公鸡杀掉，将鸡血洒在树的周围，涂抹在被选中的"龙木"的树干上。然后将鸡去毛、清洗、煮熟，再观察鸡眼的闭合情况。如果两眼紧闭或两眼都睁开，则为吉利，可以砍树；如果是"睁一只眼，闭一只眼"则为不吉利，必须选择另一棵树，并重新祭祀，再做观察，直到吉兆出现方可砍树。砍树由事先选定的一位"有福之人"② 动手先砍三斧，大家再一起动手把树砍倒。在动手砍树前，第一个砍树的人要对树说："我们请你去做龙，你要好好和我们去，不要在这里耽搁了。"说完才开始砍第一

---

① 祭祀既可以请巫师主持，也可以由知古礼并富贵双全、儿孙满堂的老人主持。
② 砍树之人要父母健在、儿女双全且不能是二婚。

斧。对于树木倒下的方向，有的村寨要求必须倒向东方，因为东方是苗族的故乡。但大多数村寨对树木倒下的方向没有特殊要求，以树倒向哪个方向以便于打理和运输来确定。

树木砍倒后按所需的规格进行裁节并摆放好。主持祭祀的巫师重新布置祭台，再次进行祭祀：祭台上放一升米，燃上九炷香，插上几片鸡翅羽毛，摆上煮熟的整只鸡、一束芭茅草和一盆清水（民间有"龙无水不行"的说法）。准备就绪，开始请龙神。祭师念诵请龙祭词："杉木啊杉木，你树中数第一，林中是老大。请给我们做龙船，风浪你不怕。你去做个公龙，没有哪个有你雄。住到千秋万代，保佑寨里老少安康、子孙昌盛。"①（这类祭词有多种，此为其中之一）颂念祭词的同时，巫师用芭茅草将盆中清水洒在"龙木"上，意使龙神有水而行，保佑一方风调雨顺。此时，这些砍好的树木已不是普通的木材，它们是具有神性的龙的化身。最后，用芭茅草把事先准备的几束普通白纸剪成的"纸吊"和几片白公鸡的羽毛（有的是用一只鸡翅）捆在插在地上的一棵小杉木树的上端（枝丫之下），祭祀即告完成。祭祀完毕，人们开始生火做饭，准备当天的午餐。做菜时，先前祭祀所用的鸡身可切块食用，但鸡头必须完整不能切开。吃饭时要先把鸡头拿给祭师或德高望重、能说会唱的长者，得到鸡头的长者也不能吃鸡头，而是拿着鸡头唱"赞美歌"或者说吉祥话。他说完又把鸡头传给下一个人，接到鸡头的人也同样要唱赞美歌、说吉祥话。鸡头依次传递，大家依次说唱，每一个人唱完、说完，大家都会齐声应和并喝一口酒，气氛十分热烈。大家吃饱喝足后，开始把"龙木"搬运下山，装车后运回寨子。在祭祀、砍树、搬运下山、装车运送的过程中，龙舟锣鼓必须不停地敲。在运输龙木的车/船出发前，"请龙木"的人们要高声喊："来吧龙神，去吧水龙！"然后才出发。

去"请龙木"时带去的绿头公鸭也由专人随"龙木"带回。此时的绿头公鸭已是水龙的化身，承担着将水龙带回村寨的使命。一路上，人们对它都倍加呵护，希望它能平平安安地把龙神引进寨子。

在运输"龙木"的过程中，不论路程多远，即使需要几天才能回到村子，人们都要说当天就可以到家。否则，第二天"龙不肯走，树拉不

---

① 见《附录·独木龙舟祭祀祭词·祭树神祭词》。

动"。运输"龙木"时，沿途经过的村寨，凡与"请龙木"的村寨有亲戚关系的人家，都要前来"接龙木"。接龙的礼品主要是一只鸭或鹅，一匹红布或绸缎被面。"接龙木"时鸣放鞭炮，同时向每个"请龙木"的人敬酒。"龙木"到达寨子时，全寨男女老少都拿着酒、肉、彩线等物品前来"接龙木"并齐声高呼："龙来了！龙来了！"运回来的"龙木"，妇女只能观看，不能触摸；家中有孕妇或有未满月小孩的人家，男人也不能触碰"龙木"。"龙木"必须放置在干净整洁的地方，以示对龙神的尊重。

"请龙头"祭祀（奉力摄）

"请龙头"的程序仪式与"请龙身"基本一致，只是祭祀所用的祭品有所不同。"请龙身"时用白公鸡，带去的绿头公鸭不用作祭祀，而是肩负把龙神带回寨子的使命。"请龙头"时不用公鸡，而用绿头公鸭做祭品。砍树前举行与砍"龙身"树一样的祭祀仪式；树砍倒后再次举行祭祀并将绿头公鸭杀死，然后将绿头公鸭的血涂抹在树干上，即表示龙神附体，树木具有了神性。

用于制作龙头的水柳树喜水，通常生长在小溪两旁的河滩上。对大部分村民来说，水柳树除了制作龙头，也没有什么其他的用处。过去，村民自家地里的水柳树如能被选中用来制作龙头的话，那是一种荣耀。因此，树被选中后主人一般都不愿意"卖"（其实是不要钱），但打造龙舟的村寨又不能要白送的"龙木"。一方非要给钱，一方坚决不收。于是，需要"龙木"的就采取一种办法——偷。他们把树"偷"走后，必须在树下放一篮子糯米饭、一只公鸡、一壶米酒，以此作为对树主人的酬谢。现在的龙头树虽然不再使用"偷"的方式，但价格也比较便宜，一千元左右一棵。运输"龙头木"若经过的村寨有亲友居住，亲友也必须要接龙送礼。

第三节 独木龙舟的制作

制造独木龙舟分两个部分进行，即龙身与龙头。有的地方龙身与龙头由一个师傅制作，有的地方则请不同的师傅分别制作。

一 "龙身"的制作及其仪式

现在我们看到的三体组合独木龙舟，是经过由单体到组合形制演变之后的形状。它中间为母龙，两侧为子龙。母龙粗大，有六舱。中间4舱，每舱长约3米；头舱长4.5米左右，尾舱稍短，约2.5米；各舱之间有隔断。母龙长21米至26米不等，船体宽1米左右，上部开口25厘米左右。母龙前舱向上小角度翘起，龙头与母龙结合部离水面约1米左右。龙头顶部离水面约2.5米。中间四舱主要用来装载亲友接龙时赠送的礼物（鸭、鹅、猪等）和放置桡手们的午餐食品。两侧的子龙较小，长度15米左右，上部开口约20厘米，是桡手们站立划龙的地方。在母龙的各舱隔断及船体两端，均用铁箍箍紧，以防开裂；子龙大多只在两头使用铁箍。

"发墨"祭祀鲁班（奉力摄）

现在制作的独木龙舟已不是真正意义上的"独木龙舟"。除了子龙有的还用独木制作外，母龙都是用十几二十根小直径杉木，加工成较厚的木板，再镶拼而成。其实，这种镶接而成的独木龙舟，并非现在的"新生事物"。据20世纪50年代的调查资料显示，在当时："（独木龙舟）不论母船还是子船都是独木船，由整个形直而完整的泡桐或杉木树身所制……唯近年来所制的龙船个别也有用几棵树木镶拼而成的。"① 近几年所打造的新独木龙舟，全部是若干棵木材镶拼的。

打造独木龙舟必须选择吉日开工，并举行开工"发墨"仪式。"发墨"仪式大多选择在午时，即中午12时整举行。因为日在中天，阳气最盛，所造龙舟当然充满阳刚之气。"发墨"仪式由主持建造的掌墨师傅主持（如果龙身、龙头分别由两个师傅制作，则由制作龙身的掌墨师傅主持"发墨"）。

"发墨"仪式开始前，师傅指挥大家合力把一棵最大、用作龙舟"脊骨"的"龙木"平放在木马上。旁边置一小方桌，桌上摆三杯酒，放一升米，米中插九炷点燃的香，用来祭祀的绿头公鸭、红公鸡等，也放在一边候用。还有两人分别拿着锣和鼓站在一旁。中午12点整，龙舟锣鼓敲响。掌墨师傅拿出"墨斗"② 用"墨签"（相当于笔）在早已放置于木马上的"龙木"的两端画出两条垂直于地面的直线，然后由另一人将墨线拉到"龙木"的另一端，两人分别将墨线按在刚才所划的垂直线的上端，由掌墨师傅将墨线提起，拉紧绷直，然后放开，墨线便在"龙木"上弹画出了一条清晰的直线（如果墨迹不清晰，必须重弹）。接着，发墨师傅在"龙木"前焚香化纸，用斧头把绿头公鸭杀死③，并把鸭血洒在"龙木"上、将几片鸭毛粘在"龙木"上，表示由绿头公鸭带来的龙神已附在"龙木"上了。至此，绿头公鸭的神圣使命圆满完成。祭祀的目的是求得"该西"神的保佑④，使龙舟打造时顺利，划龙时安全、平稳。

---

① 《中国少数民族社会历史调查资料丛刊》修订编辑委员会编：《苗族社会历史调查》（一），民族出版社2009年版，第208页。

② 传统木工工具，用一根细长的线穿过墨盒染上墨，以此在木料上弹出直线墨迹。

③ 斧头不仅是工具，还是木匠的神器，可以驱邪，因此，发墨时用斧头杀鸡鸭，而不用刀。

④ 同样是祭祀"该西"神，各地却不尽相同。有的地方除了青鸭，还要一只白公鸡，有的地方则不用白公鸡。

祭祀完"该西"神，接着祭祀木匠的祖师鲁班。祭祀鲁班时，同样要烧香化纸，然后把红公鸡的鸡冠咬下一小块，让鸡血流出，并把鸡血涂在"龙木"上，同时念诵一些祝福吉语，祭祀即告结束。至此，"发墨"仪式结束，即可下料开工。

在"发墨"仪式的祭品中，白公鸡、鸭子则当场宰杀，供大家享用。米、钱、红公鸡归木工师傅所有，但祭祀过鲁班的红公鸡是不能杀的。据独木龙舟技艺传承人张先文师傅讲，这只公鸡不仅不能当场杀掉，也不能送给别人。只能由掌墨师傅自己拿回家细心喂养，小心照看。除非它自己失踪或下落不明，否则，就要等它"寿终正寝"，方可烹而食之。

"发墨"之后，掌墨师傅按设计在木料上做好尺寸标记，其他参与的木匠（徒弟或帮手），就可以按标记进行加工。制作独木龙舟的工具比较简单，主要有手锯、弯尺、圆刨、大小圆凿、板凿、方凿、锤子等。

在过去，制作龙舟需要全寨的成年男子[①]参与，除了外面请来的掌墨师傅及其徒弟外，本寨的人都是尽义务，没有报酬。如果掌墨师傅是本寨人，则可以得到一篮糯米饭、一只大公鸡、一壶酒的酬谢。大家在掌墨师傅的指导下，各尽所能、齐心协力，一起打造龙舟。现在各地制作新龙舟，都采取"包工不包料"的办法，即，所有的材料由打造龙舟的寨子提供，木匠师傅负责制作。帮手和徒弟由掌墨师傅根据情况自行雇请，不需要寨民无偿的帮忙协助。在打造龙舟的过程中，家有孕妇或生小孩未满月的家庭，其所有成员都禁止进入现场，更不允许触碰打造龙舟的任何材料及工具，有的村寨甚至连开会商议与龙舟有关的事情也不允许他们参加。

打造一只新龙舟约需要100个工时，目前的工价在2.8万元至3万元之间。独木龙舟打造完毕，还要进行组装试划，经验收合格后，一只独木龙舟才算建造完成。清水江独木龙舟的船体制作方式、造型基本一致，但由于选用木料的规格不同而有大小、长短、宽窄、轻重之别。据调查，最长的独木龙舟的"母龙"长达26米，加上约4米长的龙头，总长达到30米，龙身宽度在1.5米左右（含子龙）。

---

① 同理，家中有孕妇或有未满40天的新生儿，以及服丧人家的男性除外。

正在制作的独木龙舟

二 龙头的制作

水柳树质地较轻、有韧性、易于雕刻，龙头多用水柳树雕成。选材一般长3.5至4米，直径约0.5米（具体尺寸根据船身大小而定）。独木龙舟的龙头在外形上与常见的"九似龙"相似，但由于雕刻龙头没有统一的模板，师傅在雕刻龙头时也只是画个简单的草图便开始雕刻。这种草图，其实更像一幅工笔画，没规格尺寸，形象栩栩如生。有的师傅在雕刻龙头时，连草图都没有。他们说，心头怎样"想"就怎样"雕"。因此，虽然独木龙舟的龙头整体形状基本相同，但龙头上的一些部件，在形状上却有很大的差别，即使同一个师傅所雕刻的两个龙头，也不完全相同。龙头尺寸的大小也没有具体的标准，主要由师傅们根据龙舟的大小、长短而定。虽然没有标准的设计图纸，但师傅们大多经验丰富、成竹在胸，每一个独木龙舟的龙头都雕刻得栩栩如生、十分精致，是一件独一无二的艺术品。

独木龙舟龙头的制作大体分为两个步骤：一是雕刻制作，二是上色组装。

制作龙舟的工具

(一) 龙头的雕刻

雕刻龙头时，龙鳞、龙腮、龙嘴、龙眼等为整体雕刻；龙大角、嫩角、龙鳍、龙珠、龙舌以及龙头上的鲤鱼等饰物则是单独雕刻制作。龙头各部分雕刻制作完成后，除了大角、龙珠可以拆卸外，其他的部件都要安装固定好，之后再进行上色美化。

雕刻龙头一般有如下步骤：

1. 先将木料按照确定的尺寸①，划分出龙颈和龙头两部分。将龙颈部分加工成弧形圆柱体，龙头部分加工成长方体。

2. 雕刻龙头部分。制作师傅先在雕刻龙头的长方体上，按照自己设想的形状，勾画出需要整体雕刻的龙嘴、胡须、龙眼、龙鼻、龙耳、龙额等部件的形状轮廓，预留出组装部件的位置，然后进行雕刻。

---

① 龙头的大小、长短没有一定之规。以龙舟的大小、长短为参照。

3. 雕刻龙颈部分。龙头各个部件雕刻成型后，才着手雕刻龙颈。为了减轻重量，便于操作，一般都是先将龙颈从下侧掏出一个长1.6米至1.8米、宽7厘米至10厘米、深15厘米左右（具体视龙头的大小、长短而定）的槽，①，然后在龙颈两侧画出鳞片形状（一般4至5行），两侧鳞片必须对称一致。同时，加工一块与龙颈下侧掏空开口形状相同的木板将其封住。

4. 雕刻制作龙大角、嫩角、龙鳍、龙舌、龙珠等部件。这些部件不一定要用水柳树，可以用其他不易开裂的木料制作。各部分部件雕刻完成后，再进行细节部分的精加工。这些部件，除了大角、龙珠之外，其他的都要安装固定到龙头的相应位置。

5. 补孔洞、打磨。如果制作龙头的树木有虫眼孔洞或不平整的地方，需要用石灰与桐油的混合物进行填补。填补完成之后再用砂布进行打磨，使之平整光滑。这样，龙头的雕刻就算基本完成，下一步就是上色美化。

（二）上色彩绘

上色分为三个步骤：一是上底色。独木龙舟龙头多用白色油漆做底

正在雕刻的龙头

---

① 民间认为，如果不掏空，龙舟会与水里的龙打架，造成翻船。从科学意义上说，掏空是为了减轻重量，使龙舟重心降低而增加稳定性。

色。二是进行彩绘。彩绘用的也是油漆。龙头的彩绘一般使用红、黄、白、蓝、绿、黑等色。各种色彩之间具体如何搭配，主要以制作师傅个人的喜好以及制作龙舟的村寨的传统而定。三是上清漆。清漆，又名凡立水，是由树脂为主要成膜物质再加上溶剂组成的涂料。龙头各部分上色彩绘完毕，最后必须上一至三道清漆。清漆是透明的，它干燥后形成光滑透明的薄膜，对彩绘起到很好的保护作用。

独木龙舟龙头上的一对"大角"是清水江独木龙舟的标志。所有独木龙舟的"大角"形状基本一致，其色彩也没有太大的差异。一般以白色为主，角尖部分有的施以红色，有的施以黑色。在"大角"根部有红、黄、蓝等相间的线条装饰。写有"风调雨顺、国泰民安" 8 个字。据调查，过去写的是"风调雨顺、五谷丰登"，没有"国泰民安"几个字①。到 20 世纪五六十年代，有的龙舟"大角"，既不写"风调雨顺、五谷丰登"，也不写"风调雨顺、国泰民安"，而是写成"民族团结，增加生产"②。

除了"大角"，龙头上还有一对"小角"（嫩角）。"小角"大多上部分岔，顶端卷曲，形似鹿角。但有的"小角"不分岔，形似羊角或黄牛角。有资料说："大龙头上有三对角，分别是一对牛角、一对羊角、一对鹿角"③。这是不准确的。在色彩上，"嫩角"大多以白色为主，再绘上黑色、黄色等线条作装饰。尖直型"嫩角"则用多种色彩的螺旋形线条装饰。两只大角之间的龙头顶部，一般安装有鲤鱼、白鹤、知鸟、鸽子、螺蛳等装饰物④。这些小动物的色彩各有不同：鲤鱼有的为红色，有的为黑色，还有绿色或红绿相间的；鸽子有白色、红色的；知鸟以绿色为主，螺蛳也多为绿色，白鹤以白色为主，辅以其他颜色。龙头上若没有这些装饰物，则留有若干小孔，用来插小彩旗和长长的锦鸡尾羽。

这些放置在龙头上的小动物，都有一定的民俗寓意："有的为一只八

---

① 讲述人：平地营刘永乾，苗族，75 岁。2018 年 10 月。刘锋、张乾才记录。
② 《中国少数民族社会历史调查资料丛刊》修订编辑委员会编：《苗族社会历史调查》（一），民族出版社 2009 年版，第 208 页。
③ 张晓：《清水江边的船与人——贵州施洞苗族"独木龙舟节"研究》，山东城市出版传媒集团济南出版社，2018 年版，第 54 页。
④ 大多数龙舟只有一种饰物，部分也装两种饰物，目前并未见到安装三种饰物的。

哥鸟，苗语名'娄八八'，取其与水牛常伴之意；有的为一尾鲤鱼（苗语'勤里'）或一个团鱼（苗语'溜'，学名为鳖），寓意为，当年龙公龙母逃跑时，鱼、鳖去迎接他们；有的为一只催米虫（蝉，苗语'刚瑞牙'），有催庄稼早熟的寓意。"[1] 而凉伞龙舟头上的鳝鱼据说是凉伞龙氏祖先的象征。[2] 螺蛳的壳是龙角变的触须是龙须[3]。至于鸽子等其他饰物所蕴含的民俗寓意，目前尚不得而知，有待于进一步的田野调查。

龙上唇和额头高高隆起，上唇和额头之间的凹处是龙鼻。上唇大多施以黄色，也有涂成灰紫色的；有的还在上唇用红色或黄色写上一个"王"字。额头则有黄、红、绿等多种颜色。龙鼻也有红、绿、黄等多种色彩。在上唇隆起处，装有龙触须，触须的形状、数量、长短各有不同。有的一边一根，细长而向后弯曲延伸到眼部；有的短粗，每边两到三根不等；有的分岔，顶端卷曲；有的尖直。触须的颜色有黄、红、绿、黑等多种。

龙眼大多圆而外凸（也有椭圆或水滴状的），眼珠涂以黑色，周围则绘有彩色线条以凸显龙的目光神韵。也有用圆形镜子做眼珠的，更显得炯炯有神。龙眼上方的睫毛雕刻得有些夸张，在眼眶上呈放射状分布，有的尖直如剑，有的卷曲飘逸。

龙口呈张开状，上唇前凸，下唇微收。口腔、龙舌均涂以红色。上下各有两枚剑齿（有的上下各有四枚），其余均为板牙，均施以白色。龙舌前部弯曲，装有龙珠一枚。龙珠以圆形为主，也有扁形火焰状以及圆球与火焰结合状的。龙珠以红色为主，也有涂成金黄色的。下唇有的有胡须，有的没有。但在下颚两边均装有两排胡须，数量一边三到四绺不等。胡须

---

[1] 成文魁：《施秉苗家的龙船》，《贵州文史丛刊》1987年第3期。

[2] 凉伞寨龙头顶部装饰的白鳝鱼被认为是凉伞龙氏祖先的象征，起到保佑行舟者安全的作用。据凉伞龙氏介绍，古老古代的时候，他们的祖奶在河边洗澡，白鳝鱼使之怀孕并生下先辈。至今他们还遵循禁食白鳝鱼的祖训，见到白鳝鱼遇难也设法救助。比如，在集市遇有人卖白鳝鱼，他们会不惜重金买下，放生回清水江。另外，据说有一次姓龙的一伙年轻人不遵守这一规矩，吃了白鳝鱼，结果肚子疼得死去活来，敬奉祖宗后便好了。因此，在龙氏族人看来，装饰在龙头上的白鳝鱼并非毫无意义的装饰物，而是其祖先的象征。但这是否为凉伞龙舟的传统，我们现在还不得而知。即使是他们的传统，这在"独木龙舟文化区"也属于个例。其他地方龙头上的饰物都没有一定之规，多是随意而为。但这些饰物是否具有深层次的文化意涵，只能留待日后调查了。

[3] 见《附录·独木龙舟起源神话"人杀龙·不吃龙"（之二）》。

向后微曲，施以黑色、绿色、蓝色等，也有数色相间的。胡须末端有的尖直，有的卷曲。龙腮呈长方形，在黄、红、蓝、绿等底色上绘以其他色彩的线条。

龙颈上装有十片左右的龙鳍，长约 15 厘米。顶端尖，微向后弯曲。在龙舟节划龙船的时候，亲友们赠送的鸭、鹅、锦缎等礼物就悬挂在龙鳍上。龙鳍的色彩丰富，有红、蓝、绿等单色的，也有绘以多种色彩线条的。龙颈刻有龙鳞，形似鱼鳞。大多数龙舟的龙鳞均施以红、黄、蓝、白、绿等艳丽色彩，看起来五彩斑斓。独木龙舟的龙鳞在 120 片至 200 片之间。

正在上色的龙头

在色彩的使用上，清水江独木龙舟的龙头大多是五颜六色的，但也有的别具一格。比如：在过去施洞杨家寨龙舟和老屯下稿仰的龙头颈部都是绿色，老屯上稿仰的龙颈则是土红色。① 据传说，杨家寨因为分龙肉时去晚了，只得到已经变质变色的龙肠子，所以龙颈部涂成绿色。据上稿仰的吴 WJ 老人说，这条被分食的龙，是在他们稿仰的"刚郎义"被烧死的。下稿仰的人去得晚，得到的是已经变色的龙肉，所以龙颈涂成绿色。而上稿仰因为是主人，就谦让"客人"，让其他村寨先拿走龙肉，他们最后才

---

① 现下稿仰龙舟仍为纯绿色。杨家寨龙颈两侧各加上一行由红、白、黄三色组成的鳞片；上稿仰龙舟则点缀了少量的黄、白、蓝三色鳞片。

去拿，结果龙肉被一抢而光，他们就只得到一架没有肉的龙脊骨。因为龙脊骨上还有一些残存的肉，呈土红色。所以他们的龙头就涂成了土红色。

上色完毕，一只栩栩如生的龙头就制作完成了。

龙头、龙身制作完成后，还要下水组装，进行试划。通过试划对龙舟做最后的修正调整，直到划龙人觉得满意为止。这样，一只新独木龙舟就算制作完成。

另外，在独木龙舟上还有一个小龙头，斜插在"母龙"前舱与第二舱的结合部。其颈部绑一把雨伞，铜锣则悬挂在小龙嘴里。小龙头直径10厘米左右，长约1.5米。传统的小龙头无角，形似蛇头；现代小龙头的形状、彩绘与大龙头相似，但没有"大角"，只有"嫩角"。

三 船桨的制作

划独木龙舟的桨，当地称为"桡片"。分为"划桨"和"舵桨"两种，"划桨"为普通划龙手[①]使用，"舵桨"为舵手以及辅助舵手的人[②]使用。"划桨"长度在1.7米至2米之间，主要根据划龙手的身高而定。确定"划桨"的高度时，划龙手垂直站于平地，将自己的右手举起伸直。从地面到手心的距离就是其"划桨"的理想长度。"划桨"的握把为圆形，长度在0.9米至1.1米之间，直径为3厘米至4厘米；桨叶部分上宽下窄，上部宽约9厘米，下部宽约7厘米，厚度为3厘米至5厘米。"划桨"上端有的有一长度为10厘米至15厘米的横把，有的则没有。

"舵桨"与"划桨"在规格和形制上有很大不同。"舵桨"要比"划桨"长，桨叶也比"划桨"宽。其长度在2.1米至2.2米之间。其中，握把部分为圆形，长度在1米至1.2米之间；桨叶部分上窄下宽，上部宽约15厘米，下部宽约20厘米，厚度在6厘米左右。"舵桨"有的有长约15厘米的横把，有的没有。"舵桨"和"划桨"桨叶的下端都用铁皮包裹，以便于龙舟在上滩或下滩时，将桨作为船篙使用。

制作龙舟船桨，不需要举行祭祀仪式。"划桨"和"舵桨"均选用具

[①] 划龙手，指站在两边的子龙内划龙的人。

[②] 舵手，指站在独木龙舟尾部负责把控划龙节奏和方向的人；辅助舵手，指站在龙舟尾舱内，协助舵手控制龙舟行进方向的人。

舵桨（左）与划桨（右）

有一定硬度和韧性好的杂木。在过去，"划桨"一般由划龙人自己制作、保管，属于个人所有。近几年也有由集体出资统一制作的，其规格、形制比较一致。一般每只独木龙舟有"舵桨"4 支至 5 支。"划桨"则是每一个可以划龙舟的人都有一支。

另外，每只龙舟还有竹篙一根。竹篙下端套有 10 厘米左右的铁锥，为撑篙手专用。

第四节　独木龙舟的归属

一般来说，独木龙舟的归属主要有以下三种情况：一是属于一个村寨（自然寨）所有，比如：平地营、四新、南哨、塘龙等；二是由邻近的数个村寨共同所有，如：鲤鱼塘和三角田就共同拥有一只龙舟，竹子寨、杨九寨、斑鸠寨也曾共同拥有一只龙舟；三是属于一个自然寨中的不同部分所有，如：长滩的上、下寨各有一只龙舟；铜鼓上、下寨各拥有两只龙舟。这几种情况中，龙舟属于一个自然村寨所有的居多。

清水江苗族大多聚族而居，因此，给人一种独木龙舟由血缘组织所有的假象。独木龙舟的"鼓头"与"吃鼓藏"的"鼓头"是不能等同的。"吃鼓藏"的"鼓头"代表的是血缘组织，独木龙舟的"鼓头"代表的是地缘村寨的社会。

首先，在许多村寨，同一姓氏并不一定是同一宗族，不同姓氏也不一定不是同一宗族。这主要是因为，在清朝强迫苗族改用汉名、汉姓的时候，同一宗族的兄弟如果居住在不同的自然寨，就有可能姓不同的汉姓。

其次，在国家权力渗入之前，"独木龙舟文化区"的每一个苗族村寨，都是一个独立的自治单位。相对而言，村民的地缘群体意识明显超过血缘宗族意识。也就是说，当血缘利益与地缘利益发生冲突时，他们往往把地缘利益放在首位。就是在国家权力已经全面渗透的今天，当不同村寨之间发生利益冲突时，人们仍以社区群体的利益为重。有一个较为典型的例子：20世纪80年代中期，清水江边的DG苗寨与JZ苗寨因山林土地纠纷发生冲突，引起械斗。这两个寨子本是近邻，相互开亲，有较为密集的亲缘血缘关系。但冲突一起，大家都只能"六亲不认"。械斗中，出现舅舅打断姑爹肋骨、表弟打折表哥小腿的情况。事件过后，亲戚还是亲戚，该怎么往来还怎么往来。但如果在冲突中有谁"放油"假打，那就是"叛寨"，会被开除"寨籍"并受到众人的隔离而无法在寨子继续生活下去。①

最后，从打造独木龙舟资金的筹集、"鼓头"（组委会、协会）的产生等方面来看，所反映的也是地缘关系而非血缘关系。其一，打造独木龙舟资金的筹集，最能体现独木龙舟的归属。几乎所有独木龙舟的打造资金，都来源于地缘群体。有的村寨虽然得到政府的资助或慈善捐款，但仍需要向各家户进行象征性的集资。这是因为在村民看来，用于制作"神物"或用做祭品的物品，是不能无偿接受别人馈赠的，必须要象征性地"购买"，否则，这"神物"或祭品就与自己没关系，自己及家人就得不到神灵的护佑。因此，打造独木龙舟时，即使是家庭条件特别困难的人家，也要象征性出资以示自己家也是独木龙舟所代表群体的一分子。比如双井凉伞寨，在筹备打造龙舟时，虽然得到了大量的捐赠，但仍向寨中每户集资200元。这不仅是一种应尽的义务，更是一种"主权"的象征。如果哪一户不出资，他家不仅会失去参与划独木龙舟的资格，还可能失去参与本村寨其他集体活动的资格，甚至有被众人隔离的危险。这种集资的

---

① 讲述人：双井新城张廷栋，男，苗族，55岁；2019年5月，宋永泉记录。

义务只是针对居住在本自然寨的所有村民，对于居住在其他村寨的亲戚，即使是本寨的血缘宗亲，也没有参与集资的义务。即使他们愿意参与集资打造独木龙舟，也需征得本寨的同意。比如，双井的寨胆，龙姓占村民人口的88.2%，吴、廖等杂姓仅占11.8%；鲤鱼塘吴姓占80%，龙、雷、张、尹、姜等杂姓仅占20%；双井凉伞寨，龙姓占98%，而吴姓仅占2%。这些村寨在打造独木龙舟时，并未按血缘关系进行集资，而是向所有居住于本寨的各姓氏征集资金。寨胆和凉伞打造新龙舟时，也有居住在其他村寨的龙姓宗亲前来参与集资的情况，但他们的参与集资，并不是当然的权力和义务，而是需要得到本村寨同意。其二，过去的"鼓头"是划独木龙舟的组织者、领头人，在划龙舟活动中具有举足轻重的地位。但无论是过去传统的由个人担任的"鼓头"，还是现在的由组委会、协会等组织形式承担的"集体鼓头"，代表的都不是某一个血缘宗族群体，而是拥有独木龙舟的整个群体。以双井镇寨胆寨为例。该寨以龙姓为主，廖姓只有4户。但1986年人们选举廖定云（时年55岁）担任"鼓头"；20世纪90年代初，该寨成立了"组委会"。"组委会"由4个"龙头"组成，其中就有一位吴姓的"龙头"。再如，鲤鱼塘寨，吴姓人口占80%以上。在传统的个人担任"鼓头"时代，他们采取的是"轮流制"，即：按居住位置，每年由相邻的两户人家当"鼓头"。鲤鱼塘现在的"组委会"有7位成员，其中吴姓4位，杂姓3位，"组委会"的"委员长"则由龙姓人士担任。又如，双井镇的铜鼓塘，他们拥有四只独木龙舟。铜鼓塘人口虽然以张姓为主，但这四只龙舟并非以血缘关系的亲疏来确定归属，而是分别属于铜鼓上寨和铜鼓下寨①全体居民所有。其三，划龙舟时，每只独木龙舟两只大角之间悬挂的锦旗也能说明这一点。锦旗上所写均是表明独木龙舟所属地的标语，如"寨胆龙舟"、"平地营龙舟"、"平敏龙舟"等，未曾见过写有"龙家龙舟"、"张家龙舟"等以血缘为标识的字样。调查中，我们也了解到历史上曾有几个自然寨共同拥有一只独木龙舟的情况，比如，竹子寨、杨九寨、斑鸠寨②，就曾因为寨子小、人手少，只有联合

---

① 这里的上、下寨并非按血缘的亲疏来划分，而是按村寨所处自然环境的上、下方位来划分的。

② 竹子寨为龙姓，杨九寨为邰姓，斑鸠寨则一部分姓龙，与竹子寨是宗亲；另一部分姓邰，与杨九寨是宗亲。

起来才能划独木龙舟,而曾共同拥有过一只独木龙舟。

以上事例可以说明,独木龙舟由地缘群体统合,因地缘而生也必然归地缘群体(主要为村寨)所有。

对外而言,村寨是同一利益共同体,但其内部又有多种利益诉求。因此,对于打造独木龙舟和开展划龙舟活动这样颇具地缘特色的群体活动,需要寨子内部不同利益群体的相互让渡与协调——既要照顾大家族,也不能忽视小姓氏。因此,在组委会成员安排中,既有大家族的成员,又有小家族的成员;既有村组以及国家退休干部,也有地方精英人物;既体现以大家族为主的格局,又充分照顾了小姓氏的话语权。这种人员安排既充分考虑到各方面的利益平衡,又彰显其地缘性特征。

但凡事都有例外。在"独木龙舟文化区"也有以血缘关系为纽带打造独木龙舟的。施洞镇八梗寨的两大姓就各自拥有一只独木龙舟;马号镇廖洞上寨的邰家也曾拥有属于本家族的独木龙舟。从严格意义上来说,独木龙舟的这种归属方式,是在独木龙舟地缘归属基础上的变异。其所谓的"血缘"关系,并没有突破"地缘"的限制。也就是说,这些地方虽然以"血缘"方式拥有独木龙舟,但并未以血缘的亲疏关系来确定参与成员的资格。成员的权力与义务,仍然局限在本自然寨之内,并没有根据宗族血缘脉络由亲到疏地向外村寨延伸。在"独木龙舟文化区",如果有一只龙舟只属于一个姓氏的情况,就只有两种解释:一是因为这个自然寨没有别的杂姓,属于巧合;二是一个自然寨中有两个以上势均力敌的姓氏[①]相互攀比,然后才各自打造独木龙舟。可以说,除此之外,没有以姓氏血缘为纽带打造独木龙舟、划独木龙舟的情况。

[①] 同一村寨内的不同家族,往往既团结又斗争,对外,地缘、整体利益优先;对内,则本家族利益居于首位。

第五章　划龙与接龙：独木龙舟节的仪式流程

独木龙舟的打造是其"神性"的建构过程，而划独木龙舟则是其圣俗功能强化和彰显的过程。划独木龙舟，"鼓头"的产生、洗龙、出龙、"取水"、接龙、吃龙肉等环节都有一套相对完整、规范的仪式程序。这些仪轨，无一不是对其"神性"及其圣俗功能的强化和彰显。特别是接龙礼物的炫耀性展示，凸显的不仅是龙舟的"神性"，更是对划龙村寨的荣誉与地位的夸耀与宣示。

第一节　"鼓头"的产生、演变及划龙舟前的准备

鼓头苗语叫"嘎略"①，与吃鼓藏的"鼓头"叫法一样。但这个"鼓头"与吃鼓藏的"鼓头"在内涵上并不完全相同。他们的相同之处有：都是活动的组织者、指挥者，任期通常只有一届，由村寨全体成员选举产生且有严格的条件限制；他们的不同之处在于：吃鼓藏的"鼓头"代表的是有血缘关系（或拟血缘关系）的宗族；划独木龙舟的"鼓头"代表的是基于地缘关系的群体（村寨）。20世纪80年代以前划独木龙舟，"鼓头"是活动的组织者与指挥者，没有"鼓头"，龙舟是划不成的。调查显示，有的村寨因选不出"鼓头"而十年未划龙舟。② 因此，20世纪50年代以前，"鼓头"的选举是各村寨划龙舟前的头等大事。那时的"鼓头"大多是传统意义上的"个人鼓头"，即所有划龙舟的费用均由"鼓头"个

---

① "嘎"为树根，可作"头"的意思；"略"，就是鼓。
② 贾仲益：《节庆文化及其传承逻辑》，《广西民族研究》2016年第5期。

人承担。在"独木龙舟节"期间,"个人鼓头"位高权重、责任重大。50年代以后,传统的"个人鼓头"产生困难。如,"巴拉河在1952年土改后不设'嘎牛'(即'鼓头'——引者注),荒寨(即'芳寨'——引者注)在粮食统购统销后的1954年不设,偏寨等处在1955年不设……但还是要照常划龙船。所需粮食和经费,由大家来凑。如偏寨在1955年每人一天凑2碗米(约合2市斤),每户5角钱;划船的人,在三天中,每人另出6角,大米1升(约合5市斤),全龙船所有的人家共凑人民币二三百元,大米四五百斤,做6缸酒,每缸约16斤米,共用大米100来斤。这样,全家都参加吃早餐和晚餐,划龙的加吃午餐。"① 这种全寨集资划龙舟的方式,其实是后来的"组委会"或"协会"等"集体鼓头"的雏形。20世纪70年代末到80年代中期,由于实行家庭联产承包责任制,农村经济发展迅速,传统意义上的"个人鼓头"开始复苏。80年代中后期,传统的农业经济经过多年的高速发展后,遇到了发展瓶颈。同时,随着改革开放力度的加大,大批欠发达地区的农村劳动力前往沿海地区打工,从而出现了席卷全国的打工潮。"独木龙舟文化区"的青壮年大多前往广东等地打工,"杀广"(到广东打工)一时间成为当地人追求的时髦。财力和人力的缺乏,使传统"个人鼓头"的产生再次遇到困难。为了正常划龙舟,各寨纷纷成立"组委会"或"协会"(以下统称为"组委会")。由"组委会"代替传统"个人鼓头",负责划龙舟活动和打造龙舟的组织、领导工作,所需费用也由全寨共同承担。这种由"个人"到"集体"的变化,对划独木龙舟活动来说,是一种革命性的变革。它是民俗活动为适应经济社会的发展而进行的一次成功的自我调适。但无论是传统的"个人鼓头",还是现代"组委会"成员,他们的声望和表现都关系到整个村寨的荣誉和地位。

一 传统"个人鼓头"的产生

传统"鼓头"的人脉、声望等个人以及家庭条件,关系到整个寨子的地位与荣誉。因此,人们对于传统"个人鼓头"的选择有着严格的

---

① 《中国少数民族社会历史调查资料丛刊》修订编辑委员会编:《苗族社会历史调查》(一),民族出版社2009年版,第217页。

挑选标准。"鼓头"必须具备以下条件：一，品德高尚，在本寨或更大的区域范围内有较高的威望；二，家族以及亲友"干净"（意指没有蛊、"酿鬼"）；三，家庭和睦、儿女双全，有一定的经济实力；四，没有违法犯罪的家庭成员，亲友多，交际广等。在符合上述条件的情况下，出嫁女儿多的人家，最容易被选上。出嫁的女儿多，姻亲关系就广，接龙送礼的人多，场面才热闹。场面越热闹，"鼓头"以及划龙的村寨就越显荣耀。由于当选"鼓头"的条件多、要求严，人们都以能当上"鼓头"为荣。

在"独木龙舟文化区"，传统"个人鼓头"的产生一般有以下几种方式。

一是由选举产生。这是"独木龙舟文化区"传统"个人鼓头"产生的普遍做法。通常在当年"吃龙肉"时选举产生下一年划龙舟的"鼓头"，并把拆下来的龙头、锣、鼓等抬到新"鼓头"家存放。新当选"鼓头"还要准备酒肉，招待送龙头的人。当选为"鼓头"既是荣耀，也是责任。作为"鼓头"，他不仅要负责撑篙手、炮手、锣手、记账员、舵手等重要岗位人员的选拔，还要承担他们在划龙舟期间的所有生活费用。外出划龙时，还要负责其他划龙手的午餐。划龙结束后，要请全寨老少以及亲朋好友"吃龙肉"。这是一笔不小的开支。亲戚朋友少的，接龙收到的礼物往往不够"吃龙肉"的开支，需要"鼓头"自己出资补贴。对于这些开支，可做一个大概的估算，从拉龙船下水到"独木龙舟节"活动结束，以5天时间来算，平均每天约有50人吃饭。以20世纪80年代的生活水平估算，这些人每天的生活费需300元左右，5天约1500元。最后请全寨人和亲戚朋友"吃龙肉"，以一个中等寨子计算，需约30桌，每桌100元即需3000元。再加上其他开支，"鼓头"至少要承担5000元支出。以当时的收入，这是许多家庭难以承受的负担。即使亲戚朋友接龙送礼，当时大家都不富裕，送的礼也很轻。因此，家境不太富裕、亲戚又少的人家，即使被选为"鼓头"，他们往往也推辞不干。而一些富裕的人家，因怕增加亲友负担，也只愿意当一两次"鼓头"。因此，有的村寨虽然想划龙舟，却没人愿意当"鼓头"，因此也多年不划龙舟。当然，也有被选为"鼓头"后因担心无力承担费用而推辞不干的。这时，他的至亲、房族会为了能分享这份荣耀而劝他接受,并出钱、出物尽力支持。在这种情况下,他们也会愿意担任"鼓头"。

二是按各种规则轮流担任。由于旧时大家都不富有,许多村寨经常出现因无人愿意担任"鼓头"而划不了龙舟的情况。一个拥有独木龙舟的村寨,多年不划龙舟是会被周边寨子看不起的。于是,为了解决选不出"鼓头"的问题,人们便采取"轮流制"的办法解决这个问题,以维护村寨的地位与荣誉。轮流制有三种形式:一是全寨住户轮流担任鼓头①。二是按家族支系中成员的长幼秩序轮流担任鼓头。这通常发生在只有一个大家族居住的村寨。第三种是每年选出几个人担任"鼓头",即划几天龙舟就有几个"鼓头",这种"轮流制",只有少数村寨使用。比如,双井的鲤鱼塘在20世纪50年代之前,采用的就是这种"轮流翻牌制",每年选出两个人担任"鼓头"。如果轮到的人家不愿意担任"鼓头",他必须请全寨人吃一餐饭,然后依次往下"翻牌"。

三是由自荐产生。自荐担任"鼓头",分为本寨人自荐和外寨人自荐两种情况。对于本寨人来说,担任"鼓头"的渠道,可以是"被选",也可以是"自荐"。只要符合条件,在没有更好人选的情况下,大家也会同意让自荐者担任"鼓头"。对于外寨人自荐到拥有独木龙舟的村寨担任"鼓头"的情况,据我们调查,只有一例。民国时期,新城人杨忠保与鲤鱼塘的吴传铭是"老庚"②,杨忠保主动要求担任鲤鱼塘龙舟的"鼓头"。苗族民间"打老庚",既是个人之间的私谊,也是村落与村落的集体情谊,一家人的亲戚也是一寨人的亲戚,因此村民就同意让他当一年的"鼓头"。据当地人回忆,杨忠保当"鼓头"的那一年是他们划龙舟期间吃得最好的一年,也是龙舟划得最远的一次——到了鲤鱼塘20多公里外的榕山——因为杨忠保家在那里有亲戚。③ 这种外寨人担任"鼓头"的情况十分罕见,应属个例。

---

① 按禁忌不能参与划龙舟活动的人家除外(有孕妇、未满月产妇以及服丧的人家)。也有因经济条件特别困难而由两户人家共同担任鼓头的情况。
② 打老庚是为了强化、彰显个体间的亲密关系,性别相同、年龄相仿或两人太"合心",都可结拜为兄弟或者姐妹。老庚便是因此而来拟制血缘关系。
③ 讲述人:双井鲤鱼塘人龙光成,男、苗族,62岁,2017年7月,宋永泉记录。

二 传统"个人鼓头"到"组委会"的演变

如前所述，20世纪50年代以前，"鼓头"主要由经济较为富裕的人家担任。而在50年代到70年代末这三十年间，农村实行计划经济，搞"大集体"，村民之间的贫富差距不大，传统的"个人鼓头"能够依靠亲友所赠礼物来维持开销的较少。因此，有的地方就开始全寨集资划龙舟，如上文提到的巴拉河、偏寨等。这种通过向村民集资凑钱划龙舟的形式，可以看作从传统"鼓头"到现代"组委会"的一种过渡形式。改革开放后，农村实行家庭联产承包责任制，村民生活有了很大的改善。在20世纪80年代中期以前，人们担任"鼓头"的积极性也很高。比如寨胆，在1986年之前都是传统"个人鼓头"。随着打工潮的兴起，外出务工的人员逐渐增多。村民的视野因之得到了扩展，思想意识也随之发生了变化。许多人不再愿意担任这个既花钱又费力的"鼓头"。他们认为，即使自己有能力承担划龙舟的开支，也会增加亲戚朋友的负担。而亲戚朋友接龙所送的礼物、礼金也要由自己个人去还礼，这一来一回也增加了自己的负担。同时，打工潮兴起后，留居村寨的多是老幼病弱，多数村寨虽有心却无力参与划龙舟。清水江独木龙舟由此进入低谷期，每年下水的龙舟数量由原来的几十只，减少为十来只，最少的2003年仅有3只龙舟下水（这也与当时的"非典疫情"有关系）。

为了传承民族优秀传统文化，提高地方知名度，地方政府曾采取对每只下水的龙舟进行补贴的办法，每年给予每只龙舟数百元至数千元不等的补助。同时，各村寨为了过好"独木龙舟节"，也采取到各单位"化缘"的办法筹集划龙舟的资金（即以村、组或村寨的名义到国家机关单位请求资助）。这些钱属于大家所有，拿给个人已不合适。于是，在传统"鼓头"难以选出，而政府支助的钱和物都以集体名义得到不便算为某一个人所有的情况下，现代"组委会"（其实就是"集体鼓头"）应运而生。可以说，"组委会"既是经济社会发展的产物，也是"独木龙舟文化区"苗族人民智慧的结晶。

"组委会"成员的产生也必须经过全体村民的选举。虽然"组委会"成员的当选条件没有传统"鼓头"那样严苛，但对他们的人品、威望、组织协调能力等要求与传统"鼓头"是一致的。"组委会"的组成人数，各地不尽相同，称呼也不一样，以称为"龙舟组委会"或"龙舟协会"的居多。一般而言，成员多在4人至10人之间（较大的寨子也有超过10人的）。有的地方把"组委会"的领头人叫作"委员长"，有的叫"会长"，有的叫"龙头"；有的地方管所有成员都叫"龙头"，彼此互不统辖，分工协作。"组委会"的成员，没有任期，他们的进出留转，主要依据他们在组织活动以及日常生活中的表现而定。换言之，群众大会可随时对"组委会"成员进行增补调换。

采用"组委会"的组织形式后，划龙时龙舟上负责敲鼓的人，人们仍习惯性地称之为"鼓头"。但这个"鼓头"与传统的"鼓头"有本质上的区别。首先，现在的"鼓头"只是龙舟上的一个象征性的"岗位"，除了负责把鼓敲好外，已没有传统"鼓头"的其他职能。其次，对划龙时敲鼓的"鼓头"人选，条件较为宽松。除了宗教象征性外，现在的"鼓头"已不具备社会组织功能，不用承担传统"鼓头"所必须承担的组织指挥职责以及各种开销费用。也就是说，现在的"鼓头"与"撑篙手"、"舵手"一样，只是独木龙舟上一个相对重要的岗位而已。

三　划龙舟前的准备

不论采取传统"个人鼓头"还是现在"组委会"的组织形式，每个村寨在划龙舟前，都要进行必要的准备。划龙舟前的准备活动主要有三项：

（一）通知亲友

传统划独木龙舟既是一寨的喜事，也是"鼓头"一家的喜事。因此，被选为"鼓头"的人家要及时把喜讯告知亲朋好友，让他们做好接龙的准备。通知亲友，苗语叫"放信"。按传统，当选为"鼓头"的人家，要备好点心糖果，亲自或请人前往通知亲友，希望他们都能来接龙，支持自己当"鼓头"。现在划龙舟多采用"组委会"的组织形式，划龙舟也由传统的一家人的喜事变成一寨人的喜事。除了新龙舟下水要告知全寨"姑妈"及其他亲友外，一般不会专门通知。但乡土社会，消息总会通过自有的渠道传播，哪怕没有正式的通知，亲友们也会得知消息，前来接龙。

凉伞"洗龙"

(二) 检修龙舟

在"独木龙舟节"到来的前十天左右,"组委会"成员就会组织人手对龙头、龙身进行检修。油漆脱落的补刷油漆,船身损坏的修补船身。如果多年未上油,还要将船身刷一遍桐油,主要是为了防水渗入以及减少摩擦力、提高船速。如果龙船棚有损坏,也要进行维修。传统"鼓头"是活动的组织者,这些费用都由"鼓头"个人负责。现在由于采取"组委会"的组织形式,这些费用则通过集资的形式由所有村民共同承担。

(三)"请龙头"、"洗龙"

"洗龙",苗语称为"萨嗡",就是将放在龙船棚的"母龙"、"子龙"和放在"鼓头"家的龙头,抬下河进行清洗并组装。

现在抬龙下水进行"洗龙",大多不举行祭祀仪式。但在过去,是要举行简单祭祀的。这个仪式就叫"请龙仪式"。仪式很简单,只要"鼓头"或一位德高望重的长者,在放置龙头的地方烧点香、纸,对着龙头说:"今天到了龙船节,下河给你洗个澡。干干净净上天去,保佑以后风调雨顺、五谷丰登。大家有饭吃有衣穿。明年又祭祀你老人家。"① 然后,把龙头、龙身抬下水,擦洗干净后进行组装。组装完毕,就可以进行划龙练习。这种练习是非常必要的。作为一项民俗活动,他

---

① 讲述人:双井鲤鱼塘吴征光,男,苗族,62 岁;2017 年 7 月,宋永泉记录。

们一年才划一次（有的几年才划一次），个人技术和整体的协调都只能通过短时间的练习来提高。在"独木龙舟文化区"，一般在农历五月二十日之后，便陆续"洗龙"下水。有的村寨为了提高划龙舟速度，往往提前一个星期甚至十多天下水。

独木龙舟的横担

独木龙舟的"母龙"与"子龙"之间以五组横担连接。当地人称横担为"扁担"。横担以榫卯与"母龙"扣合，其与"子龙"的连接则有两种方式：一是传统的捆绑法，即采用竹篾、绳索捆绑固定。二是现代的螺栓固定法，即用长杆螺栓将"子龙"固定在横担上。传统的捆绑法又有两种组装方式，具体采用哪种组装办法，要以前往的龙舟集会地而定。如果龙舟前往的目的地在清水江边，江水流量大，水较深，组装时就将两边子龙的位置抬高，使龙舟底部呈"倒三角"形。母龙吃水较深，阻力较小，划行速度较快。这种绑扎方式，民间形象地称为"娘背崽"。如果前往的目的地在巴拉河，由于巴拉河流量小、水较浅，组装时就将子龙的位置放低，将母龙抬高，使龙舟底部呈倒"凹"字形或平面，增加与水面的接触面，增大浮力，避免刮底搁浅。但这种形式摩擦力大，划行速度较慢。人们将这种绑扎方式称为"崽背娘"。

21世纪所打造的新龙舟，已不再使用传统的捆绑法，而全部使用螺栓固定法。如果是新龙舟第一次下水组装，需要打造龙舟的师傅到场指导，并根据试划出现的问题，不断进行调整（主要是调整"母龙"与"子龙"的角度和"子龙"位置的高低）。因此，初次组装比较费时。但一旦调整到位，以后的组装就不需再进行调整，因此比传统的捆绑方便快捷。新龙舟的组装方式虽然比传统的绑扎方便快捷，也比较牢固，但无法根据河水的深浅进行灵活调整。

第二节 出龙及划龙人员的分工与装束

一 出龙准备

在由"个人鼓头"全权负责"独木龙舟节"相关事宜的年代，节日期间每天出龙前，"鼓头"家都要准备好当天参与划龙人员的早餐。具体就餐时间、出发时间则视当天需要前往的龙舟集会地与本村寨的距离而定。一般情况下，独木龙舟大多是当天去，当天回。因此，离得近的集会点于中午出发，离得远的集会点在清晨就要上路。在过去，距离集会地特别远的，也可以提前一天就出发。比如，六合（离平寨约30千米）、长滩（离平寨20多千米）两寨的独木龙舟前来平寨参与划龙舟、"取水"时，往往是提前一天出发。现在，所有独木龙舟前往集会点都用机动船牵引，不仅速度快也能使划龙手保存体力。因此，即使是距离平寨最远的六合，也能够当天往返。此外，也要准备当天参与划龙舟的人员的午餐。午餐通常是几甑糯米饭（数量视人员多少而定）和煮熟的猪肉、鹅肉、鸭肉等。现在出龙，只为划龙人员准备午餐，早餐则由他们自行解决。准备午餐时，有的村寨要求煮饭做菜的人员必须是中年或老年"有福气"的男人，不允许女人参与，也有村寨允许老年妇女参与煮饭做菜的工作。蒸饭时甑口不能加盖，怕盖住了香气，引不来神灵；煮鸡、鸭或猪肉时不允许翻动，因为"翻"与翻船的"翻"同音同义，不吉利。饭蒸熟后，把鹅、鱼、肉一并放在甑中，搬上龙舟供船员们食用。饭甑抬走后，灶锅中剩下的甑脚水、肉汤都不能舀出锅外；淘米水、洗肉水也不能倒掉；蒸煮过的锅具也不许搬动，只有等到龙舟安全返回村寨后才能对它们进行处理。

二 出龙仪式

出龙仪式实质上就是祭祀"该西"神[①]。"该西"是龙舟的保护神，是划独木龙舟最为重要的祭祀仪式之一。据说古时清水江边，有一个寨子的新龙舟在下水前没有举行祭祀"该西"神的仪式，结果龙舟刚下水就翻了。还传说另一个寨子有一年在祭祀"该西"神时，杀死的白公鸡是"睁一只眼，闭一只眼"，结果龙舟一下水就翻沉了，只好重新祭祀。这些故事中，人们把翻船解释为未能得到"该西"神的庇佑，这在卸去人的责任[②]的同时，也强化了"该西"神的权威和龙舟的神性，使人们不敢对祭祀"该西"神掉以轻心。

在祭祀前，要做好以下准备。首先，是要请经验丰富的巫师来主持仪式。人们认为，巫师与神灵沟通的能力有大小，能力强的巫师往往能更好地与神灵沟通、更好地达成祭祀目标。四新寨的吴MS老人回忆说："有一年，ZD寨请的师傅不行，没祭好，结果船就出事了。"但经验丰富、能力强的巫师并不是每个寨子都有，没有这类巫师的寨子为求得划龙活动的顺利、安全，往往会前往其他寨子请巫师来主持该仪式。其次，准备芭茅草。祭祀所用的芭茅草必须是当天凌晨，由一个父母健在、家庭和睦、儿女双全的男性到山坡上去采割，不允许妻子死亡或儿女不全的人去采割芭茅草。采割的人必须在寅时内（5时至7时）上山，寅时内下山。往返途中如果遇熟人一律不能打招呼，即使别人主动打招呼也不许答应。割回来的芭茅草，要放在祭祀地点附近人畜够不到的地方，在举行仪式前，由采割人亲手交给巫师。最后，准备祭祀用的桌子和其他祭祀用品，如：一棵下端去皮上端留枝杈的小杉木树（有的地方用五倍子树、桑树），一升

[①] 张志发：《民间信仰与龙舟文化研究》，"2018年清水江苗族'独木龙舟文化圈'及其全域旅游研讨会"论文，未刊发。"嘎哈是一个保护神，据方寨祭师刘永利说，嘎哈穿着破烂的白衣，有'相达'（土地神）和'独呆'两神随时跟从。'独呆'飞得快，能驮驾着'嘎哈'和'相达'两神。'相达'声音高，能喊动诸神之门，'嘎哈'神通较广大，能笼络各神庇护人类。因此，凡较重大的祭祀活动，如扫寨、招龙谢土、立房盖屋、划龙舟和祭'化鲁'（恶鬼）等，都要请到'嘎哈'……嘎哈主要起到聚拢诸神的作用，但它们之间没有贵贱、高低之分，也没有谁统治谁的现象。诸神的关系几乎是平等的。"

[②] 划龙舟是危险性较高的集体活动，如发生意外，是任何个体或集体都承担不了的责任，因此往往需要将责任归结为未能得到神灵庇佑。

出龙祭祀

米，一坨刀头肉，一把伞，一盆清水，一只大白公鸡，一小段从中间划开的麻栎树桩（树卦），一壶酒以及几个酒杯①，几束用白、绿、红等颜色的纸剪成的纸人②，以及香、纸、鞭炮等。同时，还要给主持祭祀的巫师配备一名或两名助手。

仪式从早晨开始，助手把桌子拿到停泊龙舟的河滩平地上摆好，放上装满米的米升，米升里放上"利事钱"，以及酒杯、刀头肉等祭品。半盆清水放在祭桌旁，杉木树插在地上。助手准备完毕，抱着白公鸡站在一旁，巫师上场开始祭祀。

---

① 有的巫师用三个，有的用九个，有的用十二个。
② 苗语称这样扎成的纸人为"嘎呆香"，用白、绿、红等色纸剪成。代表该西、相达、独呆三类神。不同的巫师，所用纸张的颜色、悬挂"纸人"的数量各不相同。

祭祀"该西"神时，因巫师的不同，祭祀程序、祭词内容、对划龙人员的要求也不一样。有的巫师在祭祀时，要求全体划龙人员在"鼓头"的带领下，穿着整齐的划龙服装，列队站在祭台前方的两边；有的巫师则在做完请龙祭祀后，才让划龙人员列队上船，在船上坐着等候巫师祭祀"该西"；有的巫师祭祀"该西"还分为"请该西"、"祭该西"、"送该西"等环节，而有的则念诵一下简单的祭词就可以了。按传统，祭祀"该西"的仪式非常规范，要在凌晨举行，祭词很长"约需两个小时才念毕，内容叙述龙船的起源，划龙船希望全年风调雨顺、岁稔年丰；最后祈求人畜顺遂，划龙船时庆吉平安。巫词唱完，天才破晓"①。祭祀时，祭祀巫师先用芭茅草叶片打成一个"9"字形的结，当地方言称为"草标"，然后把"草标"放到预先备好的清水盆中。此时，助手给桌上的杯子倒上一些酒，由巫师点燃12炷香并3根一组插在盛满大米的升子里。他从中抽出一炷香，然后点燃几张纸钱扔进水盆里，拿香对着水盆比划并轻声念诵祭词。念完部分祭辞，巫师手拿一把撑开的雨伞②，一手往酒杯里倒上一点酒，把分别代表该西、相达、独呆三位神灵的纸吊，挂在祭桌前去皮留权的小杉木树上。之后，巫师一手撑伞一手提着白公鸡，面对龙舟念诵祭辞。祭辞大意是请各路神灵、山龙、水龙，都到划龙舟的寨子来享受敬献的祭品，保佑龙舟安全，以及风调雨顺、五谷丰登、人丁兴旺等等。祭辞有长有短，有繁有简，巫师各有自己的版本。简单的如：年代起远古/有个老报公/杀蛟杀河头/烧龙在江中……今用茅草扫/又用清水洗/扫净大龙舟/洗净兄弟身/不许白虎弄/不许鬼怪迷/龙去象马奔/龙回牡牛稳/一路无险阻/平安又风顺……③复杂的出龙祭祀，还分为"请该西"、"祭该西"、"送该西"等部分。巫师先念诵"请该西"祭词："该西哟，该西/今天是良辰吉日……才来请你们神仙……昨天你们住在毕陡/起从毕狙……"④ 然后，把神灵一路请到划龙舟的村寨。接着是"祭该西"：巫师

---

① 《中国少数民族社会历史调查资料丛刊》修订编辑委员会编：《苗族社会历史调查》（一），民族出版社2009年版，第217页。
② 传说"该西"被人类始姜央放火烧了房子，还把他的衣服烧光了。"该西"衣不蔽体，羞于见人，所以要用伞给他遮羞，他才愿来。
③ 详见《附录·独木龙舟祭祀祭词选录·出龙祭祀祭词（之四）》。
④ 详见《附录·独木龙舟祭祀祭词选录·出龙祭祀祭词（之一）》。

把白公鸡杀死以血淋地，砍鸡翅膀捆在杉木树或五倍子树上端，然后拿鸡去煮。煮鸡时，要把内脏全部掏出，不能与鸡放在一个锅里煮。鸡煮熟后，察看鸡眼，以卜凶吉：如两眼睁闭一致，则为吉；若"睁只眼，闭只眼"则为凶。如果看到的是吉兆，就把煮熟的鸡再拿到河边祭祀（即"祭该西"，也叫"献祭"）并念诵祭词："现在好吃好喝的弄好/请诸神就位/坐呀吃哟，嘎哈……驱除魔怪家家干净/大小老幼个个安康/还要保佑我们龙船/去时像牯牛勇猛无敌/回时像骏马举世无双……"① 祭师边念祭词边打卦②，以卦相判断吉凶。卦相有阴卦、阳卦、顺卦三种③，出现"顺卦"即是吉兆。通常以三卦为一个单元，如果打三卦都没出现"顺卦"，巫师就与神灵再次沟通再打三卦，直到打出"顺卦"为止。"顺卦"表示"该西"已答应了人的要求，承诺保护龙舟。之后还需把"该西"送回去（即送"该西"）。俗话说，"请神容易送神难"。如果只把神请来，事情办好不把神送走的话，也会带来灾难的。因此，巫师必须要把神灵送到他们的住处去："金桌银凳给你们坐/甜酒烧酒供你们尝/大堆纸钱尽你们拿/新衣新裤宽又长……饭要吃得饱鼓鼓/酒要喝得醉快快……你们住貅狃岩脚、夏驾窝顶/你们吃饱喝足就回乡……"④ 然后，沿"该西"来的方向，逆巴拉河而上，把"该西"送到"该西"其住所："貅狃岩脚、夏驾窝顶"。最后，由巫师给"该西"神宣布"纪律"：我请到你们才能来/用到你们才出行/我奉劝你们要听话/回到原处莫出门/我也回家转/人人得富贵/个个老寿星!⑤ 巫师一边念辞，一边用芭茅草蘸水，不断地洒向龙舟、划龙手。念完祭辞后将芭茅草卷曲捆紧，交给舵手插进舟尾的小方洞里。龙舟绕本寨水潭一周后划向龙舟集会地。祭祀物品仍原地摆放不动（鸡可拿回家），等龙舟安全返回后，方可搬回家中。

据我们的调查，许多地方出龙祭祀的一些环节和祭词内容都已简化或省略。祭祀占卜吉凶的方式各地也不相同。有的用观察鸡眼的睁、闭状态来确定吉凶；有的则把脖子上划了一刀的鸡丢在河滩上，任其挣扎，如果

---

① 详见《附录·独木龙舟祭祀祭词选录·出龙祭祀祭词（之一）》。
② 卦用木材做成，从中锯开成两片，各呈羊角状，是巫师和鬼神对话的工具。
③ 两片卦的背面朝上，为阴卦，卦背面全朝下为阳卦，一上一下为圣卦，也叫"顺卦"。
④ 详见《附录·独木龙舟祭祀祭词选录·出龙祭祀祭词（之一）》。
⑤ 详见《附录·独木龙舟祭祀祭词选录·出龙祭祀祭词（之一）》。

鸡挣扎弹跳到河里则为凶兆,在岸上则为吉兆。出龙祭祀,大多用白公鸡或者用一只白公鸡、一只红公鸡,但施洞的南哨寨却只用红公鸡,不用白公鸡。

对"独木龙舟文化区"的大部分村寨来说,每天出龙前都要举行出龙仪式,但也有个别村寨不举行此仪式。施洞塘龙寨和马号平地营寨,他们出龙只要大家齐声高喊:"兄弟们,和我们划龙船去啊!"于是,本寨住在古树上的"兄弟鬼"就会跟着龙舟一起出发,保护龙舟的安全。据平地营的张元茂讲,在塘龙和平地营之间的清水江里,有个深潭,里面住着一条飞天龙。他们的龙舟得到飞天龙的保护,不需要其他神来保护。所以,他们每天出龙只要叫上"兄弟鬼"就可以了。

三 龙舟上的人员分工及装束

划独木龙舟对船上人员的多少没有硬性规定,一只龙舟通常有32人到44人不等。人员构成主要有:"鼓头"("格略")1人,锣手(苗语"顶妞昌")1人,撑篙手(苗语"纽富")1人,管账或理事(苗语"秋厘")1人,炮手(苗语"榜雄")1人,舵手(苗语"达带")1人,另有1人至3人辅助,划龙手(苗语"恰嚓")24人至32人不等(两只"子龙"各四舱,每舱一般站3人至4人)。

(一)"鼓头"

鼓头身着青布或绸缎长衫,外套镶边背心,戴墨镜、宽边斗笠或卷边太阳帽或棕毡帽,颈戴大号银质龙纹颈圈,项圈下边缀满小银饰。坐于"母龙"前端,背靠龙头,面向划龙手。他面前横放一直径约40厘米,长约75厘米的红色牛皮鼓。在划龙过程中,"鼓头"根据需要,分别按二下、三下、五下、九下等节奏敲击,锣手根据鼓点节奏敲一下锣,形成"咚咚、哆……"、"咚咚咚、哆……"、"咚咚咚、咚咚、哆……"等独特的龙舟锣鼓。一般在行进、表演时,采用的鼓点是敲二下、三下节奏;竞渡比赛敲五下、九下节奏。鼓声激越,锣声浑厚悠扬。

(二)锣手

由10岁左右的男孩担任。旧时候,锣手一般是"鼓头"的孙子或同宗族近亲的孩子充当;另一说则是需要独子才能充当锣手,但这种说法在我们的调查中没有得到证实,这或许是受民国王嗣鸿的《台江边胞生活

鼓头

锣手

概述》说法的影响。王嗣鸿在《台江边胞生活概述》里说：（独木龙舟）"其竞赛系在水中，竞渡以胜利为荣。往往有为争胜利曾坠河而死，亦不为意。且其俗以为坠河者，则多年岁愈益丰稔、太平；若坠死独子，尤为大吉大利。故往往竞争至死。"① 王嗣鸿的这种说法与当地划独木龙舟避免龙舟翻沉的种种禁忌，以及当地人关于锣手男扮女装是为了免受恶龙伤害等说法是相互矛盾的。以死人特别是独子为"大吉大利"，不是清水江苗族的观念，在苗族的宗教祭祀里也没有"以人为祭"的习俗。这也许是王嗣鸿道听途说、附会嫁接的结果。

现在实行"集体鼓头"，锣手则由大家推选合适的小孩担任，与"鼓头"不一定有血缘关系。锣手除了年龄条件外，家庭好、长相俊秀、会游泳、听话懂事也是充当锣手的必要条件。锣手的穿着系男扮女装：头戴银围帕，颈挂项圈，身穿银衣，腰系银腰带，是苗族少女的盛装。锣手之所以男扮女装，据说是因为恶龙咬死的是够保的儿子，装扮成女孩是避免恶龙报复。锣手坐在龙颈和舟身连接处，面向鼓头。一个小龙头从锣手身后探出头来。小龙雕刻细致、生动，眼、嘴、鳞、须俱全。一面直径约50厘米的独木龙舟专用龙锣，悬挂在小龙嘴里。据村民介绍，这种龙舟锣只有广西才能制造，其他地方的锣都不能发出低沉、浑厚、悠扬犹如龙吟的声音。

（三）撑篙手

站在龙舟最前端，需要力气好，识水性，熟悉航道的人充当。撑篙手与舵手的默契配合，是龙舟安全行驶的保障。有时候，撑篙手还兼任管账一职。其穿着与划龙手一致。

（四）炮手

专门负责放三眼火铳（俗称"铁炮"）。腰挂装有火药的大牛角或葫芦，主要任务是渲染气氛。其装束与划龙手一样。

（五）管账或理事

负责收受、登记亲友所送的接龙礼物，以便节日结束时，"鼓头"或对应的亲戚便于依此还礼。在传统的"个人鼓头"时代，所有礼物、礼金都归"鼓头"个人所有，还礼也由他个人负责，礼物、礼金的登记相对比较简单。而现在已没有传统意义上的"鼓头"，接龙所送的礼物礼金归全寨所有，但还礼则由对应的亲戚个人负责。因此，现在独木龙舟接龙的收礼登记十分详细：送礼人的姓名、地址、送礼数目、送给谁家等等。

---

① 张永同、史继忠等编：《民国年间苗族论文集》（内部版），1983年铅印版，第177页。

撑篙手

划龙结束"吃龙肉"时将礼单张榜公布,以便于各家还礼。其服装也与其他划龙手相同。

(六)划龙手

划龙手年龄一般在 20 岁至 60 岁之间,也有十五六岁的少年和七十多岁的老人充当划龙手的,主要根据本人的身体状况而定。划龙手分别站在两只"子龙"的四个舱中。一律内穿蓝色或白色衬衣,外穿黑色长袖苗衣,下穿蓝色阴丹士林布裤,腰系镶满银泡、银片的银腰带,头戴黄色大沿马尾斗笠;赤脚,戴墨镜。这是清水江"上游龙"划龙手标准的"划龙装"。但"划龙装""大同"之中也有"小异"。在"独木龙舟文化区",独木龙舟有"上游龙"与"下游龙"之分:施洞平兆以下(不包括平兆)村寨的龙舟,被称为"下游龙";平兆以上(包括平兆)村寨的龙舟称为"上游龙"。"下游龙"的划龙手戴的不是马尾斗笠,而是产于湖南洪江一带的普通纸斗笠。"上游龙"划龙手所戴的马尾斗笠产于清水江上游的"高坡苗"地区,是"高坡苗"支系女儿出嫁必备的嫁妆,十分贵重,现在的价格在700元至1000元之间。从过去划龙手必须身披蓑衣,头戴斗笠的传统来看,现在"下游龙"所戴的纸斗笠也许更接近传统,而"上游龙"的马尾斗笠则是演变之后的结果。除了斗笠有差异,施洞南哨的划龙手也不系腰带。传说是他们在抢龙肉的时候,得到的是"龙腰"。害怕恶龙睹物生恨,报复他们,所以就不系腰带。所有划龙手不能卷裤脚。因为卷裤脚有怕水打湿的嫌疑,与划龙求雨的目的相悖。

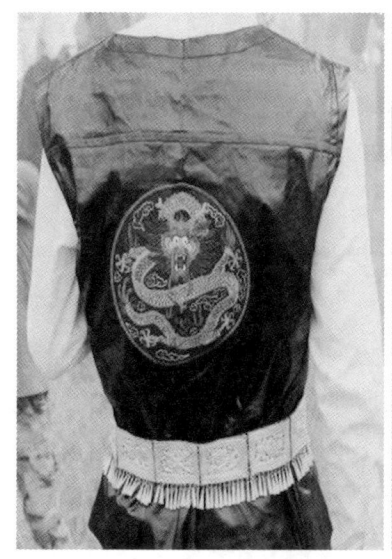

"新式划龙装"的正、反面

　　划龙手的服装不说千年不变,至少近百年来没有发生大的变化。但这种"稳定性"有可能要被打破。2019年"独木龙舟节",我们发现个别龙舟的划龙手不着传统苗装,而是穿着衬衫划龙。原因主要有两个方面:一是在"独木龙舟节"期间,当地气温高达30多度。传统的划龙服装,都是长衣长裤,头上还包裹头巾(方便戴斗笠和阻挡汗水流进眼睛)。这种装束在高温下让人难以承受。二是传统服装不适合竞速争胜,而近年来独木龙舟有追求速度的趋势。因此,划龙手突破传统的着装有其客观的因素。如何既延续传统又契合现实是一个值得研究的问题。我们在调查时发现一种改进型的划龙装,我们暂且把这种划龙装称为"新式划龙装"。

"新式划龙装"的其他地方与传统保持不变，只是把上身的长袖外衣改成无袖马甲。马甲的面料仍是传统的苗族黑色家机布。为了增加美感，他们在马甲的前胸和后背处还用五彩丝线绣上龙的图案。这种"新式划龙装"既没有完全抛弃传统，又解决了降温透气和便于划龙舟的问题。这也许是独木龙舟划龙装改革的一个可能的方向。

（七）舵手

由力气大、水性好、识航道、划船技术高超且平衡能力强的人担任。舵手是一只龙舟的关键，掌握着龙舟前进的方向、速度和划龙的节奏。由于舵手是站在没有依凭的尾部，必须具有很强的平衡能力。否则，一旦舵手落水，龙舟将失去方向，随时有触岸、触礁和翻沉的危险。在划独木龙舟的过程中，也曾发生舵手落水的事件。因此，如果本寨没有可以胜任的人选，也可以到外寨去聘请舵手。舵手的服装与划龙手一样。

第三节 "取水"与"镇龙潭"仪式

"取水"也叫"请水"或"讨水"，是一只新独木龙舟完成神性建构的最后一步，也是最关键的一步。如前所述，每只新独木龙舟下水，都必须要到平寨的"长潭"去"取水"。"长潭"既是管雨水的龙王的居住地，也是传说中够保杀龙的地方。每只新独木龙舟只有取得"长潭"的水，才具有兴云降雨、保一方平安的神性。

遵照习俗，第一年下水的新龙舟必须到平寨的"长潭""取水"，之后就可去可不去了。这一习俗现仍被整个"独木龙舟文化区"的苗族村寨所遵守。某地一公司为旅游表演打造了一只新独木龙舟，因未到平寨"长潭""取水"，人们并不把它看作一只具有神性的龙舟，也没有给予它应有的尊重和爱护，而是任由它在河里日晒雨淋。"独木龙舟节"时，村民也不划这只独木龙舟，只有旅游公司出钱请他们时，他们才会划这只龙舟表演。

"取水"不需要特别的祭祀，把龙舟划到传说的龙洞边，说些吉祥话，舀上一碗或一罐水，把水部分洒在龙舟上，余下的带回去倒进各村寨的龙潭里，希望取回去的水能给村寨带来风调雨顺、五谷丰登。后来，由于"长潭"多次发生龙舟翻沉事故，许多龙舟不敢进入"长潭"

第五章　划龙与接龙：独木龙舟节的仪式流程　　　　　　　　　107

"取水"祭祀（奉力摄）

"取水"，都只把龙舟划到"长潭"口"取水"。如遇大旱，必须进入"长潭""取水"求雨时，只有"长潭"口附近的把往寨和南哨两个寨子的龙舟敢划进"长潭"。由这两个寨子的龙舟代表所有村寨的独木龙舟到"长潭"的龙洞处取回一碗清水，然后由巫师摆上猪头、白公鸡等祭品进行祭祀，祈求当年风调雨顺、五谷丰登，百姓幸福。据当地人说，这两个寨子的龙舟也有不敢进入"长潭""取水"的时候。为了完成"取水"任务，就用机动船把龙头运进"长潭""取水"。1980年，把往寨和南哨的龙船还曾一起到"长潭""取水"。后来，由于不易邀齐几条龙船一同去，就没有龙舟再进到"长潭""取水"，都改在"长潭"口"取水"了。"取水"时，船上的鼓锣打得也很特别，一声："咚咚，哆……"过了好一会儿，才又一声"咚咚，哆……"那声音深沉舒缓，悠远绵长。特别是锣声，余音袅袅、韵味深长，仿佛是对龙神的一种问候与召唤。

现在，平寨龙舟在集会期间，由当地龙舟协会请巫师为所有前来参加集会的龙舟举行集中"取水"仪式。巫师在河滩上摆上祭台，放上猪头、白公鸡等祭品，祭台前插上一根小杉木树（上端留叶、留杈，下端去皮），树上挂着代表"该西"神的纸吊。焚香化纸，进行祭祀。然后巫师端着一盆从"长潭"口取回来的水，用一束芭茅草给所有的龙舟洒水。巫师的助手则拿着已杀死的白公鸡，跟随其后，将鸡血涂到每只龙舟上。

龙舟在"长潭"取到水后，接着举行"闷勇"仪式，即：向潭里仍芭茅草。有人将这种仪式称为"拜祭龙潭"①。但从仪式的用具——芭茅草的宗教寓意来看，把这种象征刀剑、用来驱邪逐魔的东西仍到"龙潭"里，显然不是"友好的拜访"，更不是"虔诚的朝拜"，而是一种震慑、示威或警告。因此，笔者认为，"闷勇"称为"镇龙潭"更为贴切。龙舟"取水"后，人们将龙舟划到"长潭"口，然后停止划船，不敲锣鼓，龙舟上的人不准发出任何声音，任由龙舟顺水而漂。船尾的舵手将出龙时插在船尾小孔里的芭茅草取出，由船尾往船头传递，每人发一根芭茅草，握在手里，传到龙头前面的撑篙手时，剩下多少他就拿多少。全体人员在撑篙手的示意下，一起将芭茅草扔进水里。同时发出"由后！由后"的吼声，敲响锣鼓，大家一起用力划船离开，整个"镇龙潭"仪式结束。现在因为修建清水江航电工程，"取水"和"镇龙潭"仪式都改在河滩前的"龙潭"里进行。

其实，"镇龙潭"仪式，在划龙舟期间，无论到什么地方集会划龙，都要在划龙地的龙潭里举行一次"镇龙潭"仪式②。其程序与"长潭"差不多，但抛掷芭茅草的顺序有所不同：舵手从龙船尾取出出龙时放置在船尾的芭茅草，传递给船上的每一个人。传递完毕后，将龙船划进龙潭，由舵手先往河中抛掷芭茅草，之后按顺序抛掷，直至全部抛掷完毕。然后划龙舟绕龙潭三圈（有的只绕一圈），仪式即算完成。

从"镇龙潭"仪式的过程来看，笔者认为，"取水"与"镇龙潭"是两个性质完全不同的仪式。芭茅草在当地苗族文化中，是刀剑的象征。划龙人向水中扔"刀剑"不应该是一种祈求行为，而应该是一种震慑、驱邪逐魔的举措，目的在于驱赶、震慑可能要作祟的邪魔，确保龙舟平安，而"驱魔逐邪"正是远古划龙舟的核心内涵之一。"取水"则是为了获得龙神的保佑，达到风调雨顺、人寿年丰、老幼平安的目的。这两个一前一后的仪式，看似连为一体，却不能混为一谈。

---

① 张少华：《论龙船鼓头在节日活动中的地位与作用》，"2018年清水江苗族'独木龙舟文化圈'及其全域旅游研讨会"论文。

② 龙舟前往目的地途中，如遇深潭、险滩，也要举行同样的仪式。

第四节　接龙仪式及礼物的处置

接龙就是亲朋好友给龙舟送礼，表示祝贺。亲友接龙场面是否热烈，收到亲友礼物的多少，在"个人鼓头"年代，关系到"鼓头"个人以及村寨的荣誉和地位；在"集体鼓头"时代，同样关系到整个寨子的荣耀和地位。收到的礼物多，说明亲友多、交际广，而亲友多、交际广的背后则是有实力、势力，有地位、有面子。

准备接龙

就独木龙舟接龙送礼而言，其最初的本义是亲友间的互帮互助。20世纪80年代以前，要划龙舟，首先必须有"鼓头"。作为"个人鼓头"，他要承担当年划龙舟活动的所有开支。而苗族地区在1949年前少有豪门大户，许多普通富裕户难以承担这笔开销。于是，亲友们就通过接龙送礼替"鼓头"分担，达到互帮互助的目的。正是这种互帮互助，才使经济并不发达的"独木龙舟文化区"的独木龙舟能千年不衰。礼物，按照词典的解释，就是"为了表示尊敬或庆贺而赠送的物品"[①]。如果追本溯源，邻里之间、亲友之间的钱物互赠，本质是一种互助互帮行为。在古代，生

---

① 中国社会科学院语言研究所词典编辑室编：《现代汉语词典》，商务印书馆1978年版，第685页。

产力不发达，一家人要办一件大事，如修建房屋、埋葬死者等，往往靠一己之力难以承担。于是，邻里之间、亲友之间就有钱出钱，有物出物，有力出力，相互帮助把事情办好。从经济学上说，这就是古代的"众筹"（现在苗族人家有贵客来，全寨也要一家凑一碗菜，一起接待）；民间叫做"换手抓背"。接龙送礼不是冰冷的"商业交换"，而是一种亲情的交流。正是亲情的温度，使这种行为实现了从"交换"到民俗的蝶变。"在龙舟竞渡活动中……这一交换场景中的礼物交换是对日常的社会关系的真实反映；从另一个角度来看，馈赠交换场景所表现的特殊社会关系，其实是对人们的日常关系的一种确认。"① 因此，从本质上说，划独木龙舟的接龙送礼，凸显的是亲友之间的互助和对彼此关系的确认。独木龙舟接龙收受礼物并不是单向的，收礼后必须还礼。在"吃龙肉"时，要给接龙的姑妈们回赠礼物；亲友家有红白喜事，他们要送上同等价值或高于所收礼物价值的礼物或礼金。人们通过馈赠、感激、回馈的往复循环，使彼此的情感不断加深，也稳固了自己的"朋友圈""婚姻圈"。

一 姑妈及其他亲友接龙

在"独木龙舟文化区"，不论新、老龙舟下水，亲戚朋友都必须接龙送礼，表示祝贺。但新龙舟的接龙场面更为热烈，尤其是新龙舟下水的第一年和第三年，接龙最为隆重。过去划龙舟，由个人担任"鼓头"，前来接龙的也只限于"鼓头"家的亲戚朋友。现在，传统"鼓头"的职能已被"组委会"所取代。因此，现在划龙舟，前来接龙的是这只龙舟所代表村寨所有人家的亲戚朋友。接龙的姑妈②也是全寨人的"姑妈"。

接龙是独木龙舟节活动的重头戏，其程序主要为：龙船靠岸后，亲友在龙舟停泊的地方，鸣放鞭炮，然后把礼物交给龙舟上专门负责登记礼物的"管账"。登记完毕，再把礼物挂在龙鳍、龙角上。接龙时亲友先拿酒敬龙舟（用杯子倒一点酒在龙嘴里），然后敬"鼓头"，再给船上每人敬两杯酒。敬酒时，有的说吉祥祝福语，有的唱歌表达问候与祝福。比如：

---

① 朱琳、徐晓光：《"独木龙舟活动"隐含的故事》，《体育与科学》2016年第2期。
② 指从本寨出嫁的姑娘，不论她们年纪多大、辈分多高，也不论是嫁到外寨还是本寨，都属于"姑妈"范畴。

"天天等龙来/今天龙来了/龙来龙心好/送来儿孙多多/家家儿孙满堂。"①龙舟上的人喝了酒后，都要大声说："久翁欧翁别，久沙久翔代窝那银呦！"（苗语，意为：鼓山龙水龙，感谢你家的发财酒、富贵酒，祝愿大家长长久久！）其他人则同声齐和："哦！"

特别的接龙礼物

在过去，一个寨子一般只有一只龙舟，几个村寨共同拥有一只龙舟的情况也比较常见。现在，百姓富足，村寨人口增多，几个村寨共同拥有一只龙舟的现象已很少见，一个村寨拥有几只龙舟成为较为普遍的现象。比如铜鼓塘寨就有4只龙舟；只有80多户人家的寨胆、把往寨也分别拥有两只龙舟。亲友是以龙舟所属群体为单位来接龙送礼的。如果一个村寨拥有两只龙舟，且同时都下水，那么，属于这个村寨的亲友，只接其中一只

---

① 详见《附录·独木龙舟歌谣选录·接龙歌》。

龙舟就可以了。如果是新、老龙舟同时下水，一般接新龙舟。接龙虽然是以龙舟所属群体为单位，但送礼却必须以亲戚的数量和关系的亲疏来送。也就是说，有几家亲戚就送几份礼物。关系有亲疏，礼物也分轻重。要"到位"，但不能"越位"。牛或猪属于最高等级的礼物，一般情况下只有至亲的姑妈、女婿能送；亲戚关系比女婿、姑妈远，又比其他亲戚近的则送鹅；更远一点的送绿头公鸭。还有一种与鼓头关系特殊但又不符合送猪、牛的，就送一只羊。另外，在调查中还听说有送马的。但接龙送马、送羊的情况在"独木龙舟文化区"十分罕见，应属于个例，而非旧俗。20世纪90年代以前，只有个别经济实力雄厚的至亲送一头牛，其他家境一般的都送一头猪。现在接龙礼物中，除了"姑妈"送猪、牛外，绝大部分都是鹅，鸭子已十分少见。但也有因还礼而送猪的。

  接龙送礼也随时代发展而演变。在传统"个人鼓头"时代，亲友接龙大多只是送一只绿头公鸭，后来提高到送鹅；再后来又提高到送猪、送牛；礼金过去一般只送1.2元，至亲送12元；随着经济的发展，礼金也水涨船高：普通亲友送50元至100元，亲近的送数百上千元，鼓头的女婿要送大礼，而女婿家的亲戚或家族也跟着送鹅或鸭子。

  独木龙舟接龙最隆重的是"姑妈"接龙。无论是传统"鼓头"一家人的"姑妈"，还是现在"集体鼓头"的全寨的"姑妈"，她们都是送礼最重、鸣放鞭炮最多的亲戚。特别是实行"集体鼓头"管理方式之后，接龙的对象由个人的亲戚朋友扩大为全寨人的亲戚朋友，"姑妈"也由一家人的"姑妈"扩大到全寨人的"姑妈"。接龙的亲友数量较传统"鼓头"要多出数十倍甚至数百倍。

  因此，在"独木龙舟节"期间，无论是哪个集会地，接龙的鞭炮、礼花声都此起彼伏，不绝于耳。新龙舟下水，全寨的"姑妈"就会邀约一起出钱、一起接龙。一般情况下，由大家出份子钱，每个姑妈出300元到500元不等。然后根据当年龙舟去参加集会的地点数量，把购买的猪、牛、鞭炮、红绸被面等礼物等分成几份。龙舟每到一个地方集会，"姑妈"们都要前去接龙。部分村寨的"姑妈"还要到集会地请划龙舟的"舅舅"们吃午餐。一般划独木龙舟的村寨，少的有"姑妈"一两百人，多的有"姑妈"七八百人。因此，"姑妈"接龙的场面极为壮观——龙舟还未靠岸，"姑爹"们早已把接龙的鞭炮、礼花在河滩上铺开、摆好。姑妈们穿着颜色统一的对襟衣或旗袍，黑色长裤，脚穿绣花黑布鞋，撑着天蓝色油纸伞，在岸边站成一排，唱着悠扬的飞歌，对新龙舟表示祝贺，划龙舟的"舅舅"们也用歌声表示感谢。"姑妈"们的服装样式、颜色高度一致；头上也绾统一发髻，插一样的银簪、插花等银饰；由于装扮统一，看上去十分抢眼。龙舟刚一靠岸，鞭炮、花炮一起炸响。炮声隆隆，烟尘滚滚。"姑爹"们以及其他亲友拿着酒壶向龙舟上的每一个人敬酒。划龙舟的"舅舅"们则高唱"配纳歌"表达对亲友们的感谢和祝福。"姑妈"拿来接龙的礼物有黄牛、肥猪以及大量的现金。牛、猪等大型礼物无法放上龙舟，她们就给猪、牛戴上大红花，牵到龙舟前向众人进行展示。

收到礼物的多少有关一只龙舟、一个村寨、一个群体的荣誉和地位，因此，20世纪80年代以前，亲友接龙以便于展示的实物为主，很少送现金。现在虽然也有大量的鹅、绸缎被面等实物，但送现金的已越来越多，许多地方的姑妈接龙也直接送现金。但为了能够展示她们所送的厚礼，"姑妈"们进行了许多"创新"：有的拿人民币在布幅上贴成吉祥祝福语，拿到接龙现场展示；有的把数万元现金铺开放在若干个盘子里，由穿着整齐服装的"姑妈"，每人端一个盘子，列队走向龙舟；有的则把要送的牛、猪等实物换成大幅照片，在照片下方写上相当于一头牛或一头猪的金额，然后由"姑妈"们举着照片横幅，到接龙现场展示。从近几年接龙收到现金的情况来看，礼金取代实物已渐成潮流。也许过不了多久，独木龙舟龙头上挂满的五彩绸缎和鸭鹅就会消失。

二 接龙礼物的处置

对于划独木龙舟所收到的礼物、礼金，他们有一套颇具地域特色的处置方法。具体而言，人们根据"鼓头"的性质来确定采取何种处置方法。

（一）传统"个人鼓头"对礼物的处置

传统"个人鼓头"时期，前来接龙的只是"鼓头"一家人的亲戚朋友，收到的礼物（礼金）也属于鼓头所有，主要用于平衡划龙舟期间的所有开支。但划龙结束，鼓头必须请全寨老少、姑妈以及其他亲朋好友"吃龙肉"。在20世纪90年代以前，至亲会赠送一头大肥猪；个别经济条件好的，送一头牛；经济实在困难的也要送一只鹅或鸭子。"吃龙肉"这天，如果收到的礼物中有牛，必须杀牛分食；而不论有没有猪，都必须要杀一头猪,如果收到很多头猪,则要由寨子里的人选一头最大的来杀。至于宰杀几只鹅、鸭,则由参与"吃龙肉"的人数决定。另外,"鼓头"还要给他请来担任撑篙手、管账、艄公等重要岗位的人,一人一只鹅作为酬谢;给姑妈回赠礼品。如果亲友所赠不够开销,就只有自掏腰包。对于亲友赠送的礼物,"鼓头"也不是白享受,需要还礼。当亲戚朋友家办红白喜事时,他不仅要还送同等价值的礼物(礼金),还要追加"利息"(即多送一些)。单从经济角度看,当"鼓头"是得不偿失的。但当"鼓头"是一件荣耀的事,不仅给村寨争了面子,也给自己增了光彩。用他们自己的话来说是,"失去里子,争了面子"。

挂在龙头上的礼物

（二）现在"集体鼓头"对接龙礼物的处置

由传统的"个人鼓头"演变为"集体鼓头"后，接龙的亲友，变成了全寨人的亲友。姑妈们所凑的接龙礼金，少的有五六万元，多的有几十万元。其他亲友接龙，少的有近千户，多的有三四千户。2017年，只有80多户人家的ZD苗寨新龙舟下水，前来接龙的除了160多户姑妈外，其他亲友达到1000余户。姑妈每人出资400元，总计约6.5万元；其他亲友接龙的礼物、礼金折合人民币约8万元。该寨共计收到接龙礼物、礼金折合人民币约14万元。像这种不满百户的寨子，在"独木龙舟文化区"属于小寨子。再如LS苗寨，该寨有300余户人家，2018年新龙舟下水时，前来接龙的姑妈约700名，其他接龙的亲友4100余户。姑妈每人出资500元，总计约33.5万元（包含所购买的牛、猪等接龙礼物），其他亲友接龙的礼物、礼金折合人民币50多万元①。该寨共计收到接龙礼物、礼金折合人民币80多万元。此外，还有大量亲友赠送的绸缎、被面未进行折算。

在"集体鼓头"时代，亲友所送的礼物礼金归集体所有，还礼则由对应个体承担。还礼时，往往还加上"利息"（多少随意，没有一定之规）。在记录接龙礼物的账本上，对每一份礼物都做有详细的记录：除了将什么地方、什么人、送什么、礼金数量多少等记录清楚后，还要记上：礼物、礼金具体是送给谁的，每年在"吃龙肉"时进行张榜公布。公布的目的有三：一是账务公开，让大家明白今年收了多少礼物、礼金；二是，通过公开收礼情况，暗中褒扬亲戚送礼多的人家，让他们脸上有光；三是，让各家各户知道，自己家的什么亲戚送了自己多少礼物、礼金，便于日后亲戚家有事好还礼。

接龙所收礼物、礼金的主要支出是：划龙舟时每天的生活费，"吃龙肉"费用和给姑妈群体买礼物等的费用②。以上述ZD苗寨为例。该寨共收入礼金约15万元，主要开支为划龙舟时每天的生活费、"吃龙肉"费

---

① 鹅每只80元，鸭每只50元，除去拿回来供大家吃的外，其余的鸭、鹅全部卖掉变现。
② 给姑妈们回赠礼物的资金，各地的筹集方式不一。有的地方由每户出资购买，数额各寨不一，在300元至500元之间；有的地方直接用"姑妈"们接龙的礼金进行现金返还，数额在200元左右，都带有一个吉利数如8、6等零头，比如186元或168元等。

用、举行祭祀仪式、开联欢晚会的开支①。该寨划龙三天，每天费用以 1 万元计算，需 3 万元；"吃龙肉"共有一天半，以 180 桌、每桌 300 元计，共需 5.4 万元；加上开联欢晚会等其他费用 3 万元，共计约 11.4 万元。收支相抵后，大约结余 3.6 万元。按习俗，新龙舟需连划三年，总结余当有 10 万元左右。如果是三四百户大的村寨，每年结余当在 15—20 万元之间，三年大约结余 50 万元。对结余资金如何管理、使用，我们对"独木龙舟文化区"的十余个苗寨进行了走访调查，它们对接龙剩余资金和实物的处置，大致有以下几种方式。

一是结余资金全部归集体所有，作为开展龙舟活动、龙舟维修、维护的专用资金。有的由"组委会"明确专人管钱、管账，有的则由群众另外选出不属于"组委会"成员的人管钱、管账。有的地方还在"组委会"成员中明确专门负责监督的人员。如 BW 寨，他们的"组委会"有成员 10 人，除了有专门管钱、管账的人员外，还另有 5 人作为监督员。

二是根据亲戚所送礼物的多少，按一定比例返还给个人。不同地方返还的比例不一样，现金和实物返还的办法也各有差异。有的地方大致以三七开的方式，将礼物和现金返还给个人，叫作"三抽一"。比如：张三家的亲戚送给他家 3 只鹅，就返还一只给他家，其余归集体所有；如果李四家的亲戚送的是 200 元现金，则按 30% 的比例，返还他家 66 元。而有的地方也实行"三抽一"，但只针对现金，对实物则不一定按这个比例。比如，张三家亲戚送来五只鹅，按说要返还 1.5 只，但实际只能返还 1 只。还有的地方返还比例按四六开，即 40% 返还给个人，60% 归集体，这也只针对现金。对实物他们的做法是：是双数，各拿一半；是单数，集体拿大头。比如五只鹅，个人只能拿两只，三只归集体。

这些对接龙资金的处置方式，也不是一成不变的。有的村寨第一年返还，第二年又不返还了。返还不返还依全寨人的意见来确定。对此，大多数村民都能理解，都没有意见。

划独木龙舟的组织、管理以及财物处置能有序运行，有三条根本的保障：一是"组委会"是由村民自己选举出来的，是他们信得过的人。二

---

① 该寨当年给姑妈们的礼物，由每户出资 400 元购买，不够的再从亲友所赠礼金收入中支出。

是"组委会"的管理、运作公开、透明。村民虽然吃亏，但吃亏在明处，他们愿意。三是有监督组织，每个寨子的"组委会"都设有监督人员。某寨龙QL，最初被大家选为"负责人"。但在打造龙舟的过程中，村民发现他有准备吃回扣苗头，及时制止，并撤销了他的职务。另外，不管接龙的钱物是部分还是全部都归集体所有，他们都觉得自己是这些钱物的主人（钱物是属于包括自己在内的大家的）。

（三）还礼的基本原则

无论是过去还是现在，接龙所收的礼物都是要还礼的。传统的接龙还礼有两个基本原则：一是对等原则，针对的是普通的亲戚朋友。比如：在"个人鼓头"时代，你担任"鼓头"时，普通的亲戚朋友送了一只鹅；当对方担任"鼓头"或有其他红白喜事请客时，你必须要还一只鹅或同等价值的礼金；如果是关系特殊的亲友①，也可以送猪、牛或数额较大的礼金。当他们担任"鼓头"或办事请客时，你必须要还以同等价值的礼物或礼金。否则，就会因"失礼"而影响相互关系的继续维系。二是不对等原则，特指因联姻而来的姻亲关系，如岳父与女婿、姑妈与舅舅，即在岳父（或舅舅）担任"鼓头"时，女婿（或姑妈）必须要送大礼。这个"大礼"的标准就是要在所有礼物中最重（如猪、牛等），这样双方才有面子。但如果是亲家（或女婿）担任"鼓头"，岳父（或舅舅）虽然也要还礼，而且所还之礼也要比一般亲戚重，但却不一定遵循"对等原则"。也就是说，岳父或舅舅可以按对等原则还礼，也可以不按对等原则还礼。这是传统苗族社会的舅权原则的具体体现。即姑妈给舅家送大礼，隐含有补偿舅家的意思，是苗族婚俗中"还娘头"的延伸，是义务，而舅舅则没有这个必须送大礼的义务。

第五节 独木龙舟不为竞速争胜而划

清水江苗族独木龙舟没有统一的建造规格，龙舟上的人员数量也不尽统一，服装、划龙姿态等，都不是为竞速争胜而设。虽然划独木龙舟自古就有，但无论是划龙人还是观众，似乎都只在乎过程的热烈，而不在乎竞

---

① 不是亲缘、血缘关系，而是个体之间的情感关系。

速的结果。从本质上看,独木龙舟不为竞速争胜而造,划龙手们也不为竞速争胜而划。

一 独木龙舟划行技法

对于独木龙舟现在的划龙技法,朱继伟等人做过详实的调研。他们将其归纳为"竞赛深水划法"、"撩水划行技法"和"撑滩技法"三种:"竞赛深水划法":"桡手外侧脚站立于子舟内,内侧脚踩于母舟子舟连接处,两腿稍弯曲,上面手手心握在桡顶端,下面手虎口向下握住桡桨。划行过程中,桡手上身前倾并伸臂,向前插桡入水,身体俯身后转,向后拉桡划水,桡过外侧支撑脚后开始提桡出水,弯曲的膝关节弹性蹬伸发力。桡手划行时,直立,入水达到 1 米深左右,紧贴龙舟边缘向后快速划行。出水后桨尾向外,桡身几乎平行着贴近水面由后快速提至前方,通过俯身划水动作完成整个划行动作周期。""撩水划行技法":"桡手站姿与竞赛划行时两脚位置相同。但膝盖不再弯曲,上身直立,握桡手法与竞赛划法相同。桡桨入水较浅,出水后桡尾继续上扬过肩后向前,画弧收回,将水向后撩起,画一道水弧。"撑滩技法:"握桡技法与其他两技法相同……将桡垂直或稍有角度地插进江底,贴近龙舟,两手通过桡用力撑地,推动龙舟侧向离岸或向前慢速行进。撑滩技法中有一种难度较大的跳撑划法……浅水行舟时,在撑滩划行中用桡撑住江底后,全部桡手同时起跳,并向前方落下,完成跳撑动作……瞬间提升了龙舟的通过能力。"[①] 他们关于现代独木龙舟的划行技法的描述十分详细生动,但清水江苗族独木龙舟的传统划行技法与现代划法是有差别的。

传统的划龙站姿与现在不同:划龙手双脚一前一后站在子龙舱内。站在左边的,左脚在后,足部立于子龙左侧,小腿紧贴子龙船帮,以此作为稳定身体的支撑点;右脚足部立于子龙舱底部右侧,身体直立,微向左倾。站在右侧的划手,其站立姿态则与左侧的相反,即右脚小腿紧贴子龙右船帮,左脚立于左侧底部。传统划法与现代划法在划桨方式上基本一致。由于双脚都站在子龙舱内,划行时,前腿膝盖小幅度屈伸,腰向外转

---

① 朱继伟、卢塞军、唐新江:《苗族独木龙舟活动身体技法研究》,《贵州师范学院学报》2013 年第 12 期。

动,利用腰部、手臂的力量前后划桨。在表演划龙时,前腿膝盖弯曲度小,桨叶入水较浅,出水后桨尾划一个约高于肩的圆圈,将水珠抛出一道道优美的弧线。动作优雅、舒展,具有很强的仪式感和观赏性。竞渡比赛时,其站姿、握桨方法与表演基本一致。只是身体下蹲,前腿和腰部的弯曲、转动的幅度要大很多,桨叶入水较深。划桨划行线路短,频率高。桨叶出水时几乎是贴着水面划一道弧线,然后迅速插入水中,用力划动。此外,独木龙舟上不同人员的站姿也有所不同:撑篙手双脚站在母龙前端的船帮上;舵手站在母龙尾舱之后的"龙尾"上;辅助掌舵的划龙手则站在母龙的尾舱之内,其站姿与传统划龙手的站姿相同,但需要根据龙舟行进的方向随时左右变换;炮手则与鼓头、锣手一样,坐在龙舟前部。

从人体力学的角度看,现代的划行技法更利于划龙手身体的稳定和发力,有利于提高竞渡速度和逆水行舟的能力。但作为一种宗教表演仪式,清水江苗族传统的划龙姿态是双脚均站在子龙舱内不踩踏龙舟帮面,则体现了对龙神的尊重。

二 独木龙舟竞渡比赛

对清水江独木龙舟竞渡,清人徐家干在《苗疆闻见录》里有这样的记载:"好斗龙舟,岁以五月二十日为端节,竞渡于清江宽深处。"[①] 民国人王嗣鸿在《台江边胞生活概述》也说:(独木龙舟)"竞渡以胜利为荣。"[②] 可见,至少在清末清水江独木龙舟就有竞赛活动。据调查,当时的奖品是一只鸭子,在一只普通的船上用竹竿挂一只鸭子,龙舟以两只为一组,以谁先抢到鸭子为胜。这种"竞赛"活动,大多由龙舟集会地的乡绅出资组织。

进入21世纪以来,为了弘扬和传承优秀的独木龙舟文化,施秉、台江两县的党委政府都加大了对"独木龙舟节"的支持力度。各个独木龙舟集会地,为了提高自身的影响力,纷纷筹集资金,对前来参与集会的龙舟,给予一定的"出场费",也举行独木龙舟竞渡活动,根据比赛名次,发给数额不等的奖金。各地"出场费"数额由数百元到数千元不等;竞

---

① (清)徐家干:《苗疆闻见录》,吴一文校注,贵州人民出版社1997年版,第172页。
② 张永同、史继忠等编:《民国年间苗族论文集》(内部版),1983年铅印版,第177页。

渡比赛的优胜奖则在数千元到一万元左右。现在的独木龙舟比赛，多由龙舟集会地的"龙舟协会"筹集资金、组织比赛。各地的经费来源不尽相同，有的来自政府的资助，有的来自民间集资，有的来自企业赞助，有的兼而有之。独木龙舟竞渡的规则，一般由集会地的组织者临时制定，各地也不尽相同，但都以先到终点者为胜。具体而言，各龙舟以抓阄形式决定比赛顺序、对象和航道（有的地方不标航道），两只龙舟为一组，胜者进入下一轮，负者即被淘汰。赛道通常在 200 米至 1000 米之间，长短主要根据当地河道的情况来确定。近年来的独木龙舟比赛，几乎都是顺水而划。比赛前，两只龙舟到达赛道起点做好准备，裁判发令枪一响，划龙手们便齐声呐喊，奋力而划。两岸的观众亦大声呐喊助威，龙舟上的三眼铁炮轮番鸣响。龙舟在人们的呐喊声和弥漫的硝烟中，穿云破浪而行，场面热烈而壮观。

三　独木龙舟不为竞速而造，划龙手不为争胜而划

独木龙舟没有统一的建造规格。不同村寨的龙舟，甚至同一村寨的两只龙舟，大小、长短都不一样，这是当地人赋予独木龙舟的性质所决定的。在该地苗族观念里，树可以成为龙，而被"请"来做独木龙舟的树木本身就具有"龙性"。因此，要尽量按照树木原有的形状进行修整，不能伤及要害。另外，传统的独木龙舟为巨大的独木挖凿而成。其大小、长短、首尾的上翘角度和离水面的高度，在很大程度上取决于所选取树木的大小、长短和形状。在茫茫林海中，无法找到大小、形状完全相同的两颗树，这也注定了清水江苗族的独木龙舟不能在形状、规格上做到完全一致。各地的独木龙舟，长的约有 26 米，短的只有 21 米左右；宽的约有 1.5 米（加上两条子龙），窄的只有 1.2 米左右；高度（母龙船体）有的有 0.6 米，有的只有 0.4 米。就是大小、长短完全相同的独木龙舟，也会因为所用树木产地和种类的差别，其重量也有较大的差异①。就独木龙舟的制作而言，在"独木龙舟文化区"，只有统一的制作工艺，却没有统一的制作规格和标准，几乎都是"树尽其用"，买到大树，龙舟就做得长一

---

① 同样是杉木树，不同品种和生长在不同地方的质量是不一样的。当地人喜爱的"油杉"就比普通杉木要重一些。

第五章　划龙与接龙：独木龙舟节的仪式流程

划龙表演

些、大一些；买到小树，龙舟就做得短一些、小一些。就是在普遍采用镶拼技术制作独木龙舟的今天，独木龙舟的大小、长短、厚薄也没有统一的标准。同一个寨子打造的两只独木龙舟，它们的规格也不相同。这种在长短、大小、重量上均有很大差别的龙舟，当然是不适合竞速争胜的。也就是说，清水江苗族独木龙舟不为竞速争胜而造，为的是圣俗功能的彰显与表达。

在独木龙舟竞渡比赛中，对龙舟上的人员数量并没有具体、严格的规定。人多可以比，人少也可以比。多的有40多人，少的只有30多人。对划龙手的年龄也没有具体要求，有十五六岁的少年，也有六七十岁的老人。"苗族独木龙舟竞渡选手的年龄集中在21—59岁，占83.5%；其中，21—39岁年龄段占51.03%；表明中青年占竞赛人员比例较大；年龄最小的竞赛选手为15岁，最大选手为74岁……40—59岁占的比例很高，占32.47%。说明竞渡选手中年以上居多。15—20岁的初学者和60岁以上的竞渡选手之和的比例也高达16.5%，参赛年龄向两极分化。"[①] 从划龙人员的人数和年龄结构来看，划龙手们也不为了竞速争胜而划。

另外，独木龙舟站着划龙的姿态和华丽的装束，也不适合竞速争胜。

---

① 杨世如、胡小明等：《苗族独木龙舟竞渡的体质人类学分析》，《体育科学》2009年第7期。

站着划龙舟的姿势，适合表演展示，却不利于较力竞速。传统独木龙舟的划龙技法为宗教仪式表演而设计，具有浓厚的宗教色彩。首先，站着划龙是对龙神的尊重。他们把自己当成是"龙"的役使者，而不是驾驭者、乘坐者。其次，服装的华丽和穿着的严谨，是为了娱神、娱人。不准卷裤脚、卷衣袖；系腰带、戴斗笠（过去还要披蓑衣）等都具有着特别的宗教内涵。最后，从人体力学的角度看，虽然传统的划龙站姿已被现代站姿所取代并成为划独木龙舟的标准姿势。但无论怎样改进，独木龙舟站着划龙的姿态，是不利于竞速争胜的。此外，龙舟上的伞、彩旗，特别是挂在龙颈龙头上的礼物，不仅"兜风"，也增加了龙舟的重量，不利于竞速争胜。

清水江苗族"好斗龙舟"（徐家干语），但他们"斗"的不是速度，而是在接龙礼物和接龙场面及其所代表的荣誉与地位。因此，在比赛过程中，不管输赢，他们都全力以赴。划龙手们希望比赛胜利，但他们更享受比赛过程中的热烈和欢呼。2017年，寨胆的新龙舟和老龙舟分别参加了平寨、塘龙、铜鼓三地的龙舟比赛，第一轮就被淘汰下来。但这并不影响他们的兴致和心情。在将龙舟划回寨子的时候，人们照样歌声嘹亮、激情四射。因为"姑妈"以及亲友们的接龙礼物和接龙的热闹场面，已给足了他们面子和荣光。还有一个极端的例子：20 世纪 50 年代以前，SGY 寨龙舟一直受到排挤。一些龙舟集会地甚至不允许他们的龙舟进入竞赛场地。直到新中国成立破除封建迷信，他们才获得进入场地权利。但从古代到 20 世纪中叶的漫长时间里，他们一直坚持划独木龙舟。不准他们进入划龙集会的场地，他们就把龙舟停泊在边上接受亲朋好友的接龙礼物。接龙的场面照样歌声悠扬、炮声震天。也就是说，对于清水江苗族划独木龙舟来说，比赛只是这个活动极小的部分，祈雨的宗教表达、密切亲友之间的血缘亲情以及在刷新村寨在整个文化区中的存在感，才是他们划龙舟的本质需求和内生动力。划独木龙舟"不仅是对村寨集体的外部社会关系的检验和展示，同时也是村寨内部各家各户外部社会关系的展示和检验。所以，接龙一方面客观反映了流域各村寨的社会联系强度和经济状况；另一方面，则激发了人们日常维系和加强各种社会关系特别是联姻关系的自觉意识"①。

四　独木龙舟竞渡是民俗不是体育

一些专家和地方官员，因为独木龙舟也进行竞渡比赛，就简单的认为，独木龙舟与其他地区的龙舟一样，具有体育比赛的性质，将其视为体育活动。还设想将独木龙舟竞渡比赛常态化，以此作为一个经常性活动以吸引游客，发展地方经济。为此，2008 年，有关部门曾经按照体育比赛的原则，结合汉族地区龙舟竞渡的规则，为独木龙舟制定了比赛规则。这种"新规则"，不仅不为当地人所接受，还引发许多矛盾。因为汉族的龙舟比赛由组织者提供统一规格的龙舟供参赛队使用，而苗族独木龙舟没有统一的制作标准，无法提供规格一致的比赛龙舟。即使主办方选择形制、规格比较一致的龙舟参加比赛，村民们也不愿意划。因为他们是把荣誉与自己村寨的龙舟联系在一起的，龙舟属于他们的神，用别人的龙舟划即使获了得胜利，那也是别人的胜利。用他们的话来说就是"耗子养崽，白帮猫挣"。因此，"新规则"只搞了一年就无法延续。2009 年又恢复传统的比赛方式。严格说来，划独木龙舟不是一项体育竞技运动，而是一项民俗活动。"苗族独木龙舟作为一项旨在提高民族凝聚力和延续力的传统习俗，并无体育意识和健身动机，缺乏持续锻炼时间，对苗族身体发育没有显著影响，其运动形式可以视为体育萌芽，但实质上更应当作为一项世界级的非物质文化遗产来看待。"② 对此，笔者非常赞同。

2019 年因为邻县划龙船发生翻船死人事故，当地政府不允许各独木龙舟集会地举行竞渡比赛。但这对"独木龙舟节"的热烈气氛并未造成太多影响。对前来观看独木龙舟的观众来说，他们根本不知道比赛已经被取消。在塘龙、平寨等独木龙舟集会地，各村寨的龙舟自行邀约进行比赛，场面照样热火朝天。就独木龙舟的传统以及其特有的文化内涵来说，互相比赛不是为了争输赢，而是为了加深彼此之间的友谊，真正体现了"友谊第一，比赛第二"的精神。因此，各地的独木龙舟协会，应该扬长

---

① 贾仲益：《节庆文化及其传承逻辑》，《广西民族研究》2016 年第 5 期。
② 杨世如、胡小明等：《苗族独木龙舟竞渡的体质人类学分析》，《体育科学》2009 年第 7 期。

避短,将独木龙舟的造型是否精致美观、划龙手的动作是否整齐优美,着装是否符合仪轨等作为比赛评分的主要依据,把速度放在次要地位。同时,大幅度提高"出场费"的比例,缩小比赛奖金的等级差别。以充分弘扬独木龙舟以联络亲友情感、彰显团结和谐、展示富足美满、表达问候祝福等为核心的民俗文化内涵。这既是独木龙舟可持续发展的内在动力,也是独木龙舟举世独有的外在魅力。

五 "吃龙饭"与龙舟返程

竞赛结束,亲友已接龙完毕,各只龙舟准备吃"龙饭"。"龙饭"就是出发时放在龙舟上的食物。划龙手们先把整只的鸭、鹅,整块的猪肉切成小块,放在一个大盆中。撒上盐、辣椒、味精等佐料,分装在小盆里。划龙人员或站或蹲,围成一圈。然后遵循"吃龙饭"不使用碗筷的规矩,一只手拿一团糯米饭,一只手从盆中抓肉吃。"龙饭"没有蔬菜、汤菜,只有肉和糯米饭。如果有人讨"龙饭"吃,会得到热情邀请。据说,讨"龙饭"的人越多,就越吉祥。吃完"龙饭",龙舟启程回家。听老人们说,过去划龙舟还可以和岸上的姑娘唱情歌。当龙舟返程时,年轻的划龙手会唱起飞歌与岸上的姑娘们告别:

吃"龙饭"

其一:①

五月里来才得闲,五月过了各忙各。

---

① 详见《附录·独木龙舟歌谣选录·告别歌》。

打好钉耙编撮箕，抓紧时间赶做活。
等到明年这时节，我们再把龙舟拉下河。
过节竞赛同欢乐，不要难过啊各位姐妹，
不要难过啊各位哥哥。
其二:①
五月龙船来，我们得休息。
今天龙船去，各人忙各的。
我们拿竹篮，各去绣花衣。
哥哥下龙船，划篾编撮箕。
其三:②
今天一起玩，明天各走各。
画眉离了窝，我们隔匹坡。
有歌没人唱，有话没人说。

此外，在"独木龙舟节"期间，各集会地的龙舟协会或地方政府也会组织打篮球、足球、赛马、斗牛、斗鸟、跳舞等比赛活动。

第六节 "起岸保管"与龙船棚形制

一 独木龙舟的起岸保管

"起岸保管"，指活动结束后，将龙舟拆卸，把"母龙"、"子龙"抬到专用的龙船棚内存放。龙船棚一般建在离河岸50米左右的岸边高地上。在龙船棚与河流之间，修有较为宽敞的道路，以便于龙舟的上下搬运。龙头、锣鼓等放到指定或下一年担任鼓头的人家（现在一般放在各方面条件适合的人家③），并将龙头用红布覆盖，龙头周围不允许放置污秽之物。实行"集体鼓头"之后，龙头就固定存放在本寨房屋宽敞、干净、有责任心、有威望的人家。而具有这些条件的人往往是本寨划龙舟的领导成员

---

① 马号大冲龙么唱，宋永泉、刘锋等记录、翻译。
② 双井平寨杨阿泡唱，刘锋、宋永泉等记录、翻译。
③ 如品行好、房屋宽、干净、爱护龙舟，家中没有孕妇或坐月子的女人等。

之一（当地人称为"组委会"或"龙舟协会"）。抬龙舟上岸，既可以在"吃龙肉"的当天一次完成，也可以分两次完成，即先拆卸龙头放好，有时间再抬龙身上岸。主要以人们是否有时间为标准。一般情况下，在邀请姑妈和亲朋好友来"吃龙肉"的时候，"主人"要请姑爷以及亲朋好友们划一下龙舟过过瘾，客人们也大多愿意体验一下划龙舟的乐趣。直到客人尽兴，主人才开始拆卸龙舟，抬龙上岸。

传统龙船棚（奉力摄）

按传统，抬龙舟上岸也要举行简单的祭祀仪式，但这一仪式现已被大多数地方省略。抬龙上岸前的祭祀比较简单。祭品为鸡、刀头肉、酒、香烛、纸钱等。既可以请巫师，也可以由本寨一德高望重者主持祭祀。祭师摆上祭品，焚香化纸，然后念祭词：

> 我们划过了龙船，
> 我们祭祀了龙神。
> 我们求雨得雨，
> 我们诚心敬神。
> 从今以后，
> 无旱也无涝
> 风调雨也顺；
> 无虫又无灾，
> 五谷都丰登；

老少都健康，
子孙都昌盛。
六畜兴旺，
百业隆兴。①

然后，把原先请来保护龙舟的各路神仙，如，山神、树神、喜神、祖先神等一一请送回去，接着就可以拆卸龙头、龙身，抬龙上岸了。

二 龙船棚的类型

存放龙身的龙船棚，分为传统和现代两种类型。

（一）传统型

传统形制的龙船棚，为内杆栏式房架，不用一钉一铆，只用木榫衔接，斜坡屋顶，上盖小青瓦。整体为长条形，内宽3米至4米，长25米至30米。为防风雨剥蚀，每年都用桐油把柱子、穿枋等涂抹一次。两排柱子之间有穿枋，离地一米左右。龙身就底朝天横架在穿枋上。如果不被洪水冲走，保养得当，一座龙船棚可以使用上百年。

（二）现代型

随着社会经济的发展，清水江龙船棚出现了新的式样，我们称之为现代型龙船棚。现代型龙船棚大致分为三类。

第一类：完全用钢筋水泥建造，下面以水泥柱子支撑，顶平以现浇板覆盖。存放龙身的穿枋，也以钢筋水泥代替。这种龙船棚的好处是不需要砍伐树木，构造简单，经久耐用。

缺点是造型不美观，且日久还有雨水渗漏的隐患。这种钢筋混凝土结构的龙船棚，现数目不多。

第二类：完全采用钢架结构，涂以彩色涂料。2017年5月建成的施秉铜鼓塘新龙船棚，由于地势所限，该龙船棚不仅在材料使用上颠覆了传统，在造型上，也别出心裁。为了不妨碍道路的通畅（其位置刚好在连通清水江两岸的铁索桥头），他们将原来的一边一排支撑立柱，改为两根立柱均立在靠近山坡的位置，用杠杆的原理，将斜坡屋面悬空支撑。龙身

---

① 见《附录·独木龙舟祭祀祭词选录·抬龙上岸祭词》。

则放在屋面下的钢架上。这种钢结构的龙船棚，虽然较为美观，但造价较高。

第三类：为仿古建筑龙船棚。这种仿古建筑的龙传棚，也是近几年才出现的仿古代廊桥或亭台造形的龙船棚。这种龙船棚多为木质结构（或仿木结构），下部为传统的杆栏式房架，房顶则仿照廊桥或亭台楼阁的形式，屋面飞檐翘角、高低错落，盖以小青瓦或琉璃瓦，既有民族特色又造型美观。比如双井凉伞、施洞天堂、杨家寨等地的龙船棚就是这种样式。就数量而言，目前传统的龙船棚占多数。

凉伞龙船棚（龙明开摄）

第七节　亲友团聚"吃龙肉"

"吃龙肉"是"独木龙舟节"的最后一个环节，是整个节日活动的"闭幕式"。苗语把"独木龙舟节"称为"喽翁"或"喽呃翁"（吃龙、吃龙肉）。过去"吃龙肉"时，如果所收的礼物中有牛，必须要杀一头牛；猪则由全寨人选一头最大的杀。现在，由于实行"集体鼓头"，前来参加"吃龙肉"的客人要比过去多很多。因此，除了新龙舟必须要杀牛外，猪、鹅、鸭，则以够招待客人为原则来决定。牛、猪、鹅、鸭在苗族看来，都是龙的化身。在苗族刺绣图案里，就有"水牛龙"、"猪龙"、

"鹅龙"、"鸭龙"。在"独木龙舟节"期间牛肉、猪肉、鹅肉、鸭肉,都被赋予了"龙肉"的社会文化意蕴。

划独木龙舟的目的是为了"娱神娱人"。娱神是希望神灵护佑,祈愿风调雨顺、五谷丰登;娱人是为了联络亲友、村寨之间的感情、增进交流。改革开放后,娱人的内涵越来越凸显。"吃龙肉"是"独木龙舟节"活动期间最丰盛的宴席。"吃龙肉"的时间由各村寨根据情况而定,没有统一的日子。大多在五月二十七日划龙舟活动结束之后的数天之内。确定"吃龙肉"的时间后,就邀请亲友特别是姑妈前来"吃龙肉"。

"拦门酒"迎"姑妈"

"吃龙肉"这天,划龙舟的村寨要搭建临时寨门,贴对联、挂横幅,营造热情欢迎亲朋好友的气氛。在进寨子的大路上、寨门前以及寨子里面,还要摆几道拦门酒。中午时分,"舅舅"们统一穿着划龙舟的服装,到寨门外列队迎接姑妈们的到来。姑妈、姑爹们身着苗族传统盛装(与接龙时的服装完全不同),在离寨子有一定距离的地方集中后,列队向寨子走来。姑妈们银光闪闪地走在队伍前面,姑爹们则每人担着一挑礼物(内有粽粑、米酒、饮料、水果等)随后跟着。如果姑妈们为接龙所凑的资金在购买接龙礼物后还有剩余,她们会把剩余的现金用一个或几个大盘子装着,由几个姑妈端着走在最前面。到第一道拦门酒处,舅舅们上前接过礼物,并唱歌敬酒,姑妈们也以歌作答。就这样经过几道拦门酒,才将

寨胆"姑妈""吃龙肉"

客人接到"吃龙肉"的广场。此时，广场上早已架起了牛皮鼓，随着"咚咚、哒、咚、哒、咚、哒哒……"的鼓点响起，大家便在广场上跳起了踩鼓舞。鼓声清脆，银饰叮当，其乐融融。

下午四五点钟，宴席开始。满桌子全是"龙肉"——牛肉、猪肉、鸭肉、鹅肉。在过去，"吃龙肉"是摆长桌宴，主人和客人各坐一边，大家相互唱歌敬酒。现在"吃龙肉"，多数村寨已将传统的长桌子，换成了圆桌。大家随意而坐，分不清谁是客人，谁是主人。吃饭过程中，会有好几组（每组 2 人至 3 人）男、女主人提着酒壶，向每一桌客人献歌敬酒，整个广场成了歌的海洋。

客人、主人吃饱喝足后，"吃龙肉"最重要的一个活动联欢晚会开始。

这是一场无拘无束、率真自然的联欢晚会。节目无须层层筛选，除内容必须健康向上之外，任何形式的节目都可以报名参加演出。既可以提前报名，也可以当场报名，只要有时间，想在舞台上展示自己的都可以上台表演。可以唱苗歌、汉歌、外国歌，可以跳踩鼓舞、板凳舞、交谊舞，也可以跳广场舞、拉丁舞；还可以说笑话，演小品。

无论来宾还是主人，只要愿意，都可以一展风采。演得好，人们鼓掌叫好；演砸了，也没什么丢人，权当逗大家开心。整个场面气氛热烈，人人都是演员，个个都是观众。台上台下，连为一体；主人客人，亲密无间。歌声、掌声、欢笑声此起彼伏，整个村寨沉浸在喜庆祥和的气氛之中。直到深夜，大家才意犹未尽地散去。

第二天上午，舅舅们又开始给姑妈们准备午餐。当舅舅们把饭菜、酒水摆满一张张圆形餐桌时，宁静的广场又开始沸腾起来。大家你来我往，唱歌、敬酒、划拳，嬉戏打闹，其乐融融。直到太阳偏西，姑妈们才带上舅舅们赠与的礼品，依依不舍地踏上归程，由全寨男女老幼一起把姑妈们送到村外。送走姑妈和所有客人后，整个"独木龙舟节"活动也宣告结束。

传统的"吃龙肉"活动还有一项重要议程，即议定下一年是否继续划龙舟。如果划，要选出下一年的"鼓头"。从 20 世纪 80 年代中期开始，传统的"个人鼓头"已被现代的"集体鼓头"所取代。而"集体鼓头"是没有固定任期的民间组织，如有必要可以随时开会讨论。因此，选"鼓头"的议程也随之消失。

第六章　独木龙舟起源神话的文化意蕴

民俗与神话是一个有机的整体，神话是构成民俗的重要"构件"。缺少这些"构件"，民俗的结构就不完整；缺乏或忽略对这些"构件"的关注和解读，我们对民族文化的整体把握和理解必然出现偏差。但"唯理性至上的思维定势长久地遮蔽了神话在人类社会的深远意义，甚至赋予其负面价值"①。

因此，我们力求通过对独木龙舟神话文化意蕴的探寻，"去理解和把握古代神话的'本质'。透过形形色色的表象，挖掘现象和本质间的关系、意义，还原其本来面目"②。

第一节　独木龙舟的"原生神话"

在遗失文字的苗族社会里，要了解独木龙舟的产生、发展，神话传说是一个可能的窗口。但所有关于独木龙舟起源的口传神话，不仅有明显的增删、改造痕迹，还有神话讲述者或搜集者有对原来的口传神话进行的有意识、有目的的"再创作"。因此，独木龙舟起源神话可谓鱼龙混杂，头绪纷繁。要从这些杂乱的神话里，找出"原生神话"似乎不太可能。

经过不懈努力，我们在独木龙舟出龙祭祀的祭词里，发现一个特殊的关于独木龙舟起源的神话文本："年代起远古/有个老报公/杀龙河里头/烧龙在江中/蛟龙杀死后/天地黑蒙蒙/黑了八九天/各寨乱哄哄/天黑实难

---

①　黄悦：《神话叙事与集体记忆：淮南子的文化阐释》，南方日报出版社2010年版，第2页。

②　谢选骏：《神话与民族精神：几个文化圈的比较》，山东文艺出版社1986年版，第6—9页。

熬/点火进山中/上山找虎骨/找青蛇蛋卜/卜来又卜去/卜去若干骨/卜来又卜去/卜中一长龙/划龙才天亮/踩鼓才年丰……①

如果用故事的形式讲述的话，就是：很久很久以前，有个叫"报"的老人家（苗族都是单名，"公"是对老一辈人或祖先的尊称），在江里杀了一条龙。龙被杀之后，天昏地暗、日月无光。人们在黑暗中无法生活，就去占卜。通过反复占卜，人们知道，是龙的灵魂在作怪，要造龙一样的船来划，天才会亮。于是，人们就造龙舟，划龙舟。

笔者认为，这则"祭词神话"即使不是独木龙舟起源的真正的"原生神话"，也应该是最为接近"原生神话"的神话文本。

首先，神话不是神造的，而是人造的。"巫师是原始神话当之无愧的作者或称为初民作家。"② 恩特斯·卡西尔也说："神话是按计划来编造的……它们是能工巧匠编造的人工之物。"③ 制造独木龙舟神话的"能工巧匠"就是古代的巫师。在原始初民阶段，巫师不仅是部落或群体里的智者，也是部落或群体的首领。哲学家李泽厚说："氏族、部族的君、王是首巫，最大的巫，是最高的宗教领袖，也是最大的政治领袖"；"禹、汤、文王都是大巫师。"④ 这种体现一个群体集体意识的"神话"，只有由既有智慧又有权威的"巫"来发布，才能为群体所接受并遵从。在上述神话中，负责占卜并作出划龙舟决定的，是能够与天人沟通的巫师。也许最初划独木龙舟就是一种驱除"黑暗"的巫术活动，在祭词中才有"踩鼓年才丰"的说法。因为在远古，"跳一种舞，这也是一种巫术"⑤。祭祀巫词是以师承的方式传承的，巫师相信巫词具有神奇魔力。这在很大程度上减少了传承过程中被篡改、加工的可能性。相对于口传神话而言，巫词能最大程度地保存"原生神话"的原真性。

其次，在"祭词神话"里，人们划独木龙舟的目的不是"祈求风调雨顺、保一方平安"，而是"驱除黑暗"。这"黑暗"是龙的灵魂作怪，

---

① 详见《附录·独木龙舟祭祀祭词选录·出龙祭祀祭词（之四）》。
② 山骑等编：《神话新探》，贵州人民出版社1986年版，第32页。
③ ［德］卡西尔：《国家的神话》，范进、杨君游译，华夏出版社1990年版，第331页。
④ 李泽厚：《由巫到礼》，2001年6月26日，在香港城市大学中国文化中心的演讲。
⑤ 李泽厚：《由巫到礼》，2001年6月26日，在香港城市大学中国文化中心的演讲。

"驱除邪魔"其实质就是"驱邪逐魔"。而"驱邪逐魔"正是远古独木龙舟的神性所在，也是远古人类划独木龙舟核心宗教内涵之一。在苗族古歌里，龙的职责是管理水族，还没有管雨水的职责①。随着时间的推移，龙的神性从水里向陆地、天空扩张，但这时的龙仍然没有管雨水的职能。从文献记载来看，到汉代，人们才有"塑龙求雨"的习俗。② 在远古，人们划独木龙舟还不是为了"风调雨顺"，只是为了"驱除邪魔"。由此，我们可以推想：在古代某年某月某一天，居住在清水江边（或东方故乡的某地）的某个人（报公）猎杀了一条大蟒蛇，碰巧赶上了日全食——突然间，天昏地暗，日月无光。人们不知其缘由，而对此产生恐惧。于是，请巫师占卜。巫师当然也不知道原因，但他熟悉苗族的历史和龙的神性。于是，他就自然把"蛇"与"龙"联系起来。在苗族地区，蛇和龙是可以互换的。巫师在占卜时，就对龙的灵魂承若要祭祀它。而恰巧这时日食结束，大地重现光明。人们便由此深信这是神的力量使然。于是，人们便用划独木龙舟的方式，来祭奠和安抚龙的灵魂。划独木龙舟也并不是巫师的创造，他只不过把苗族在江南地区生活时的传统，移植到过来。因此，很容易就被大家所接受。久而久之，本来是一个地方的一次祭祀活动，就逐渐演变成一个区域的民俗节日活动。

第三，这则"祭词神话"不仅内涵古老，而且情节简单。根据神话"越原始，面越窄；发展越高，面则宽。在神话上表现为神系的扩大和故事的完备"③ 来判断，这则"祭词神话"与其他的独木龙舟口传神话相比较，显然属于"原始"一类。

基于上述理由，这则隐藏在祭词中关于独木龙舟起源的"祭词神话"，应该是目前发现的所有关于独木龙舟起源的神话中最为原始的文本，或者是最为接近"原始神话"的文本。

---

① 燕宝：《苗族古歌》："雷公在天上，雷公管雨水；水龙在大海，水龙管鱼虾。"（详见前注）
② （汉）董仲舒：《春秋繁露》（全3册），中华书局1975年版，第542页。
③ 谢选骏：《神话与民族精神：几个文化圈的比较》，山东文艺出版社1986年版，第11页。

第二节　独木龙舟起源神话"杀龙"与清水江苗族传统观念

"杀龙"是独木龙舟起源神话的"母题"。在这些神话里,"杀龙"有"人杀龙"①与"天杀龙"②之区别。对任何文化事象的解读都必须将之置于自身的文化母体中,回归到历史现场,才能获得有效的解读,否则张冠李戴的错位、误读就难以避免。神话中的"杀龙"所折射出来的"独木龙舟文化区"苗族的价值观念、精神内涵十分广泛而深刻。

杀龙地之一:"十里长潭"

一　"人杀龙"与苗族的狩猎文化

在关于独木龙舟起源的神话里,"杀龙"是重要的元素之一。划独木龙舟、过"独木龙舟节"皆因"杀龙"而起。我们知道,龙是古人虚构的现实中不存在的生物,而"神界图景是原始思维所再现的古代社会图景。"③也就是说,神话中的场景可能是现实生活的投影,"报公"所杀的不是虚拟的"龙",而是真实的蛇。在"独木龙舟文化区"有的地方就把

---

① 见《附录·独木龙舟起源神话选录·起源神话·"人杀龙·人吃龙"》。
② 见《附录·独木龙舟起源神话选录·起源神话·"天杀龙"》。
③ 谢选骏:《神话与民族精神:几个文化圈的比较》,山东文艺出版社1986年版,第10页。

过"独木龙舟节"称为"吃长蛇"或"吃长物"。苗族古歌在唱到恶龙吃人时也说:"见条蛇很大,吃去你的娃。"① 在"独木龙舟文化区"有"见蛇不打三分罪"的俗话,可见他们对蛇有很深的成见。但如果遇到大蛇,他们不仅不敢打,还要给蛇予"封赠"(说吉利话):"你要成龙就快点下海,不要到这里来吓人。"他们认为,大蛇与龙之间有一个过渡阶段,这个阶段内它们的差异是无法分清楚的。因此,"报公"在清水江(或许是巴拉河)里遇到一条大蛇,他把蛇当作猎物给猎杀了。这在古代是十分正常的行为。作为稻作民族,住在江河边、大山里的苗家人,在农闲时也有渔猎的习惯。在苗族的狩猎文化中,有"隔山打羊,见者有份"的规矩。如果你看到他们在围猎,只要你喊几声助威,打到了猎物你就有权利得到一份。但猎物的头归打死猎物的个人所有(他还可以分到一份肉)。神话中各地分食"龙肉"就是这一狩猎文化的体现。在一些独木龙舟起源的口传神话中,只提到什么地方得龙颈、什么地方得龙身,什么地方得内脏,没提到什么地方得龙头。因为按苗族的规矩,猎物的头是不能拿出来大家分的,它只属于杀死猎物的个人所有。但也有少数神话版本说胜秉、上稿仰等地得到龙头。神话的"创作"者也许是想利用神话使这些地方的某种意愿和外力获得"社会合法性",但这却不符合苗族的传统文化。而当地习俗是猎物之头归于首功之个人,但个人是不能对应地方的。换句话说,就是只有拿出来分食的才是大家的,大家认同才能对应地方。因此,古老的共享分食制度与当地集中划龙舟场所的发布精准对应才是苗族原生文化逻辑秩序的确切表达。M寨关于"杀龙"传说中"得到龙头"的表达,也许就是使他们成为"他者"并受到排挤的文化逻辑。

二 "人杀龙"与苗族的万物平等观念

苗族信奉万物有灵、万物平等的社会理念,这也体现在"杀龙"这一事件中。在口传神话中,人之所以"杀龙"是因为龙杀了人,犯了死罪。苗族习惯法有"路上杀人的……我们撵他翻高岭、越大山,杀其身,

---

① 黄平县民族宗教事务局、施秉县民族宗教事务局、镇远县民族宗教事务局编译:《苗族十二路大歌》,贵州大学出版社2013年版,第484页。

敬龙（奉力摄）

要其命"① 的说法。简单地说，就是"以命抵命"。

而且不需要谁的授权，也不需要别人来声张正义，受害者的亲属或"罪犯"的亲属就可以对"罪犯"执行"死刑"。虽然龙是神，但在他们心目中，人和神也是平等的。在苗族古歌里，人与龙以及雷公、水牛等都是同胞兄弟，不分贵贱高低。因此，神仙犯法也与庶民同罪。这种平等观念表现在苗族生活的方方面面。村寨有大有小，人口有多有少，势力有强有弱，但各寨之间在地位上是平等的。一个村寨有寨老，但寨老与其他人是平等的，他们在物质利益上没有特权。在传统苗族社会中，不仅人与人平等，鬼与鬼也是平等的。在苗族的鬼神世界里，一群鬼神有一个"头"，但这个"头"只相当于"召集人"，而不是可以发号施令的"领导者"。领受祭品时，大家平均分配，谁也不能多得。因此，龙虽然是神，但它犯了死罪，同样要"依法"执行死刑。一般而言，苗族习惯法处理犯罪的人，由其家族自己处理，如果其家族没有处理或没有能力处理，才能由受害人一方的家族处理。这样做是为了避免犯罪者的血亲复仇。在本案中，因为龙的家族没有处理犯罪的龙，人杀龙才成了正义的行为。

---

① 石朝江：《中国苗学》，贵州大学出版社 2009 年版，第 124 页。

传说中的杀龙地之一：巴拉河

三 "人杀龙"与苗族的生态伦理观

在苗族习俗里，凡是猎取大型猎物，都要向猎物的灵魂说明猎杀它的理由。比如，当他们猎获野猪时，他们会先向野猪的灵魂宣布猎杀它的理由：我们的谷子被你吃了，包谷也被你拱了。我们没得饭吃，才拿你来抵。你从哪里来，快回哪里去……道理讲完了，他们才开始分肉煮吃。做法看似荒诞，但体现的是人们对自然的尊重和敬畏。

苗族先民认为，人类与世间万物都是自然界运动变化的结果，有生命的动物则是人的同胞兄弟。这是苗族万类有命、各得其所、各循其是、相互依存的人与自然平等共荣的生态伦理观念产生的不可动摇的本源基础。在天地自然和人组成的世界"大家庭"里，每个"家庭成员"都应该得到同等的尊重和爱护。否则，将会受到惩罚。

在独木龙舟起源神话中，无论是龙杀人，还是人杀龙；也不管这种"互相报复"是有理由还是没有理由，它所揭示出来的理性逻辑就是人与自然的矛盾与冲突。而这种冲突的结果带给人类的将是灾难。因此，只有人与自然和谐，才能换来人间的风调雨顺、平安幸福。这就是苗族"杀龙"神话中，看似荒诞不经的因果关系所隐含的是苗族人的生态伦理观。

四 "人杀龙"、"划龙"与尊重灵魂

苗族人把恶龙杀掉后还要祭祀它，并把它当成神物敬奉。实质上，这体现的是苗族对灵魂的尊重和敬畏。在"独木龙舟文化区"有一种说法叫"死者为大"，即提倡生者对死者有任何冤仇都要释怀、放下，并参与死者的丧葬仪式，帮助其家庭埋葬死者。通过丧葬仪式化解冤仇，不让冤仇世代延续。在理想的层面，不论死者生前做了什么恶，灵魂都应得到尊重。这种观念不唯苗族独有，世界上其他一些民族，也有这种习俗观念。弗洛伊德在《图腾与禁忌》一书中，记载了南洋群岛中一个小岛屿上的土著民族的一种习俗——"息怒"。当他们英勇的远征士兵带着敌人的头颅得胜归来时，他们要举行一种特别隆重的"息怒"仪式——用丰富的祭品和虔诚的态度来平息那些被割下头颅的敌人的灵魂的愤怒。仪式上，人们还在音乐的伴奏下，跳着一种舞蹈，以慰藉被杀敌人的灵魂，并求得到他们的宽恕。①

在神话里，苗族人杀龙又划龙，原初目的或许就是要为龙举行一场隆重的葬礼，不仅为抚慰龙的灵魂，表示对龙的尊重和敬畏，同时，也是将敌人转变为朋友，并为我所用。这种观念其实也是人与自然和谐的另一种表达——在人与自然万物之间存在矛盾与冲突，但和谐才是整个世界（宇宙）的终极目标。从这个意义上讲，人们对龙的灵魂的尊重和敬畏就是对自然的尊重和敬畏。人与万物都是宇宙中的一个组成部分，只有走向和谐，各美其美，美美与共，人类社会方能风调雨顺、平安幸福。

第三节 独木龙舟"吃龙"神话与苗汉文化的交流融合

通过对独木龙舟神话的梳理，我们发现这些神话有一个从"人杀龙·人吃龙"到"人犯龙·祭祀龙"的情节流变过程。这个过程也是"独木龙舟文化区"苗汉文化的交流与融合由"物质层面"到"心理层面"的由表及里、由浅入深的循序渐进的过程。这种交流与融合并不是

---

① ［奥］佛洛依德：《图腾与禁忌》，文良化译，中央编译出版社2005年版，第41至42页。

自然状态下的交流与融合，而是在强大的政治、经济、军事的共同作用下的一种强势的"输入"。苗族文化对于汉文化的吸纳则经历了一个由选择性吸收到被动接纳，再到主动吸收的演变过程。这种不同文化之间的交流与融合，既是文化自身发展的需要，也是历史演进的必然。从九黎三苗以来，五千年苗汉文化深度交融，文化要素中你中有我，我中有你，形成了互相不能分割的有机整体之兄弟文化。中华民族文化就是这样互相深度嵌合而成。但必须看到，各民族文化之间既有共同关联又有特色凸显，苗族文化的个性特色就是非常鲜明的。虽然独木龙舟起源神话在"独木龙舟文化区"存在多元话语重叠或者融合的现象，但是其基底或核心无疑还是苗族远古文化。

"神话本身就是历史。一部神话史就融含着一部民族关系史、国家政治史和民众的精神发展史。基于这种认识，通过神话考察中国社会与民族文化的变迁就成为可能。"① 本节试图通过对独木龙舟"杀龙""吃龙"神话情节流变的探寻，来考察"独木龙舟文化区"苗汉文化的交流与融合以及民族文化变迁的情况。

著名文化史家庞朴先生，将不同文化之间的交流与融合分为三个层面，即：物质层面、制度层面、心理层面。学者安宇则将这三个层面细化为："物质层次（层面）：譬如，衣、食、住、行等。是看得见，摸得着的东西；心物层次（层面）：譬如，法律制度、政治组织以及人们在社会交往约定俗成的风俗习惯；心理层次（层面）：主要指人们的文化心理状态，包括价值观念、思维方式、审美情趣、道德情操、民族性格等。"② "独木龙舟文化区"内苗汉文化的交流融合也基本遵循这一由表及里的规律。在独木龙舟起源神话里，"吃龙"与"杀龙"一样，是贯穿始终的母题。但不同的文本，"吃龙"的主体不同。大致可分为："人杀龙·人吃龙"、"人杀龙·鸟吃龙"、"人杀龙·不吃龙"、"天杀龙·不吃龙"、"人犯龙·祭祀龙"等。这些差异正是"独木龙舟文化区"苗汉文化在不同层面交流融合的反映。

---

① 吴泽：《〈神话与中国社会〉序一》，田兆元：《神话与中国社会》，上海人民出版社1998年版。

② 安宇：《冲撞与融合——中国近代文化史论·导言》，学林出版社2001年版，第9页。

一 "人吃龙"——"物质层次"的交流与融合

在苗族关于独木龙舟起源的神话里,"人杀龙"、"人吃龙"的主题占有相当大的比例。这类神话里,不论"杀龙"的地点是清水江还是巴拉河,也不管"杀龙"的人是"够保"还是"金推磊",它们的共同之处是:人杀死龙后,大家都来分食龙肉。人们还把得到龙肉的部位作为确定划龙集会地和划龙时间顺序的依据;将是否得到龙肉或是否与"杀龙"有关联,作为是否拥有划独木龙舟资格的标准。这也是"独木龙舟节"被苗族称为"吃龙"或"吃龙肉"的原因。这类神话里,先是"龙吃人",然后"人杀龙",最后"人吃龙"。人与龙互为猎物,关系平等。因果关系简单,逻辑关联紧密。

"人杀龙·人吃龙":很久很久以前,有个人名叫苟亚,打渔为生。一天,他带着儿子驾起小船到榕山水潭里去打鱼。他在船头撒网,网网落空。心想:"嚎,今天是怎么搞的哟,连条小鱼崽崽都没打得,怕是有鬼啰。"他调转船头,想到别处去打。就在他回头一看的时候,原来坐在船尾的儿子不见了。他大吃一惊,莫非落水了不是?就跳下潭去找。苟亚水性好,呆在水里三天三夜都没事。他下到潭底,没找到儿子。却发现一个龙洞。怪事,洞头是干的。他就钻进去看。看见一条恶龙把他儿子当枕头靠起睡觉。龙窝里满是干草。他过去仔细一看,儿子死啦!苟亚很气。想弄死恶龙给儿子报仇,又没带家什来。怕搞不过它。他转回家来,用猪尿泡装起火石、火草,又进龙窝去。见恶龙还在呼呼打鼾,没得醒来。苟亚取出火石、火草,火镰子一敲,溅出火花来,燃着火草,就把龙窝的干草点燃起来。他就退出来,站在河坎上看。龙窝燃起火,烧了三天三夜。恶龙烧得浑身起泡。浮到水面上来,几摆摆就死了。喔唷,好大一条龙呀!各村的人都来分龙肉吃。胜秉分得龙头,平寨分得龙颈,榕山分得龙身,施洞分得龙尾。

吃了龙肉,引起了天干旱。巫师说是恶龙作的怪,叫各村都砍树按恶龙的样子造龙舟来划。每年五月在清水江和巴拉河上划龙舟。就这样，年年风调雨顺，人畜平安。①

在汉族文化里龙是神，它与人的关系是不平等的。特别是当龙成为帝王皇权的象征之后，"龙"更是不可冒犯的神圣。因此，这时的苗汉文化交流与融合尚处于第一个层面，苗族文化仍然保有其独立性和原真性。

苗汉文化虽然同出一源，但在苗汉文化分流后，就逐渐形成了各自独特的文化体系。所谓的交流融合指的是两种文化自成体系之后的交流与融合。苗汉文化在第一层面，即物质层面上的交流与融合，早在蚩尤集团与炎黄集团逐鹿中原的时候，就已经十分广泛——从某种意义上说，战争也是一种特殊的文化交流方式。在"独木龙舟文化区"的苗族古歌里，也有关于苗汉文化交流的描述："汉人凿成个瓢儿，凿瓢来把银子舀。汉人造成了木桶，拿木桶来装银子，每只桶儿都装满。汉人制造木扁担，拿扁担去挑银子，银子挑到妈家来。"② 从文化交流的角度来说，不同民族之间在第一层面，即，"物质层面"的交流往往是相互的、公平的、自愿的，因此，也是和谐的。在这里，瓢、木桶、扁担就是"物质层面"的代表。在这一层面上，互相之间因各自的需要而接受、吸纳对方的东西，不存在"强买强卖"的强制性文化植入。因此，在"独木龙舟文化区"苗族从自己的需求出发，不仅对一些属于汉族文化的东西欣然接受，还对进入苗族地区的汉人，在生产、生活等方面予以关照："安个凳子坳口上，苗人来到好休息，汉人来了好歇气。"③

二 从"人吃龙"到"鸟吃龙"——交流与融合已触及"心物层面"

苗族把"独木龙舟节"称为"吃龙"或"吃龙肉"，因此，"吃龙"是独木龙舟起源神话里必须的情节要素。从"人吃龙"到"鸟吃龙"，神话中的"吃龙"主体和情节的流变，反映了苗汉文化的交流已从"物质层面"走向"心物层面"。

---

① 流传于老屯榕山一带。讲述人：老屯榕山张老乜，苗族，男，68岁。2016年6月，刘锋等搜集整理。
② 燕宝整理译注：《苗族古歌·创造宇宙》，贵州人民出版社1993年版，第99—100页。
③ 燕宝整理译注：《苗族古歌·创造宇宙》，贵州人民出版社1993年版，第195页。

第六章 独木龙舟起源神话的文化意蕴

"人杀龙·鸟吃龙"：在很古的时候，在黔东南台江县的革一，挨清水江南岸村寨有个叫"够保"（苗名）的老人，只有一个独子，爷崽俩相依为命，靠打鱼为生。在某年农历五月的一个晚上，爷崽俩又在清水江里打鱼，摇船撒网惊动了江里的一条龙，龙很恼怒，窜出江面把船弄翻，够保的小孩落入水中，龙就把小孩拖进龙洞整死了。够保非常悲愤，决心杀恶龙为子报仇。

第二天，老人便在脸上，身上涂满锅烟墨，头上戴着一个铁三角，拿着刀，下河直闯进龙洞里去。在龙洞里，他看到儿子已被龙咬死，身子被枕在龙头下，龙正鼾然大睡。他怒从心头起，举起刀，疾步上前。急促的脚步声顿时把恶龙惊醒，睁眼一看，"唉呀"一声哀叫，只见一个头上长着三只角（龙从未见过长三只角的东西），大花脸，面目狰狞，身上黑黝黝的怪物闪现在眼前，顿时惊恐呆傻，还未回神，够保老人就狠狠数刀结果恶龙。恶龙上下翻滚，垂死挣扎、发出"嗡嗡、嗡嗡"的呻吟声。后来南岸边的苗寨便叫"方琅"（汉意为"吟寨"，即冷西）。恶龙临死前上窜下跳，翻江倒海，把"方琅"寨下四、五里河段搞得昏天黑地。于是，下面的苗寨便叫"黑寨"，苗语为"欧收"（意为"黑水寨"）。龙终于死了，沉入河底。三天三夜过后，龙头龙颈才从把往寨上的长潭口浮出水面。把往寨也因此被称为"涌狼巩"（汉意为"龙下颈"）。龙浮出水面后，一路往下漂，引来了许多鹰、鹞等飞禽食肉动物抢吃龙的内脏。它们你争我夺，有的得了一节肠子，飞到巴拉河的榕山河边慢慢细嚼；有的叼了一块肺，飞到铜鼓塘边细细品味；有的则拖得一点肝飞到廖洞下游享用。龙的内脏不断被飞禽们掏空，没有了浮力，便逐渐往下沉。就在快要全部沉没的时候，敏捷的鹞子赶快叼得一块肚子到施洞口的场坝上狼吞虎咽。当它又飞回去想再叼一块肉的时候，龙便完全沉没到水底去了。龙沉下去的地方，就叫"党涌"（苗语直泽为"沉龙"，另一说为"看龙场所"），即现在施洞镇的塘龙寨。

传说，龙是玉皇大帝派来管雨水的神灵。龙被杀死后，当地就灾害连年，百姓生活异常艰辛。龙也因此受到玉皇大帝批评，龙内心也自感惭愧，便托梦给清水江边一带民众说："我害了够保的独子而被杀，是罪有应得，我愿补过。不过请你们按照我原来的样子，用一根树木做出船来,在我死的这个月划上几天,保你这一方风调雨顺,五谷丰登。"各寨寨老们便集中商议,砍来树子统一做成龙舟,按龙浮出水面到沉没的顺序,又考虑到农事等因素,议定每年农历的五月二十四日先集中在平寨划,二十五日又集中在施洞"党涌"(塘龙)划。二十六日分龙,按照那些食肉的飞禽们抢吃龙的内脏的先后,在榕山、铜鼓塘两地分开划,二十七日到廖洞和施洞结束。寨老们又议定,要求每个寨子做出的新龙舟,不管水路多远,当年必须上平寨来划龙"取水"求雨。第一年"取水"后,以后就可来可不来了。[①]

在"人吃龙"神话里,龙与其他动物一样,都是猎物。人们猎杀它、吃它,是自然而然、天经地义的。但到了"鸟吃龙"神话中,由于受到汉族文化的影响,龙已被视为神物,已不是可以随便食用的"猎物"。因此,如果再让"人"吃"龙",就觉得有些心理障碍;但如果没有"吃龙"这个环节,又无法与"吃龙"或"吃龙肉"的节日名称相契合。为了使神话与节日名称做到"无缝对接",为节日活动提供"合法性"支撑,于是,神话的改造者就把"人吃龙"切换成了"鸟吃龙"。这样,既避免了"人"的尴尬,又可以自圆其说,可谓两全其美。

同时,在"鸟吃龙"神话里,还出现了玉皇大帝这个汉族仙界的"皇帝"。在"人吃龙"的神话里,让人们划独木龙舟是龙给人"托梦",是龙"自我赎罪"的良心发现;而在"鸟吃龙"的神话里,龙让人们划龙舟则是因为玉皇大帝的权威。在苗族传统观念中,人与万物是平等的。无论是现实社会或是鬼神世界,都没有唯我独尊的"领袖"。玉皇大帝这个汉族神仙当中的"帝王"的出现,标志着汉族文化中的皇权意识、等级观念已对苗族价值观念产生了一定的影响,"有族属无君长"等观念已不再纯粹。但这时的龙虽然披上了"神"的外衣,人们并未因此而让它逍遥法外,仍然按照习惯法将它处死。虽然已有玉皇大帝这个皇权国法的化身的存在,但人们在处死恶龙时,并不需要得到他的许可。更有意思的是,玉皇大帝不仅没有因此怪罪于人,反而对自己的部下——龙进行了批

---

① 流传于双井一带。讲述人:双井把往寨龙够保,苗族,男,68岁。2009年10月,龙通国记录整理。

评教育。龙也认识到自己的错误，主动将功补过。

"鸟吃龙"神话所折射出来的是"独木龙舟文化区"苗汉文化交流融合已触及到第二层面，即"制度层面"。苗族传统的核心价值观受到一定的影响，但并未从根本上动摇。首先，"杀龙"的主体仍然是"人"，这表明苗族习惯法在社会管理与调节中仍然发挥主导作用；其次，这时的"龙"仍然是可以食用的"物"，也就是说，这时的"龙"虽然是"神物"，但"神物"也是"物"，而不是汉族观念中不可冒犯的"神"。这一时期，苗族万物平等核心价值观念仍然居于主体地位。

三 从"吃龙"到"不吃龙"——交流与融合已深入"心物层面"

在独木龙舟起源神话中，"不吃龙"神话也分为两类：一类是"人杀龙"，另一类是"天杀龙"①。

在"人吃龙"的神话里，龙是"猎物"，人们可以随便食用；到"鸟吃龙"的神话里，龙变成了"神物"，于是，就让鸟去吃龙。在这两类神话里，龙的地位虽然有所变化，但在苗族人心目中，龙仍然是一种人格化的具有神性的"动物"，是苗族神鬼观念里的"神"，其地位与汉族的"龙神"仍有很大的差距。

随着苗汉文化交流与融合的进一步深入，汉族文化对苗族文化的影响有了进一步的加深。这种影响，在独木龙舟神话中的反映就是：龙已不再是可以食用的"猎物"。在"人杀龙·不吃龙"的神话里，苗族习惯法在苗族社会生活中仍然发挥着主导作用，龙是"杀龙"事件的承受者，而不是皇权国法的代表。但这时的龙已具有较为浓厚的汉族"龙神"的色彩，地位也有了显著的提升。同时，在"杀龙"行为上，"人"已失去了法理和道德上的制高点，与"龙"处于对等位置——龙子被杀，龙公把这一带搞得不见光亮。人们就到天上告龙公的状。结果老天的判决却是各打五十大板："每年农历5月24日到27日，人们做成龙船在江面上划，让龙公消气；龙公也要保佑这一带风调雨顺、五谷丰登。"② 对龙的尸体的处置，不仅不能按照苗族狩猎文化的观念来进行，还要给予充分的尊

---

① 见《附录·独木龙舟起源神话选录·起源神话·"天杀龙·不吃龙"》。
② 见《附录·独木龙舟起源神话选录·起源神话·"人杀龙·不吃龙"（之一）》。

重,并设法让"龙"以另一种方式复活——"龙船造好了,他们又处理龙尸。他们把龙脊骨做成伞把,肋骨做成伞橼,皮子做伞盖。做成一把伞作为姑娘出嫁时的嫁妆。把龙眼做成灯笼,把龙鳞送给穿山甲,把龙角让螺蛳住进去,变成螺蛳的壳,并在螺蛳口上盖上一片龙鳞,让螺蛳出不来。还剩两根龙须,也成了螺蛳胡须。"①

在这类神话叙事中,既让"人杀龙",又不准"人吃龙"。让"人杀龙",是承认苗族习惯法的主导地位;不准"人吃龙",还让龙以另一种方式复活,是维护"神"的尊严;人向老天告状、请"天庭"裁决,彰显的则是"皇权"的权威。这是苗汉文化交流融合过程中相互冲突与相互妥协的结果。这种冲突与妥协,也反映在国家政权对苗族地区的社会治理上。清朝在以武力开辟苗疆的过程中,曾遇到苗族顽强而激烈的反抗。为了缓解矛盾冲突,乾隆皇帝在《永除新疆苗赋》中谕张广泗等:"苗民风俗,与内地百姓迥别。嗣后苗众一切自相争讼之事,俱照苗例完结,不必绳以官法。至有与兵民及熟苗关涉之案件,隶文官者,仍听文员办理;隶武官者,仍听武弁办理。必秉公酌理,毋得生事扰累。"② 在正式刊行的《大清律例》(卷37)中,进一步法律化表述为:"苗人与苗人相争讼之事,俱照苗例归结,不必绳之以官法,以滋扰累。"

随着国家权力的不断强化,苗汉文化的交流与融合也不断向纵深发展。

> "天杀龙·不吃龙":传说在远古时,在清水江一带管雨水的龙王,好客好酒。龙王酒量大,只要有客人来它都要把客人喝醉,不醉不放手。有一次,有位客人酒量比龙王大,结果客人没醉,龙王自己醉了。就在这时,天公让龙王给这一带降雨。龙王东倒西歪的行云布雨,不小心走错了两步,雨下多了,造成大水灾。龙王因此被天公劈死江中。龙死了,造成了旱灾。人们没办法,只好沿江划船敲鼓求雨。这种求雨的仪式,久而久之就演变成今天的划龙舟。③

---

① 详见《附录·独木龙舟起源神话选录·起源神话·"人杀龙·不吃龙"(之二)》。
② 《清高宗纯皇帝实录》(卷之二十二)。
③ 流传于双井、马号一带。讲述人:马号大冲张老当,苗族,男,73岁。2018年7月,宋永泉等搜集整理。

在这类神话里,龙的"罪名"已从"故意杀人罪"变成了"玩忽职守"的"过失犯罪";"杀龙"的主体,也由"人"变成了"天公"。"罪名"的变化、"罪行"的减轻,使龙从"人杀龙"神话里的罪大恶极"不杀不足以平民愤"的"杀人犯",摇身一变,成为因"过失犯罪"而丢掉性命的"可怜人"。在这里,保留"杀龙"情节和减轻龙的罪行,是神话的制造或改编者力图在苗族文化与汉族文化的冲突中,寻找一种新的平衡——既照顾苗族文化本身的诉求,又最大限度的维护已经汉化了的"龙神"的尊严。神话的作者还冒着与节日名称以及内涵不相契合的风险,删掉了"吃龙"这一重要情节,以达成提升龙的地位,维护神的尊严之目的。然而,由于苗族对自己的核心价值观念的顽强坚守,龙的"罪名"虽然变成了"失职渎职罪",从罪行上看,似乎"罪不至死",但仍然"被天公劈死江中"。这样的情节安排,曲折的反映了苗汉文化在交流融合中既有较为激烈的碰撞,也有相互的退让和妥协。"天公"对"龙"的"严惩",表现的是作为"苗疆利益维护者"的一种政治姿态,其实质却是以"皇权国法"取代苗族习惯法调整社会关系、进行社会管理的主导地位。

"天杀龙"神话反映的是在中原王朝加强武力"王化"和通过发展教育进行"教化"的双重压力下,苗族习惯法在苗族地区主导作用的消解和"有族属无君长"观念的动摇。这也标志着苗汉文化的交流与融合已深入到第二层面,即"心物层面"并触及到第三层面,即"心理层面"。

四 "人犯龙·祭祀龙"——交流与融合已进入"心理层面"

在前述几类独木龙舟起源神话中,不论是"人吃龙"、"鸟吃龙",还是"不吃龙";也不论是"人杀龙",还是"天杀龙",在故事情节的流变中,"龙"始终是"罪犯",即使它从"猎物"变成了"神物"也难逃"被杀"的命运。但到了"人犯龙·祭祀龙"神话里,"剧情"就发生了彻底反转:

相传在远古时候,苗族祖宗王宝勾雄的老婆生小孩未满月就拿尿布去洗,没戴斗笠,被雷公看见了。雷公认为对自己不尊敬,就气冲冲地去睡大觉,不再管打雷下雨了。她还把尿布拿到龙潭里去洗,又得罪了龙王爷。龙王也不再管雨水了。于是天下大旱，河水断流。田地荒芜，草木枯萎，五谷不长。王宝勾雄心急如火，就找大家来商量，看怎么办才好。大家也想不出好办法，就去请巫师卜算。经过巫师卜算，才知道是得罪了雷公和龙王。巫师说，这一带要想风调雨顺、五谷丰登，住在高坡的必须在二月午日祭祀雷公，并吹芦笙向雷公谢罪；住在河边的必须在五月二十四至二十七日划龙船、祭祀龙王。这样雷公和龙王就会回来管雨水，保佑这一方风调雨顺、五谷丰登。于是，从那以后，就形成了高坡吹芦笙、河边划龙船的习俗。集中划龙船的时间、地点也由各地分得的祭品的先后来确定。①

在这个神话里，"人"与"龙"的身份发生了颠覆性变化："人"由受害者变成了"冒犯者"，龙则由"罪犯"变成了"受害者"。"龙"已由当初与人平等、为人所杀、被人食用的"猎物"变成了高高在上、不可冒犯的神。这时的"龙"，已完全不是苗族文化中作为"物之一种的龙"，而是已经被完全汉化了的"龙神"。如果说，与"九似龙"几乎一致的独木龙舟龙头形象是苗汉文化"物质层面"交流与融合的产物的话，"人"、"龙"身份的颠倒、人对龙的"冒犯"等情节设置，则是苗汉文化交流进入"心理层面"的标志。

这一文化特征应该产生于明朝对施秉县进行"改土归流"，特别是清雍正年间武力开辟苗疆，设置"新疆六厅"②之后。为了强化管理，明清两朝在"独木龙舟文化区"设置了大量军屯、民屯，并在苗族社会实行建官制、编户籍管理。同时，朝廷以开办教育等形式，输入儒家文化，强化对苗民的"教化"。在"独木龙舟文化区"广泛设立儒学，实施"儒学教化"，接收各族平民子弟入学。洪武二十八年（1395）九月，朝廷采纳监察御史裴承祖的建议③，陆续在贵州少数民族地区创办了一大批儒学。明朝还规定，土司子弟都必须送入各级儒学读书习礼，未经儒学教化者不

---

① 见《附录·独木龙舟起源神话选录·起源神话·"人犯龙·祭祀龙"》。
② "新疆六厅"：清雍正年间对苗区实行大规模改土归流后，设立八寨厅、都江厅、丹江厅、清江厅、古州厅、台拱厅六厅，对新招抚地区进行管理，史称"新疆六厅"。
③ 《大明太祖高皇帝实录》（卷241）：监察御史裴承祖言："……宜设儒学使知诗书之教，立山川社稷诸坛场，岁时祭祀，使知报本之道"。

准承袭土司职位①，从而使土司及平民子弟纷纷入学读书。"嘉靖二十八年（1550），在苗族聚居的镇远府属各长官司境内，出现了第一批社学。此后，在古州、八寨（丹寨）、小丹江（雷山）、清江（剑河）、施秉（旧县）、朗洞、柳霁等苗族、侗族聚居区，社学如雨后春笋，层出不穷。"② 明朝的社学主要利用农闲时间为农家子弟上课。教学内容主要是灌输儒家文化，劝教人民勤农桑、司礼仪、遵守社会道德规范等。同时，明朝在施秉旧县（老县）还兴建了"兴文书院"、"岑麓书院"等书院。康熙四十四年（1705），知县李育熊经朝廷批准，捐俸在县城东门一带建"施秉义学"，招收附近苗族子弟入学。③ 清雍正年间，张广泗在武力开辟苗疆后即上书在"独木龙舟文化区"设置义学："附近镇远之清江，旧施秉、又上游附近安顺……等处，均有安驻守各等官，各应立义学一所，责成新设之同知、通判统为稽查董率。"④ 雍正八年（1730），在施秉老县城（老县）建"苗民义学"，供苗族贫困子弟免费入学。此后，还分别修建了三秉义学、三馆义学、三洞义学、巴团义学等义学。⑤ 这些举措，在强化汉族文化输入的同时，也培养、产生了一大批接受汉文化的苗族知识分子。这些苗族知识分子也成为汉文化传播的主体和媒介。在此背景下，苗、汉文化的交流与融合，已从"制度层面"深入到"心理层面"。

第四节 "龙肉"部位与"杀龙"地点背后的文化隐喻

在独木龙舟神话里，"杀龙"、"吃龙肉"都是贯穿始终的母题。但在不同的神话文本里，"杀龙"的地点和各村寨得到"龙肉"的部位却各不相同。在我们认为的"原生神话"，即"祭词神话"里，只说"杀龙在河里，烧龙在江中"，没说具体地点，也没说到"龙肉"的分配。到了后来

---

① 《大明孝宗敬皇帝实录》（卷151 之）。

② 张羽琼：《论明代贵州社学的兴起》，《贵州文史丛刊》2004 年第1 期。

③ 贵州省文史研究馆点校：《贵州通志·学校选举志》，贵州人出版社2008 年版，第139页。

④ 贵州省文史研究馆点校：《贵州通志·学校选举志》，贵州人出版社2008 年版，第118页。

⑤ 贵州省文史研究馆点校：《贵州通志·学校选举志》，贵州人出版社2008 年版，第140页。

的"次生神话"里,不仅有明确的地点和得到"龙肉"的部位(包括人得到、鸟叼到,龙尸的浮出、沉下)而且各不相同。杀龙地点属于清水江流域的有十里长潭、茅坪、清水江上游;属于巴拉河流域的有南野河口、小江河口、榕山(老屯)、稿仰(刚郎义)等①。

材料一:"平寨分得龙颈;塘龙寨分得龙身;榕山寨、铜鼓塘分得龙腰;施洞口芳寨和马号廖洞的人去得晚,只分得龙尾;杨家寨去得最晚,仅仅分了点肠子"。②

材料二:"平寨得什么,平寨得肠子,平寨做龙看;偏寨得什么,偏寨得块肉,他们做龙吃;大冲、旧州得什么,大冲、旧州得龙肉,一起做龙看,一起做龙耍;杨家寨得什么,杨家寨得肠子;石家寨得什么,石家寨得肠子;巴拉河得什么,巴拉河得皮皮;平兆得什么,平兆得尾巴;冰洞得什么,冰洞得龙脚杆;廖洞得什么,廖洞得前爪……稿仰上寨得龙背脊和龙脑壳,上寨做鬼龙……稿仰下寨……得变质的发绿的肉,就做绿色的龙;石家寨也来的晚,得黑肠子,就做黑色的龙。"③

材料三:"龙颈龙头在长潭口浮出水面,一节龙身漂到施洞现在塘龙的河岸边。龙的肠、肝、肚、肺被各种鸟飞来抢食。有的被老鹰叼到现在的施秉的铜鼓,有的被鹞子叼到台江的榕山,有的被叼到施秉的廖洞(现在六合),龙尾在施洞芳寨渡口浮出。"④

材料四:"各村的人都来分龙肉吃。胜秉分得龙头,平寨分得龙颈,榕山分得龙身,施洞分得龙尾。"⑤

上述"龙肉"的"分配方案"并不是独木龙舟起源神话中关于"龙肉"分配的全部。除了这些,还有一些不同的说法。不再赘述。

---

① 详见《附录·独木龙舟起源神话选录》。
② 详见《附录·独木龙舟起源神话选录·起源神话·"人杀龙·人吃龙"》(之一)。
③ 详见《附录·独木龙舟起源神话选录·起源神话·"人杀龙·人吃龙"》(之二)。
④ 见《附录·独木龙舟起源神话选录·起源神话·"人杀龙·鸟吃龙"》(之二)。
⑤ 见《附录·独木龙舟起源神话选录·起源神话·"人杀龙·人吃龙"》(之三)。

一 "杀龙地"和"龙肉部位"的神话叙述与各自的利益表达

在"独木龙舟文化区",能成为独木龙舟集会地,是该村寨在整个"文化区"的地位和荣誉的体现,是一件很有面子的事情;住在河边却没有资格拥有独木龙舟,则表示该村寨被整个社群视为"他者"。他们虽然也过"独木龙舟节",但他们不是"参与者",只是"看客"。这是"独木龙舟节"的"内向性"功能特征所决定的(详见后文"第八章第三节")。五河之所以放弃划独木龙舟,固然与他们翻船死人有关,同时也与外界的舆论有关——他们没有得到"龙肉",划龙舟不仅不能风调雨顺,还会引起天灾。从这个角度看,他们放弃独木龙舟是内因与外因共同作用的结果。前几年,马号镇 SW 寨准备打造独木龙舟,加入划独木龙舟的行列。在砍树的时候,由于没有选择好树木倒下的位置,结果树被摔断成几节。他们认为,这是神灵不准他们做龙船,就放弃了。同时,外界的人也说,他们本来就没有得到"龙肉",神灵当然不准他们打造龙舟。因此,要成为整个社群的"我者",要么是"杀龙"地或与"杀龙"有关联,比如,听到声音、闻到气味、帮助卜算等;要么能够抢到(分到)"龙肉"。然而,这些神的旨意其实全是人的安排。

> 访谈材料:传说在古代,"龙船节"是"小端午"(农历五月初五日)时在平兆划龙船的。后来因为栽秧农忙,清江河和巴拉河的寨老就集中到塘龙"议榔",商量改变划龙船时间的事。大家同意将划龙船时间推迟 20 天,在农历五月二十五举行。但到哪些地方集中划,大家的意见不一致。当时塘龙寨有钱有势,寨老有威望,他提出五月二十五就在塘龙划,其他地方就不划了。各寨都想龙船到自己的寨子划,当然不同意。大家吵得不可开交。商量来,商量去,搞了几天几夜。最后确定,塘龙虽然在中间,但既要照顾上头,又要照顾下头,还要照顾到小江河(巴拉河),这样就把时间定为三天:二十五日全部集中在塘龙划一天,二十六日分别在老屯和铜鼓塘两处划,二十七日分别在廖洞、芳寨两处划,平兆就不集中划龙船了。据说,当时没有安排平寨集中划龙,平寨的寨老不干,就抢先在五月二十四日

举行集中划龙活动。就这样,现在的龙船节就变成了四天。①

这个传说中的"议榔"活动也许不是真实的历史,但在历史上,关于独木龙舟集会地的安排,一定是经过全区域的村寨都参与的"议榔"活动的决定。我们可以推测,"独木龙舟节"在"独木龙舟文化区"形成统一习俗之初,划独木龙舟活动一定经历过一段无序的状态。为了使这一活动有序开展,人们举行了一次全区域的"议榔"活动。"议榔"活动的参与者也同时获得了拥有独木龙舟并参与划独木龙舟的资格。在所有被邀请参加"议榔"的村寨中,也许有因为不赞成"议榔"决定而退出的村寨;也许有当时没去参加"议榔",后来才请求加入的村寨。当"独木龙舟俱乐部"的成员村寨被确定下来后,独木龙舟集会地点的确定就成为大家高度关注并激烈竞争的焦点。虽然最后经过协商以"少数服从多数"的原则确定了龙舟集会地点,并用神话的形式赋予了它们社会合法性,但这些龙舟集会地的数量很少,远远不能满足整个"独木龙舟文化区"数十个村寨的要求。人们在"服从"的同时,又以另一种形式表达着自己的利益诉求。这种表达方式就是编织、传播与"主流"神话中"杀龙地"和得到"龙肉部位"不同的"新版神话"。虽然这些"新版神话"的传播往往具有很强的地域性,它除了在某一个或几个村寨的范围内流传之外,这一地域之外的村寨几乎不知道这则神话的存在,即使他们知道,也仅仅是把它当成一个"传说"。比如,关于"杀龙地"是稿仰的神话。②多种多样的独木龙舟起源神话的文本,体现的也是多个地方或小区域对自身利益的诉求。徐中玉先生说:"神话其实全是人话。各色各样的神话产生于各色各样的抱着不同功利目的,起着不同作用的人们之手、之口。不管有意或无意,制作者或传播者,始创者或改头换面者,都越不出这个圈子。"③

同时,这些不同文本的起源神话不仅是各自利益诉求的曲折表达,它也是对自身地位是否稳固的一种担忧。这种诉求,对已经被边缘化或正在

---

① 讲述人:施洞平兆张够桥,男,苗族,76岁。2018年6月,刘锋等记录。
② 见《附录·独木龙舟起源神话选录·"人杀龙·人吃龙"之二》。
③ 徐中玉:《〈神话与中国社会〉序二》,田兆元《神话与中国社会》,上海人民出版社1998年版。

被边缘化或担心被边缘化的地方来说，其欲望就愈加强烈。从地域上看，清水江流域村寨多、龙舟多，龙舟集会地有六个。但神话中的"杀龙地"，清水江流域却只有三个。在这三个"杀龙地"中，胜秉（平兆）在古代曾经有一段时间作为独木龙舟的集会地，后来消失了，近几年才力图恢复；而上游的茅坪则早已不划独木龙舟并退出了"独木龙舟文化区"。巴拉河流域的村寨少、龙舟少、龙集会地只有一个（榕山）。他们对被边缘化的担心要远超于清水江流域的村寨。因此，在神话中，巴拉河流域的"杀龙地"就远远多于清水江流域。

俏皮的小锣手

这些不同文本的神话所代表的就是"独木龙舟文化区"各个小群体不同的情感意愿和利益诉求。因为，"神话是一种超现实的力量对现实的强加。这种力量超自然而又超人间，是一种神力。当这种力量企图对现实施加影响，它就是神话。"[①] 当现实力量不能左右更大的主流话语时，小群体往往会修改或创制新神话，以借助神话的力量来增强自己的存在感，期盼改变既定格局来增加自己的利益份额，并引起该文化区的注目。从苗族共享文化、文化共享的角度来看，这种诉求方式是正当的、和谐的。在客观上，它并没有对既定的文化秩序造成事实上的冲击

---

① 田兆元：《神话与中国社会》，上海人民出版社1998年版，第61页。

和破坏。

二 神话世界的矛盾冲突与现实世界的矛盾消解

从本质上说,"杀龙地"与得到"龙肉部位"之争就是各地话语权之争,也是荣誉、地位之争。这种权利地位的争夺也许从独木龙舟诞生的那天就已经开始了,但它并没有从根本上动摇独木龙舟文化既有的固定秩序。一方面固然与这种秩序的安排的科学性和人们对固有秩序的勉力维护有关,但更重要的是,这种以神话形式进行的利益表达,是"神"与"神"的冲突,而不是"人"与"人"的对抗。

"神话是共同体集体精神的结晶,它代表着一个群体的情感意愿。当不同的群体因不同的利益与不同的文化信仰相接触,于是便发生尖锐的冲突。"① 在神话里,"独木龙舟文化区"各村寨以及不同群体之间的冲突是尖锐的。每一个不同的神话文本都是对其他神话文本的否定。把"十里长潭"作为"杀龙地"的神话,是对以其他地方为"杀龙地"的否定;而以"小江口"为"杀龙地"的神话,同样是对"十里长潭"以及别的地方为"杀龙地"的否定;稿仰"得龙头"是对平寨、胜秉得"得龙头"的否定,榕山"得龙身"则是对塘龙"得龙身"的否定。这种各个不同神话版本之间的相互否定与矛盾冲突,隐含的是各个村寨(群体)之间的利益冲突。神话的编制者,就是通过创造或改编神话以达到表达所在群体的意愿和对抗固有秩序的目的。

然而,神话虽然是"人话",但又不完全是"人话"。这种"神话对抗",避免了人与人之间的直接冲突,它对于现实的冲击和破坏始终是间接的、委婉的、温和的。神话"把矛盾对立留在神话之中。这是一种对立,也是一种和谐。神话世界将二者天然地融合在一处。神话是人们对世界矛盾的一种融解,又是矛盾的寄寓,成了一条解决现实困难的途径。"② 这种"神灵"世界里的"精神对抗",让利益诉求的提出者得到"神话发泄"和"心理补偿",使他们从中获得一种虚假的胜利和心理满足。从而使有可能发生于现实中的矛盾冲突得到缓和与消解。"神话总是因冲突而

---

① 田兆元:《神话与中国社会》,上海人民出版社1998年版,第66页。
② 田兆元:《神话与中国社会》,上海人民出版社1998年版,第44页。

产生，但是，它的存在却是为了新旧矛盾的调和，新旧神话最终处于并存状态。"① 这也是现在关于独木龙舟起源神话文本众多的原因。如果把"神话"转化成"人话"，就是把隐藏于神灵世界的矛盾冲突放置于人的世界里，从而使这种矛盾冲突变得公开而直接。其结果不仅会损害人与人之间的和谐，还会对节日习俗的统一性、完整性带来一些负面的效应。2019 年 6 月 19 日（"独木龙舟节"前夕），"三苗网·智慧苗族"网站发表了一首苗语原创歌曲《平寨之歌》。歌曲本身没什么问题，但所配发的一则新闻的标题——《独木龙舟发源地：施秉平寨》，却引发了一场关于独木龙舟发源地之争。施秉、台江两县的一些地方文化精英为了谁才是"独木龙舟发源地"的问题，在"苗族独木龙舟节学术交流群（2018）"②里，展开了一场没有学术价值，却对学术颇具价值的争论（隐去网名，以甲乙丙丁替代）——

> 网友甲：大家看，就是有坏心的人在网上发了这个之后（指《平寨之歌》及新闻标题。摘录者注），都遭到专家和施秉人的反对评（批）判。
>
> 网友乙：独木龙舟发源地应该是巴拉河下游一带。跛公（九跛爸），我们上游也叫里公（九里爸），屠龙（实际上是烧龙）地在清水江入口以上的巴拉河下游一个叫嘎务里的深潭。有歌为证：九跛（里）爸窝呆么唉热啊（九跛两父子去打鱼），皆类嘎务里（划船往上到里潭），爸孃唉当酿（父在船头），呆孃唉当酿（儿在船尾），但爸脸买暗（等父转头看），偶呆么透么（我儿去哪里）……剁豆剁滴瓮招（点燃凤尾竹），么呸歹瓮凹（去烧那水龙）……
>
> 网友丙：……你不学无术、不懂装懂、胡编乱造、胡发神经病人之言论……巴拉河在下游，平寨在上游，难道龙头会从下游走到上游来？为什么"独木龙舟节"会从平寨开始……为了旅游利益，胡编乱造，正在破坏我们清水江流域的"独木龙舟"传统文化……

---

① 田兆元：《神话与中国社会》，上海人民出版社 1998 年版，第 64 页。
② 该群为 2018 年 7 月由贵州大学人类学研究所、贵州大学苗族独木龙舟研究基地、贵州河湾苗学研究院主办，在台江县施洞镇的"河湾水寨"举行的"清水江苗族'独木龙舟文化圈'及全域旅游文化研讨"论坛所建。参加者有专家学者及施秉、台江两县的文化精英。

网友丁：台江施洞是独木龙舟节的发源地，这个在历史上早已经是大家共识的，不需要狡辩。哪个不认同只能说明他不懂苗族历史，不懂民族文化……
……

他们争论的实质也是对独木龙舟文化资源的争夺，与古代先民们以神话"对抗"神话有些"异曲同工"。双方所依据的都是关于独木龙舟的起源神话，但由于彼此都跳出了"神话"的模式，使用"人话"进行表达，从而使这场争论颇有些"火药味"。

这是一场不可能有赢家，也没有实际意义的争论。无论是清水江或是巴拉河的独木龙舟原生起源神话，它们在结构叙事上，一直是高度一致的，只是地点不同而已。这种叙事地点的漂移，正是民间自我中心叙事的特点，不足为怪。无论是现在独木龙舟起源地之争，还是以往自我中心的地点漂移神话，都只是利益群体之间的情感诉求表达。"人话"的对抗，除了波及争论者之间的和谐，对"独木龙舟节"的既有秩序不可能产生实质性影响。由此我们不得不佩服苗族先人们处理问题的肚量和智慧：既维护大局——以"议榔"形式形成的既定秩序；又顾及小群体利益——让大家以神话的形式保留自己的意见与诉求。

从文化发展的自身逻辑来说，所有的固有秩序本身就是用来打破的。在社会以及自然人文环境不断变化而且持续变化的语境下，任何固有的都是临时的。这些不同文本的神话并存，就是为打破其固有秩序而准备的。但任何固有秩序的改变都是渐进的、遵循自身文化逻辑的。在"神话"里的冲突还未分出"胜负"之前，就实施人为干预，其结果大多会事与愿违。可以预见，这种行动与结构的动态平衡还需要一个相当长的时间积累，因为它牵涉到神话再次建构的各种内外因素的关联性制衡。

第七章　独木龙舟禁忌及龙头另类色彩的社会文化解读

禁忌是独木龙舟文化的有机组成部分。禁忌与神话、独木龙舟等民俗事象，构成了独特的清水江苗族独木龙舟民俗文化体系。过去，由于我们总是用现代的、科学的、理性的眼光去审视它，往往认为这些禁忌不仅怪诞不经，还荒唐可笑。因此，在研究独木龙舟文化时，往往把它当成"愚昧的"、"虚假的"、"荒谬的"予以忽略。然而，"尽管它具有原始意识遗迹，或具有许多迷信因素，但它能承袭到今天……就证明了它的生命力之所在。这种生命力，除了原始意识固态遗传的因素外，再就是：这些禁忌习俗，对衡定社会的某个组织结构（指形态）或结构体（指形体）有着一定的积极意义。"① 著名民俗学家钟敬文也说："在原始人生活中，所谓'禁忌'（Tabu）这种东西，至少和我们所谓'文明人'的生活中的道德、法律等，有着同样重要的意义。"②

清水江独木龙舟的龙头，绝大多数都施以红、黄、绿、蓝、白、黑等多种色彩，整体上显得五彩缤纷。但在这些色彩绚丽的独木龙舟里，却有几只龙舟的龙头只有一种颜色（土红色或绿色）。这在独木龙舟这个群体里显得颇为"另类"。在过去，虽然许多人都注意到了这些色彩特别的龙舟，但对其所蕴含的社会文化意蕴也与对待独木龙舟的禁忌一样，仅止于表面浅层的描述，对其背后的文化逻辑及意义并未予以更多的关注和追问。

---

① 贵州民间文艺家协会主编：《贵州民俗论文集》，中国民间文艺出版社1989年版，第328页。

② 钟敬文著，董晓萍编：《民俗文化学梗概与兴起》，中华书局1996年版，第169页。

作者刘锋（右）在长滩访谈

在此，笔者力图通过对独木龙舟的禁忌和龙头"另类"色彩的分析解读，发掘其背后的"智慧意义"和文化意蕴，以此深化我们对独木龙舟文化的理解和把握。

第一节　独木龙舟主要禁忌的民俗解释

独木龙舟的禁忌大致可分为语言禁忌、行为禁忌和对象禁忌等几类。语言禁忌方面，要求在整个节日活动期间，不许说不吉利的话，不许说"翻"、"掉"、"落"等容易引起不好联想的语言，不许在举行仪式的场合乱说话等。行为禁忌方面包括：不得坐在门槛上，不得从龙舟上俯身捧水喝，不得卷裤脚等。对象禁忌方面，禁止妇女上龙舟、触摸龙舟以及龙舟上的器物，禁止孕妇及其丈夫、产妇、孕妇的家人参加与龙舟有关的活动等。

禁忌是一种人类共有的文化现象，而且直到今天，许多禁忌一直存在着。用现在的眼光来看，它们有许多是荒谬的，无理的。但所有禁忌的目的都是为了群体的安全，都是古人趋利避害的手段。因此，每一种具体的禁忌，都有着很强的目的性和针对性。关于独木龙舟的禁忌也是如此。在

"独木龙舟文化区"每一个划龙舟的村寨,他们对每一种划龙禁忌都有他们自己的理解和解释。

1. 妇女、孕妇的丈夫、未满月产妇的家人不能接触龙舟以及参加与龙舟有关的活动。他们认为妇女、孕妇、未满月的产妇是"不洁之人",认为妇女月经、产妇的血水会玷污神圣的龙舟,惹怒神灵,从而产生让龙舟翻沉等不好的后果。对于产妇的家人、孕妇的丈夫,他们则认为,与"不洁之人"接触的人也是"不洁之人"。因此,禁止他们接触龙舟、参与相关活动。某年"独木龙舟节"某寨龙舟不慎翻船,真实原因是舵手技术欠佳和船员经验不足,但他们一致认可的原因是因为有孕妇的丈夫在划龙舟。

2. 产妇家的器具不能用。这与产妇家人、孕妇丈夫不准接触龙舟一样,也是"接触传递"巫术理论的反映。因为这些器物被"不洁之人"接触、使用之后,它们也变成"不洁之物"了。在划独木龙舟活动中,"不洁之物"也和"不洁之人"一样受到隔离,目的同样是为了龙舟的安全。

3. 不许使用不干净的柴火煮饭菜。它们认为,使用晾晒过尿布、脏衣服以及被家禽、家畜屎尿污染过的柴火煮龙舟饭,那也是对神灵的不尊重。因此,煮饭的柴火必须要是当天刚从山上砍下来的干净柴火。

4. 煮东西时不许翻转、不准打翻任何东西、不准倒掉甑脚水。① 他们认为,翻动的"翻"与翻船的"翻",倒水的"倒"与翻倒的"倒"同音同义,会让人产生不祥的联想。这些禁忌与清水江流域和江南地区划船的禁忌十分类似,也许是同类禁忌,只不过在划龙舟这个特定的神圣时段得到特别强调而凸显罢了。

5. 划龙手不许翻卷裤脚。"翻卷裤脚"的"翻"也容易与"翻船"的"翻"关联起来,从而产生不好的联想。同时,卷裤脚还有怕水湿身的嫌疑,与求雨目的相悖,不利于达成风调雨顺的目标。

6. 独木龙舟的龙颈不能用实心的。当地人认为,如果独木龙舟的龙颈是实心的,它的颈部就硬,这条龙就很"雄"(方言:厉害而好斗)。当它看到水里自己的倒影时,就以为是水里的龙在向它挑战,就会不顾一

---

① 用甑子蒸饭后锅里剩下的水。

切钻到水里去，与水里的龙打架。从而造成龙舟翻沉。

7. 不能在龙舟上捧江水喝。在龙舟上捧水喝，是对龙神不尊重，也可能造成翻船。

8. 吃"龙饭"忌用碗筷，必须用手抓。对此，当地人有两种说法。一说是纪念先祖，因为先祖吃饭时是不用筷子的；一说是为了尊重龙神和其他神灵，因为这些神灵都不会使用筷子。

9. 蒸饭和煮东西均不许加盖。这也有两种说法，一说是如果加盖，甑子里就会雾气弥漫。这样龙舟在江上行走就可能遇上大雾而看不清航道，给龙舟带来危险；一说是如果加了盖子，就会使饭菜的香气散不出去，神灵们闻不到香味就不知道到哪里去吃饭。它们不来吃饭，就不会保护龙舟的安全。

10. 途中不许在龙舟上吃东西，即使吃自己带去的粽子，也不能说是吃饭或吃粽粑，要说成"解粽"。因为你要说吃饭，就必须请神灵一起吃。它们吃了东西就以为已完成保护任务而懈怠下来，失去有力保护的龙舟就可能出现危险。因此，即使饿得不行了，非得要吃，也只能吃自己带去的粽粑，不能吃龙舟上的"龙饭"，同时要骗这些神灵说是"解粽"。

11. 不准蹲或坐在门坎上吃饭。过"独木龙舟节"，不仅要请来自己的历代祖先，还要邀请各路神灵前来参加，并给划龙舟活动提供保护。因此，节日期间，鬼神往来穿梭。而大门是人也是神灵进出的要道，坐在门槛上吃饭会影响神灵进出，让神灵不高兴。

12. 不准说不吉利的话：上龙舟后不准说不吉利的话；砍龙木不准说不吉利的话，"镇龙潭"（"闷勇"）禁止说话。他们认为，如果在这些重要的场合说不吉利的话会被神灵听到，而得罪（方言：冒犯的意思）神灵，从而产生不好的后果。同时，他们认为语言也是有魔力的，不吉利的语言与不吉利的后果之间有着直接或间接的因果关系。

13. 蒸龙饭时不准说"没熟"或"不香"。说"没熟"或"不香"是担心神灵听道了不来享用而得罪神灵，使龙舟失去神灵的保佑。

14. 采割芭茅草和抬饭上龙舟时不许与人打招呼，别人打招呼也不能答应。芭茅草象征刀剑，是驱邪逐魔的利器。节日期间不仅有各路神灵光临，各路鬼怪也会前来捣乱。因此，作为武器的"刀剑"是要"保密"的。一旦被鬼怪知道，它们有了防范，那"刀剑"就会失去威力，起不到作用。同时，他们认为，人的名字与身体、灵魂是一个有机整体，如果打招呼时被人叫出名字，他就有可能会受到鬼怪的报复而招致灾病。

15. 不准吃狗肉。在独木龙舟起源传说中，有一个传说就是因为人用狗血破了恶龙的神性，最后才把恶龙杀掉。划龙舟则是希望龙神保佑风调雨顺、一方平安。如果杀狗、吃狗肉就会破除龙神的"灵性"，达不到人们划龙舟的目的。

16. 在龙舟上吃饭不准泡汤。他们认为，泡汤是往碗里灌水，从而与水灌进龙舟产生相似性联想。因此，在龙舟上吃饭泡汤有可能发生龙舟进水，引发沉船的危险。

这些关于独木龙舟禁忌的原因解释，用科学的观点来看，大多属于无稽之谈。因此，有人就把这些看起来在原因与结果之间没有必然联系的禁忌称为"迷信禁忌"。然而，当我们深究这些所谓"迷信禁忌"产生的初始缘由时，会发现，这些"迷信禁忌"的本来面目并非是我们现在看到的那样荒诞。禁忌不仅存在现实基础，而且存在严谨的逻辑关系，更存在对生命的敬畏与关怀。

第二节 独木龙舟禁忌的产生及其初始缘由探寻

对于禁忌的产生，学界有"灵力说"、"欲望说"、"仪式说"、"教训说"等多种说法。我们认为"教训"应该是所有禁忌产生的基础和前提条件；所谓禁忌则是从这些"教训"中提取的"经验"。这些"经验"的提取，也并非如有的学者所言，是以"偶然"的现象推导出"必然"的结果，"歪打正着"[①] 才碰巧符合科学原理的。而是在人类的实践活动中，因为"欲望"或一些不自觉的行为而产生一些危及人类自身的危险后果。经受了多次的"偶然"或"必然"的"教训"，甚至是以生命为代价的"教训"之后，他们当中的"智者"（巫师、首领）从这些"教训"中"发现了"这种行为与后果之间的因果关系，于是，通过某种"仪式"宣布其为禁忌。在中国，巫师、首领、智者往往是一体的。"中国传说中的古代圣王，例如儒家一直讲得很多的尧、舜、禹、汤、文、

---

① 任骋编著：《中国民间禁忌》，作家出版社1991年版，第14页。

武、周公……他们都是大巫。"① 作为禁忌的发布者，他们也许对这种因果关系只知其然，不知其所以然，因而无法做出科学的解释；也许既知其然也知其所以然，却不愿意做出"科学"的解释。因为在普遍相信"灵力"的背景下，所谓的科学在当时的人们看来就是"异端"。"巫师"本身也不愿意毁掉他们自己建构起来的，并以此获取话语权的"神灵"世界。为使这条禁忌成为对全体成员（部落、社群）具有约束力的"社会规定"，以避免可能出现的危及群体安全的危险。于是，他们"便杜撰了一个表面看来合情合理的故事，禁忌民俗才披上了'迷信'的外衣"。②以此来增加禁忌的权威性、威慑力、约束力。这件"外衣"就是在民俗禁忌中人们对禁忌与结果的因果关系的"迷信"叙述或解释。

作者宋永泉（中）在鲤鱼塘访谈（奉力摄）

就禁忌的目的来说，就是为了规避已经出现过的危险再次出现，而曾经出现的危险就是"教训"。"灵力"只是为禁忌增添神秘感和威慑力的手段，"仪式"只是传达或发布禁忌的平台，禁忌要控制的就是人们由于"欲望"有可能"重蹈覆辙"的行为。换句话说，"灵力"、"仪式"和"欲望"并不是产生禁忌的必要条件，它们只是禁忌控制的对象或使禁忌得以顺利施行的手段。没有经历过"危险"所带来的伤害的"教训"，人们就不可能去回避一个不存在的"危险"。对"独木龙舟的龙颈不能做成

---

① 李泽厚：《由巫到礼》，2001年6月26日，在香港城市大学中国文化中心的演讲。
② 万建中：《禁忌民俗发生论》，《思想战线》1992年第6期。

实心的"禁忌，当地人的解释是："如果独木龙舟的龙颈是实心的，它的颈部就硬，这条龙就很'雄'（方言：厉害而好斗）。当它看到水里自己的倒影时，就以为是水里的龙在向它挑战，就会不顾一切钻到水里去，与水里的龙打架。从而造成龙舟翻沉。"这个故事生动传神，逻辑严密。当我们剥开它的"神灵"外衣之后，我们发现竟然与现代科学原理十分吻合——颈部如果是实心的，重量必然增大。而重量增加，重心就会提高。重心高，龙舟的稳定性就差，就容易翻沉。反之，重心就会降低，稳定性就自然提高。对"不能直接在龙舟上捧江水喝"这条禁忌，当地人的解释是：怕得罪龙神或随行保护的神灵，从而带来翻沉以及其他的危险。其实，用唯物的观点来看，神灵虽是子虚乌有的，但要从龙舟上捧江水喝，人必须要俯身下去才能够得着江水。如果几个人同时在一边俯身捧水的话，就可能使龙舟的重心偏向一边而造成龙舟翻沉。对"途中不许在龙舟上吃东西，即使吃自己带去的粽子，也不能说是吃饭或吃粽粑，要说成'解粽'"的禁忌，人们的解释同样是怕影响保护龙舟安全的神灵，使龙舟出现危险。这危险虽然与神灵没有关系，但与人的行为是有关系的。独木龙舟体型狭长，稳定性不是太高。在江中行进必须要所有人齐心协力，步调一致，才能保证龙舟的安全。如果不是停泊好了再统一吃饭，而是在行进途中谁想吃就吃，在龙舟上随意走动，就必然造成龙舟的重心不稳，遇到危险也不能做到齐心协力，这样就必然产生危险。所以，它允许个别人在不离开岗位的情况下，在船上吃自带的粽子。之所以只"吃"不说，也是怕影响大家的注意力和心情，与神灵无关。在古代，独木龙舟翻沉的事故时有发生。比如，上游的平贾、茅坪龙舟就曾在"长潭"翻沉，并造成人员死亡；下游的五河龙舟也曾在廖洞滩翻沉，造成敲锣的小孩死亡。这些"经验"（禁忌）的获得是独木龙舟多次翻沉并造成人员伤亡的惨痛"教训"的结果，其"危险"绝不是臆想的、虚构的，而是实实在在的。

对这类"规律"的发现，我们往往把它归于"偶然"的"歪打正着"。其实，这是我们低估了古人的智慧。就拿独木龙舟降低重心增加稳定性来说，这个禁忌虽限于独木龙舟，但规律却不只体现在独木龙舟上。古人创造的"头重脚轻"这个成语，就是对重心高必然不稳定"定律"的中国式描述。还比如，对近亲结婚的禁忌也是出现多次"怪胎"之后，人们提取"经验"的结果，反映了古人对生育科学的认知；而靠男人"传宗接代"的观念，体现的则是人类基因遗传的规律（在遗传中，女性基因会逐代衰减，而男性基因则永久保留。要想自己的基因传之久远，只有男性才能实现）。从基因遗传来说，这种观念是科学，而不是我们声称的"愚昧"。我们不能因为无法解释古人的智慧，就武断地认为现代人靠精密仪器都还搞不明白的东西，古人却有如神助般了然，是靠"偶然碰巧"得来的。"这些经验禁忌，本来是属于唯物主义范围的"。①"它们的来源都与人类的自然环境和生产条件有关，为广大劳动人民生产及生活经验的结晶"。② 对这类能找到禁忌行为与违禁恶果之间的内在联系的禁忌，就属于"经验禁忌"。

与"经验禁忌"相对应的是"迷信禁忌"。通常认为，"经验禁忌"是科学的，是应该遵从的；而"迷信禁忌"，在禁忌对象与违禁恶果之间，没有必然的内在联系，所以，这些禁忌是虚假的、荒诞的、愚昧的，属于应该批判和抛弃的糟粕。按照这种分类，在独木龙舟禁忌中，"妇女、孕妇的丈夫、未满月产妇的家人不能接触龙舟以及参加与龙舟有关的活动"，不能使用"产妇家的器具"等，就属于"迷信禁忌"，是应当抛弃的糟粕。然而，这些产生于远古的禁忌能够流传到今天并仍然为特定的群体所遵从，就足以说明它们具有强大的生命力。这些禁忌能够流传久远的文化逻辑是什么？是禁忌与恶果之间的确没有内在联系，还是我们被其他东西所遮蔽而看不到这种联系呢？

这类与妇女有关的禁忌，不仅中国有，全世界都有。人们普遍认为是原始人类对妇女月经以及产妇血水的恐惧，才把它们当成"不洁之物"和"不洁之人"。中国人类学家陈国钧说："原始人由于迷信心理，对于妇女的月经是很觉恐怖的。由此又再生出对于污秽的恐惧，因之妇女对于凡有圣洁性质的举动不得参加，对于神圣的物件不得接触。这种心理对于妇女在社会上的地位自然不能无影响，他们被排斥于某种活动之外，以及由此而减少其自由，实在是由于妇女的生理上所引起的一种迷信的恐

---

① 李绪鉴：《禁忌与惰性》，国际文化出版公司1994年版，第42至43页。
② 万建中：《禁忌民俗发生论》，《思想战线》1992年第6期。

第七章　独木龙舟禁忌及龙头另类色彩的社会文化解读　　165

怖。"① 有的学者还把这类禁忌定义为"性压迫禁忌"。他们认为这种禁忌"实际上仍是一种大男子主义的表现。遵从这种信仰的人并不是为了尊重女性，而是怕失去男子的权威性、优越感，是鄙视妇女的另一种表现方式。"② 然而，这类禁忌并不是阶级社会的产物，而是原始时代就已经产生的一种民间文化现象。显然不能用阶级社会的观念去检视原始时代产生的禁忌。但除非我们承认这世间的确有神灵存在，否则，妇女的经血与独木龙舟的翻沉之间，确实找不到任何内在的必然的联系。难道原始人类的智者（巫师、酋长、首领）真的无聊到去臆造一个根本不存在的危险，

刘锋（左）与平地营寨老张元茂

然后强制大家去遵守这种禁忌吗？从历史唯物的观念出发，原始的禁忌都是经历危险的"教训"之后的"经验"提取，虚构的危险臆想不出让所有人都自觉遵从的禁忌。从这个判断出发，我们认为，独木龙舟禁忌中的

---

① 陈国钧：《文化人类学》，台北，三民书局1977年版，第177页。
② 任聘编著：《中国民间禁忌》，作家出版社1991年版，第71页。

所谓"迷信禁忌",之所以找不到禁忌事象与违禁恶果之间的内在联系,不是这些禁忌针对的是本来不存在的"危险",而是我们没有找到这些禁忌创设之初的初始缘由。也就是说,独木龙舟"妇女、孕妇大丈夫、未满月产妇的家人不能接触龙舟以及参加与龙舟有关的活动"、不能使用"产妇家的器具"等禁忌,所要避免的危险也许本来与独木龙舟的安全无关。

因此,要探求这些看似荒诞不经的所谓"迷信禁忌"的真实意图,必须要追根溯源,找到它们产生的初始缘由。

与所有的禁忌一样,独木龙舟的禁忌也被披上了一件"鬼神"的外衣。同时,为了禁忌能够更好地得到遵从,达到禁忌创设的目的,发布者还往往对禁忌的真实意图进行掩饰甚至"置换"。加上在禁忌流布过程中,由于原始巫术中的"联想"、"交感"作用而不断扩大其范围,从而使禁忌的初始缘由被逐渐遮蔽甚至变得面目全非。因此,仅从现在我们看到的禁忌事物与违禁将产生的恶果来考察它们之间的内在逻辑联系,往往无法看清禁忌原本的初始缘由,从而给人一种"逻辑混乱"的错觉。但"禁忌民俗和其他民俗一样,其形成一般有源可考,有因可寻。有些禁忌民俗因流传的久远,如上古禁忌民俗特有的神秘性,现已难以确定其具体的根源,但并非乌有。"① 因此,要探求原始禁忌与违禁恶果之间的因果关系,就必须剥开禁忌宣布者以及传承者给禁忌披上的各种"伪装",剔除流布过程中被有意无意添加的、扩大化的"杂物",找到禁忌产生时的初始缘由,方能看清这类禁忌的"本来面目"。

既然独木龙舟有关妇女禁忌与龙舟安全之间找不到合乎逻辑的内在联系,那么,这些禁忌显然不是为了保护龙舟的安全而设。不让女人划龙舟、不准孕妇及其丈夫接触龙舟、不准孕妇及其家人接触龙舟,其原因就是现在几乎为大家所认同的经血为"不洁之物"吗?妇女有了月经,就标志着性成熟,可以生育了。这在崇拜生殖,进而崇拜生殖器的原始社会,有人就有生产力,有人就有势力,有人就有财富。在这种观念下,女人的月经对整个社群来说,不应该是令人恐惧的"污秽";女人生孩子,对一个社群来说更应该是一件值得庆贺的喜事。假如月经、产血是"不

---

① 万建中:《禁忌民俗发生论》,《思想战线》1992年第6期。

洁"的，那怀孕妇女既没有月经，也没有产血，为什么也成为禁忌对象呢？对这些充满矛盾的"逻辑混乱"的问题，如果我们换一个思路，这些问题也许能够迎刃而解——不让妇女划龙舟，不准孕妇及其丈夫、未满月产妇及其家人参加与龙舟有关的活动，也许不是我们现在理解的对经血的恐惧和对妇女的歧视，而是对妇女的保护。保护好妇女、孕妇、产妇就是保护本社群的"生殖能力"和"生殖资源"。而强大的生殖能力和丰富的生殖资源，就是原始族群得以发展壮大的根本保证。这，也许才是原始人类设置这些禁忌的初始缘由和终极目标。

首先，之所以不允许妇女划龙舟，原因大致有三：其一，妇女在体能、技能（划船技术、水性等）上与男人是有差距的。这是生理结构所决定的，不存在性别歧视的问题。我们现在提倡的男女平等，指的是人格、政治权利等方面的平等，而不是所谓的"男人能做到的女人也一定能做到"的绝对平等。划独木龙舟是一项高强度的体力活，同时也是具有一定危险性的活动。有危险的、需要体力的理应由男人们来承担。其二，如果月经期的妇女上船划龙舟，有可能因为高强度的体力活动而造成身体不适或者因此感染而患上疾病。现在的独木龙舟特别忌讳月经期妇女（并不忌讳小女孩），也许就是这种原始目的的遗留。

其次，不允许孕妇及其丈夫参加划龙舟活动的原因大概有两个方面：一是，孕妇划龙舟有可能造成流产；二是，孕妇，特别是临近产期的孕妇需要有人照顾，如果丈夫参与划龙舟，孕妇得不到很好照顾的话，也可能因为其他意外而发生流产或其他问题。为防止这些意外的出现，保护妇幼的社会良心也就此转化为制度性禁忌。

其三，产妇及其家人不允许参加划龙舟活动也是出于对产妇照顾的需要。古代没有什么医疗技术可言，虚弱的产妇、娇嫩的孩子都需要精心的照料。这个重任当然就落到其家人的身上。没有家人的照料，产妇和孩子随时都可能出现危险。因此，从另一个角度看，不允许他们参与活动，其实就是给他们放假，让他们安心照顾好产妇和孩子。孩子满月，产妇身体基本恢复，禁忌也随之解除。

既然如此，为什么把保护的对象置换成龙舟（神灵），还要把她们污名化呢？这也许也是禁忌制定者的高明之处。如果把保护对象直接确定为妇女、孕妇、产妇，就有可能得不到完全的遵守。因为作为被保护者，她们自己有权放弃保护。这样一来，就可能使禁忌制定者的初始目标得不到实现。为了使禁忌得到不折不扣的遵从，禁忌的发布者或制定者就将保护的对象进行置换，对经血、产血进行"污名化"处理，同时把违禁上升到亵渎神灵的高度。这与"独木龙舟文化区"一种关于性行为的禁忌可谓异曲同工：在女人的月经期间，男人不能与之发生性行为。否则，男人不仅会倒霉一年，还会得一种叫作"月假（经）病"的病。用现在科学观点来看，这是一条旨在保护妇女身体健康的"经验禁忌"。但古代的禁忌发布者却将保护的主体进行了置换。因为在性行为中男人处于强势地位，如果禁忌的制定者不将这种保护主体由妇女置换成男人，这条禁忌就有可能得不到完全的遵从。

也许有人还会问：只要她们以及丈夫、家人不参加划龙舟活动，就已经达到了被保护的目的，那为什么连龙舟都不允许接触（有的地方连看都不许看），产妇家的器具都不能使用呢？这一方面是基于经血、产血已被确定为"不洁"这一前提。根据巫术中"接触律"理论，与"不洁之人"或"不洁之物"接触，就会"交感传递不洁"（包括目光的接触）；另一方面，这也是禁忌流布传承的过程中人们对原始禁忌进行增删的结果。

古代禁忌的制造者之所以费如此心思提出这些禁忌，并非我们表面上看到的"逻辑混乱"，也不是对妇女的歧视或所谓的"性压迫"。这些禁忌的产生同样是经历了许多"教训"之后的产物。在远古时代，划独木龙舟也许并不是男人的"一统天下"。只不过在经历了多次孕妇流产，产妇或孩子因无人照顾而死亡、夭折，划龙舟过程中因女人的体力、技术、水性问题而出现的多次危险之后，人们为了整个社群的繁衍、繁荣，才以禁忌这种原始的"法规"让女人退出独木龙舟的舞台。在今天的独木龙舟上，那个男扮女装的锣手，在远古也许就是真正的小女孩。只不过由于后来禁忌内涵的扩大化和绝对化，才让小男孩穿上女装取代了本来属于小女孩的岗位。撇开关于小男孩男扮女装是担心被恶龙报复的神话，这位男扮女装的锣手，也许可以看作是远古男女混合划独木龙舟的象征性遗留。

在独木龙舟禁忌中，还有一类禁忌也无法在禁忌与违禁恶果之间找到必然联系，这类禁忌就是"语言禁忌"。

"语言禁忌"之所以被列为"迷信禁忌"，理由仍然是禁忌与违禁恶果之间没有必然联系。比如：在龙舟上和上山"请龙木"时，不准不吉利的话；蒸龙饭时不准说"没熟"或"不香"。理由是这些不吉利的话会得罪神灵。神灵不高兴，后果当然很严重。我们用唯物主义的观点来看，这当然是胡说八道。本来就没有神灵，又怎么会得罪神灵？但对这类禁忌也不能简单贴上"迷信"的标签。只有把它们放到当时的社会环境中来分析，才能真正理解其背后的文化逻辑。当时的社会环境是人人都相信有超自然的"神灵"存在，而且神灵拥有超自然的能量。这些神灵都是被人格化了的神灵，它们和人一样有七情六欲，喜怒哀乐。但"语言禁忌"的"教训"不是来自"神灵"，而是来自现实生活。在现实生活中，不好的语言是会得罪人的。人与人之间的矛盾冲突，许多皆因"口角言语"而起。他们推己及"神"，从得罪人产生的恶果来推导出得罪神也会产生同样的后果。再加上一些偶然的巧合，才产生了此类的禁忌。这种巧合并不是不可能的。调查中我们听到这样一个故事：20世纪80年代初，某地因为天干旱，龙井断流，全寨就买了头猪去龙井边祭祀龙神，希望它赶快冒水出来。祭祀完毕全寨人就在龙井边吃"敬神饭"。当地有个年轻人不信这一套，就讽刺说："你们拿个猪去祭，我看要拿个人去祭才行。"这本来是句玩笑话，但巧的是，一个叫吴YS的中年人因为好酒贪杯，醉死在龙井边。于是，人们就纷纷责怪这个乱说话的年轻人。他们认为，就是因为这个年轻人说了不吉利的话，才造成这个后果的。[①] 像这类巧合，在远古也是可能出现的。因此，这类禁忌用现代科学的观点来看，虽是"迷信的"、"虚假的"，但对于禁忌的制造、制定者来说，在远古的社会环境下，他们对整个社群并没有欺骗、愚弄的故意，其出发点仍然是为了整个群体能够回避可能出现的危险。

"语言，在原始社会中，被看成为具有非常超越的神奇能力。"[②] 在古人眼里，语言不仅是交流的工具，它还具有某种神奇的力量。在语言的内容与结果之间，存在着某种神秘而奇妙的关联性。有一则苗族神话，叙述由于洪水滔天，天下其他人都淹死了，只余下兄妹二人。在神的启示下，兄妹无可奈何地结婚，可生下来的孩子却是一个肉团。在得到神的启示

[①] 讲述人：马号楼寨人宋毛第，男，汉族，65岁。2016年10月，宋永泉记录。
[②] 钟敬文著，董晓萍编：《民俗文化学梗概与兴起》，中华书局1996年版，第170页。

后，切碎肉团撒到各个地方之后就变成了人。但他们不会说话。又在神的启示下，烧爆竹子发出咯吱声音，于是人类才会说各种不同的语言。也就是说，语言具有神性，是神赋予的，不仅通人，还能通神（鬼）。因此，在神（鬼）在场的宗教仪式场合，不吉利的语言才成为禁忌。在"独木龙舟文化区"，还有一种解决纷争的办法——"赌咒"。比如说，甲怀疑乙拿了他的东西，但乙坚决予以否认。在没有人证物证的情况下，寨老们也无法判断乙是否在说假话。这种情况下，乙为了自证清白，就会"赌咒"——说："我如果拿了甲的东西，就全家死绝、天打五雷轰。"一般情况下，只要敢"赌咒"，人们就会相信他是清白的。所以，什么话，什么时候能说，什么时候不能说；同样的话，可以和什么人说，不可以和什么人说，用什么腔调说等等，就成了"语言禁忌"。在我们的传统文化中，语言不仅仅是简单的交流工具，它已经成为人类精神文化的一部分。这些"语言禁忌"在科学发达的今天仍然以"礼仪"的面目，在我们的生活中发挥影响、产生作用。

此外，像"不准坐在门槛上"、"不准在龙舟行进途中吃饭"、"不许使用不干净的柴火煮饭菜"等禁忌，和"语言禁忌"一样，也是"推己及神"的结果，属于"礼仪性禁忌"。这些禁忌后来又被"推神及人"，成为以神的名义制定的文明行为规范——坐在门槛上影响人们的进出；不准在龙舟行进途中吃饭，除了安全因素外，先于神吃饭，也是不礼貌的。由此推导出，吃饭时，必须尊者、老人先吃，其他人才能动筷子；而"不许使用不干净的柴火煮饭菜"，从文明卫生的角度，可以理解为要讲究讲究食品卫生。因此，李泽厚说："我一开始就把'巫术礼仪'联系在一起，认为'礼'是从'巫'出来的。"①

这些看似荒诞的禁忌"后面都隐藏了一些必须且自然的理论"。②"它们的来源都与人类的自然环境和生产条件有关，为广大劳动人民生产及生活经验的结晶。"③在这些禁忌的背后都有着各自的文化逻辑和特别的用意。对独木龙舟的禁忌，不能只看表面的逻辑，就将其定性为"经验的"

---

① 李泽厚：《由巫到礼》，2001年6月26日，在香港城市大学中国文化中心的演讲。
② ［奥］弗洛伊德：《图腾与禁忌》，文良化译，中央编译出版社2005年版，第23页。
③ 万建中：《禁忌民俗发生论》，《思想战线》1992年第6期。

或"迷信的",而要探求隐蔽在层层伪装之下的初始缘由,才能理解其本意实质。

因此,我们认为,不管是独木龙舟抑或是其他民俗禁忌,其本意都是善意的,其目的都是为了一个部落或一个社群的整体利益免受可能出现的危险的伤害。苗族独木龙舟禁忌与苗族万类有命以及"天人合一"的观念是一脉相承的。禁忌不仅是原始人类的唯一具有约束力的"禁制",也是划分"神圣"与"世俗"的分界线。"在民俗学中,禁忌民俗是属于民族心理深层的东西,是一种神秘复杂的文化现象,只有具体事象具体分析,方可真正把握这一文化的底蕴,从一个侧面揭示人类文化进展的轨迹,揭示其在民众的生产和生活中所起的消极或积极的作用。"①

第三节 独木龙舟龙头另类色彩的社会文化分析

在"独木龙舟文化区"中,其他地方的独木龙舟龙头颈部的色彩都是五彩缤纷的,只有三个地方的独木龙舟龙头是一种颜色:M寨龙舟为土红色,MX寨龙舟和Y寨龙舟为绿色。这三只龙舟因其与众不同的颜色,在清水江独木龙舟中显得别具一格。但是,这种"别具一格",对以"统一、整齐"为审美价值取向的清水江苗族来说,显然不是这些龙舟的拥有者别出心裁的"标新立异",也不是他们主动的审美选择,极有可能是被动的甚至是被迫采用的一种"另类"标识。

在"独木龙舟文化区","与众不同"并非普遍的审美价值取向,而是被"隔外"(方言:疏离的意思)的标识。但无论是这三个村寨还是其他村寨,当我们问及缘由时,他们给出的答案都是神话:说是在大家分食龙肉的时候,这几个村寨去晚了,Y寨只得到发绿变色的肠子,MX寨得到的是变质变色的龙肉,因此,他们的龙舟就做成绿色的;而MS寨去得最晚,连内脏都被抢光了,只得到没有肉的骨架(龙脊骨),所以他们的龙舟颈部就做成土红色的。

如果事情仅止于色彩的"另类",神话的解释似乎也能自圆其说。但

---

① 万建中:《禁忌民俗发生论》,《思想战线》1992年第6期。

在现实中，M 寨龙舟却受到整个"独木龙舟文化区"的排挤和疏离。这种疏离甚至在一定程度上影响到他们"婚姻圈"的维系与巩固。其严重程度是神话所表述的原因无法合理解释的。据说在新中国成立之前，虽然允许他们划龙舟，但要求他们的划龙手必须要"倒背梭（蓑）衣，用三根芭茅草辟邪，有鬼师做法他们才可以参加龙舟节"①。即使这样，他们的龙舟不仅不能参加比赛表演，甚至不能进入龙舟集会地的划龙表演场地。他们的龙舟只能在集会划龙场地的边沿停泊，接受亲友们的接龙礼物。新中国成立后，在意识形态上破除"封建迷信"，使过去对 M 寨龙舟的许多限制，在很大程度得到消解。他们的龙舟不仅可以进入划龙表演场地，也可以参加比赛。但这种政治层面上的权力介入，并未完全消除人们在心理上对 M 寨龙舟的疏离，人们仍然在某种程度上把他们的龙舟视为"另类"。M 寨在划龙舟过程中也表现得处处小心，因为有一些地方仍然不允许 M 寨龙舟与他们的龙舟发生接触。对"疏离者"来说，他们"疏离" M 寨龙舟的理由是 M 寨龙舟是"鬼龙"、"火龙"，如果他们的龙舟进入划龙表演比赛场地就会引起干旱，与划龙舟求雨的目的背道而驰。而"被疏离者"则认为这种理由是站不住脚的。我们到 M 寨调查时，他们不仅强调"龙"是在他们那里杀的，而且他们的龙舟求雨还特别灵。吴 WJ（M 寨人，男，苗族，76 岁）说："我们的龙舟到老屯求雨，才划几桡片，大雨马上就下起来了。"②

　　可见，无论是"神话"还是"人话"，其理由都是不能令人信服的。但无论是"疏离者"还是"被疏离者"，他们对疏离背后的真正原因大多讳莫如深、避而不谈。2014 年，聂羽彤在一次田野调查中，采集到了一位其他村村民关于此事的一则口述材料："在我十多岁的时候，……我听爷爷讲过，我们苗族人和官兵打仗的时候，M 寨的村民出卖了附近几个村中参加起义的人。他们都是村中议事的族长（族老）或寨老，总之都是各村领头的人，并且都被当兵的给杀了。因此 M 寨引起附近村民的憎恨，以后大家就都不允许他们参加划龙舟。"聂羽彤推测："这或许就是

---

①　聂羽彤：《历史之舟：对清水江流域 M 寨的人类学考察》，《原生态民族文化学刊》2019 年第 4 期。

②　2019 年 6 月，刘锋、龙明开等记录翻译。

M寨被其他村寨疏离的真正原因。"①

然而，仅据一则口述资料，是难以做出准确判断的。这也是作者使用"或许"一词的原因。仅就这则口述材料而言，我们认为至少存在两种可能：

一是口述材料所表达的是历史的真实。该地区明清两朝曾多次发生反抗封建王朝统治的起义，其中，有史料记载的大大小小的起义，就多达数十起。明正统十四年（1449）刚建县五年的施秉县城（从化镇，现马号镇平地营）就被当地苗民捣毁。县衙因此不得不搬迁到岑麓山上办公。②而每次反抗所带来的都是统治者对"独木龙舟文化区"苗族人民的残酷镇压。在这种真实的历史背景下，口述材料中的"出卖"事件是有可能发生的。

二是口述材料不是历史真实，所谓的"出卖"只是当时人们没有事实依据的一种猜测或误解。因为这则材料，严格说来它只是一个民间传说。就材料本身来看，对"谁出卖"、"出卖谁"等关键信息，看似具体，实则模糊。实施"出卖"行为的村民是谁？是一个人还是几个人？"被出卖的"是"附近"的哪些寨子？这些寨子的寨老又是谁？等等。民间传说的流传过程也是其不断加工、完善的过程。越往后传，其情节就应该越生动、细节就应该越丰富。为什么这个"传说"既没有情节，也没有细节？

一　假定这则材料是真实的

如果我们假定这则材料是真实的历史事实，以下问题就需要作出合理的解读：

其一，人们为什么对疏离行为背后的真正原因避而不谈，却将明显不充分的理由以神话的形式力图使之"合法化"？对此，我们认为大致有以下几种可能：第一，在这一地区，因为苗族文化的同质性而形成了"独木龙舟文化区"。"独木龙舟文化区"，既是一个文化共同体，也是一个利

---

① 聂羽彤：《历史之舟：对清水江流域M寨的人类学考察》，《原生态民族文化学刊》2019年第4期。

② （民国）任可澄著，贵州文史研究馆点校：民国《贵州通志·前事志二》，贵州人民出版社1987年版，第153页："正统十四年，苗叛县毁。景泰间招抚复业，依岑麓山为治"。

益共同体，各村寨就是这个共同体内部的成员。在共同体看来，这种发生在内部的"出卖"行为，属于"家丑"。"家丑"当然"不可外扬"。第二，也许是他们最为重要的考量：这种行为，对"独木龙舟文化区"来说是"出卖"，但对于统治者来说却是"立功"。因此，如果以此作为排斥和疏离的理由，必然遭到统治者的打击和压制。为了避免这种情况的发生，他们把集体意志转化为神话表达，把惩戒行为假托给"神灵"。因为"独木龙舟文化区"对M寨的疏离并不针对他们现实中的过错，而是针对他们在神话中的过错（去得晚，只得到没有肉的骨架），所以，统治者即使有心帮忙，也无从下手。这也许是人们在提及为何疏离M寨龙舟时，都只说"神话"，而不说"人话"的原因。

其二，实施"出卖"行为的可能只是个别人或者少数人，人们为什么要将个别人或少数人的过错，让整个村寨来承担？对此，我们仍然需要从利益共同体的角度出发，才可能得到合理的解释。对外，"独木龙舟文化区"是一个利益共同体，而在内部，各个村寨则是各自独立的利益共同体。在共同体内部，人们往往是"有福同享，有难同当"。这是清水江苗寨"一个人有事，全寨人帮忙；一家来客人，全寨共接待"的文化行为逻辑。如果传说中的"出卖"是事实，所得到的"利益"当然也是全寨共享（比如：官军不对该寨实施掠夺、烧杀或给予财物之类）。既然"利益共享"，责任当然也要大家共担。从这一认识逻辑出发，人们的"处罚"对象就直接指向"出卖者"所属的利益共同体——村寨，却把真正的"罪魁祸首"——具体的"出卖者"——给忽略甚至遗忘了。

其三，神话中的理由本来是不成立的，M寨有许多真实的事例（如：在老屯划几桡片就下大雨、龙舟下水就下雨、他们经常划龙舟，但并没出现大旱等）可以证明神话的说法是虚假的。但为什么使用虚假理由来实施的疏离和限制的一方显得"理直气壮"，而使用真实事例来进行"辩护"的一方反而显得底气不足？这也许可以说明，对疏离背后的真实原因，"疏离者"和"被疏离者"都是心知肚明的，但都不说破：一方不敢说破（害怕来自权力的打击），一方不愿说破（害怕来自道德的责难）。

其四，别人划龙舟是娱人娱神娱己，他们划龙舟像是带着枷锁的舞蹈。是什么力量支撑 M 寨龙舟数百年来（具体时间无法确定）的艰难前行？假如口述资料是真实的，支撑他们数百年坚持的原因大致有以下几个方面：首先，"独木龙舟文化区"不仅是一个利益共同体，还属于一个"婚姻圈"和交际圈。一个村寨只是这个大的共同体中的一个"个体"，而作为"个体"，离开了所属的"共同体"，特别是"婚姻圈"，他们生存和发展都将受到威胁。其次，共同体虽然对他们进行疏离限制，但也给予了他们"以观后效"的宽容。比如，让他们有条件地参与划龙舟，在婚姻关系上，无论是过去还是现在都不存在禁止其他村寨与他们通婚的规定。① 正是对共同体的高度依赖和这种留有余地的疏离，给予了 M 寨实现完全回归共同体的希望，这也许就是他们能够长期坚持划龙舟的内生动力。他们年复一年地坚持划龙舟，既是消解仇怨，也是解放自己。如果他们因为被限制和疏离而不划龙舟，就有可能被视为对整个共同体的抵触和反抗，从而受到更为严重的疏离。这也是他们不愿意成为"另类"，却长期不改变龙头颜色主要的原因。

二 如果这则口述资料是虚假的

如果这则口述资料是虚构的，不管是出于误会还是别的什么目的，也有一些问题值得探讨：

其一，如果是出于误会，这种误会是在一种什么样的情境下产生的？M 寨人为什么解释不清楚这种误会，而使之一"误"数百年？我们认为，产生这种巨大误会的历史背景仍然与明清两朝对九股苗的残酷镇压有直接的关系。官军在镇压苗族起义的过程中，许多苗寨被烧光杀光②。我们推测，也许是在官军的一次烧杀抢掠中，烧毁了 M 寨附近的苗寨，还杀了他们的寨老、族老。也许 M 苗寨也在他们烧杀之列，但由于临时出现特

---

① 聂羽彤：《历史之舟：对清水江流域 M 寨的人类学考察》，《原生态民族文化学刊》2019年第 4 期："事实上，在前面爷孙俩口述中，'即使喜欢了 M 寨的姑娘，也要记住这个历史，而且要一辈辈传下去。'其实，这种表达已带有宽容的态度，并没有说一定不能与 M 寨的姑娘通婚。"

② 《贵州通志》："刘昆奏言：……当查清水北岸逆苗巨巢，焚毁殆尽……我军一面追杀，一面纵火，并将贼寨焚毁，毙贼无算。余贼走清水河干，适水涨不能渡，我师从而蹙之，贼尸蔽河而下。龚继昌复将溪口、八梗溪、小冰洞各寨次第攻破。……黎明，即合兵进攻大冰洞……贼窜走。计两日毙贼共七八千人，尽焚各寨而还。"（（民国）任可澄著，贵州文史研究馆点校《贵州通志·前事志四》卷三十五，贵阳：贵州人民出版社，1991.06. 第 395 至 398 页）。

殊情况，他们来不及对 M 寨实施烧杀就匆忙撤离了；或者是突然的良心发现，他们收手了；或许是其他我们不知道的原因……历史往往有许多偶然的因素，而这些"偶然"也许是使 M 苗寨免遭劫难的真正原因，"出卖叛变"并不是唯一的可能。但不管什么原因，免遭劫难已成为事实。正是这个"事实"给他们带来了更大的"麻烦"——人们以为是他们"出卖"了兄弟村寨才换来的平安。M 寨人虽然不知道官军为什么放过他们的寨子。但在别的村寨被烧杀抢掠的事实面前，面对人们怀疑和误解，他们虽然满怀委屈，却也百口莫辩。也许正是出于毫无真凭实据的怀疑，人们才从来不敢把疏离限制 M 寨龙舟的真正原因摆到台面上，而是以神话的形式"顾左右而言他"。这也是 M 寨人敢于理直气壮地把造谣者抓起来的底气所在。①

其二，如果这则材料是当时的人们因怀疑而虚构的，是什么力量支撑 M 寨人数百年的忍辱负重？在历史的进程中，既有"少数人的暴政"，也有"多数人的暴政"。当这种虚构的"事实"在"独木龙舟文化区"的各个村寨之间悄悄传播的时候，在 M 寨没被烧杀抢掠的事实的佐证下，人们大多是"宁肯信其有，不肯信其无"。同时，这种传播是在暗地里进行的，也没有给 M 寨人说明、解释的机会。于是，"三人成虎"，谣言就在传播中变成了"事实"。面对整个"独木龙舟文化区"，M 寨人成了绝对的少数。面对"多数人的暴政"，他们虽然明知是被误会了，但由于人们并没有把"谣言"作为疏离限制他们的理由拿到台面上来，而是用建构神话的方式将疏离转化为神灵的旨意。因此，他们纵有千般委屈，万条理由，却找不到说理的对象。在"神"的面前，人总是无能为力的。到后来，M 寨人也不得不接受神话赋予的"没有肉的骨架"。只不过他们把得到"骨架"的原因进行了重构——由原来的"因为去得晚，肉被抢光了只好拿一副骨架去炖汤"，改编为：龙是在 M 寨的"刚郎义"杀的，他们发扬主人风格："你们远来的先挑，我们要龙脊背、龙头去炖汤就可以了。"② 这种对神话的改编和重构其实就是他们对受到不公正待遇的申

---

① 聂羽彤：《历史之舟：对清水江流域 M 寨的人类学考察》，《原生态民族文化学刊》2019年第4期："M 寨老人：'以前是×××村造谣，我们把×××抓起来，因为×××又把他放了'。"

② 参见《附录·独木龙舟起源神话选录·起源神话·"人杀龙·人吃龙"（之二）》。

诉，是他们为了消除误会所进行的一种辩解。然而，在"多数人的暴政"面前，这种辩解和申诉显然是无力的，也是无效的。在这种情况下，当选择离开原来的共同体成为他们"不能承受之重"的时候，忍辱负重地服从"神"的旨意，成为他们"别无选择"的选择。

除了上述两种假设，还有一种可能就是：上述两种假设都不成立，M寨龙舟被疏离与"出卖"没有任何关系，而是"独木龙舟文化区"基于其他原因而依据该共同体的文化规制所采取的"规制"措施。但这个"原因"也许被历史的尘埃所淹没，后人已无从探寻。

面对这些问题，在没有更多更可靠的材料佐证的情况下，所有的推测也仅仅是推测而已。但无论这则口述材料是真实的历史存在，还是古人出于误会或别的什么目的而建构的，也不管神话中的说法是否是历史的曲折再现，有一个事实是不容否定的，那就是他们龙头色彩的"另类"。

从M寨龙舟所受到的疏离限制来看，在清水江苗族独木龙舟中，"另类"的颜色应该是被外界强加的一种"疏离"标识，是一种"惩戒"方式。他们通过龙舟颈部颜色差异标识，使这些独木龙舟成为"同类"中的"另类"，"我者"中的"他者"，从而在彼此之间划出一条无形的边界。而这些颜色"另类"的独木龙舟中，又有红色和绿色的差异。这种"另类"色彩中差异，表示的也许是"疏离"程度的差别。比如，被涂成绿色的MX寨龙舟和Y寨龙舟，在划龙舟活动中，似乎没有受到任何排挤和疏离；而涂成土红色的M寨龙舟，则受到种种不合理的疏离限制。另外，从近几年这些龙舟试探性地逐渐改变自己色彩的行为中，也可以反证他们与众不同的颜色并不是他们自己的选择，而是被"疏离"的标记。进入21世纪后，除了MX寨龙舟依然保持纯绿色外，Y寨龙舟和M寨龙舟都在以渐进的方式改变着自己的颜色。Y寨龙舟在过去的纯绿色的基础上，在龙颈两侧各加上一行黄、红、白三色相间的鳞片；M寨龙舟，则在土红色的基础上，错落点缀了少量的黄、白、蓝三色鳞片。就这两只龙舟颜色的改变而言，Y寨龙舟的三色鳞片色彩较为鲜艳醒目，M寨龙舟点缀的三色鳞片则较为暗淡低调。在"变色"行动中，M寨龙舟似乎显得有些"小心翼翼"。这种色彩的"渐变"，也可以看作是他们努力突破限制、摆脱"另类"标识、融入主流的一种大胆的努力和谨慎的试探。从目前来看，他们的这种"变色"行为，在"独木龙舟文化区"并没有引起太多实质性的反应①，人们大多默认并接受了这种改变。这是这些被疏离的龙舟长期坚持和不懈努力的结果，也是社会发展、历史演进的结果。

不管疏离排挤背后的真实原因是什么，对今天"被疏离者"和"疏离者"来说，都已不太重要。所谓的"对与错""罪与罚"，都只是一段历史的印迹，并终将被历史所湮没、消解。随着社会的开放程度加大、人员的流动增速、城镇化进程的加快，"独木龙舟文化区"的社交圈、"婚姻圈"正在迅速扩大，传统社会赖以生存和发展的利益共同体的作用，正在逐步弱化和消解。传统的地缘共同体、血缘共同体等也终将被人类命运共同体所覆盖。站在新的历史起点上的"独木龙舟文化区"，人民幸福、社会和谐、民族团结已成为人们普遍的价值追求。我们相信，清水江苗族独木龙舟一定会以团结和谐的姿态，划向美好的未来。

---

① 聂羽彤：《历史之舟：对清水江流域M寨的人类学考察》，《原生态民族文化学刊》2019年第4期：（村民乙）"你看，不是别人说M寨不好，M寨真的就是不吉利的，他们就不该划的。不论龙头怎么变，都是'鬼龙'……"。

第八章 独木龙舟的传承与发展

"独木龙舟节"是清水江流域苗族特有的集会性传统民俗活动，以划独木龙舟为其主要标志。作为一种独特的民俗文化现象，"独木龙舟节"划独木龙舟，在这段仅数十千米的狭长、封闭的河谷里，传承了上千年。"独木龙舟节"无论是在节日的时间、范围、表现形式和载体等方面，都没有发生较大的变化。作为"独木龙舟节"主要的标志和载体的独木龙舟，虽然也与其他非物质文化遗产一样，千百年来，经历过无数次生存危机，但与其他的非物质文化遗产在受到打击之后就一蹶不振不同，独木龙舟不仅每次遇到危机都能顽强地生存下来，而且危机过后还能更强烈的反弹，呈现出顽强的生命力。

第一节 独木龙舟的数量变化

关于独木龙舟的记载，始于清朝的史料。清乾隆年间成稿的《镇远府志》，记载了清水江独木龙舟的大致形状和"独木龙舟节"的盛况，对独木龙舟的数量没有记载。其后，清人徐家干的《苗疆见闻录》、民国《施秉县志》对独木龙舟以及"独木龙舟节"都有简略记载，但均没有独木龙舟数量的记载。最早见诸于文字的关于清水江独木龙舟的数量，是杨通儒1962年所做的一个《施洞地区苗族划龙船的补充调查》。在调查中，他对独木龙舟的数量、拥有龙舟的村寨、户数、人数等做了统计并制作了《台江县施洞地区苗族村寨的龙船数和户口数》（即下表8-1）：

表 8-1　　台江县施洞地区苗族村寨的龙船数和户口数①

村名	龙船数	户数	人口数	属县	所属河流	备注
南哨	1	84	311	台江县	清水江	
四新	1	35	136	〃	〃	
旧州	1	64	200	〃	〃	
八梗	1	50	150	〃	〃	
天堂	1	47	140	〃	〃	
坝场	1	40	121	〃	〃	
荒寨	2	115	359	〃	〃	
塘龙	1	40	121	〃	〃	
偏寨	3	126	342	〃	〃	
石家寨	1	53	153	〃	〃	
杨家寨	1	54	158	〃	〃	
滨洞	1	缺	缺	〃	〃	
八梗	1	〃	〃	〃	〃	
廖洞	3	〃	〃	〃	〃	
平寨	1	〃	〃	施秉县	〃	
鲤鱼塘	1	〃	〃	〃	〃	
铜鼓塘	1	〃	〃	〃	〃	
平地营	1	44	177	〃	〃	
平兆	1	110	344	台江县	小河	小河又称巴啦河
巴啦河	1	79	257	〃	〃	
小河	1	56	208	〃	〃	
平敏	1	57	207	〃	〃	
北土	1	缺	缺	〃	〃	

---

① 《中国少数民族社会历史调查资料丛刊》修订编辑委员会编：《苗族社会历史调查》（一），民族出版社 2009 年版，第 214 页。

续表

村名	龙船数	户数	人口数	属县	所属河流	备注
榕山	1	"	"	""	""	
老屯	1	"	"	""	""	
合计	30					

根据杨通儒先生的调查统计，1962年，在"独木龙舟文化区"共有25个村寨拥有30只独木龙舟。但根据我们实地调查了解，此统计有一些疏漏。一是村寨有错漏：按照杨通儒先生的统计方式，尚有13个拥有独木龙舟的村寨未计入。它们是：施秉县所辖的寨胆、把往寨、竹子寨、杨九寨、大冲、溪口；台江县所属的柏枝坪、岩脚、花果山、上稿仰、下稿仰、长滩；黄平县所属的：斑鸠寨。同时，施秉的平寨没有独木龙舟。除去1寨，加上13寨，当时拥有独木龙舟的村寨应为37个左右。二是龙舟数量有遗漏。当时一个村寨有2只以上的龙舟的情况很少，而数个村寨共同拥有一只龙舟的情况较多，比如寨胆与把往寨共有1只；竹子寨、杨九寨、斑鸠寨共有1只；溪口与冰洞（滨洞）共有1只等。由此考虑，减去平寨1只，遗漏的13个村寨，至少应该拥有6只以上的独木龙舟。也就是说在1962年，"独木龙舟文化区"实际拥有的独木龙舟当在35只以上。三是村寨的"属县"及"所属河流"有误。在"属县"上，表中的滨洞、八梗①、廖洞应属于施秉县；在"所属河流"上，平兆应属于清水江。另外，在地名写法上与现在通行的有差异："荒寨"，现在作"芳寨"；"滨洞"，现作"冰洞"；"巴啦河"，现作"巴拉河"；"北土"，现作"白土"。

杨通儒先生的《施洞地区苗族划龙船的补充调查》虽然存在一些疏漏，但其调查资料及数据仍然具有很高的史料价值。为我们对20世纪60年代"独木龙舟文化区"的龙舟数量和拥有龙舟的村寨数量的统计，提供了基础数据；特别是关于"解放前的划龙船活动"和"解放后划龙船活动的变化"资料，更是研究独木龙舟文化难得的史料。

---

① 分上、下两个八梗，此处当指下八梗，上八梗属于台江县。

20世纪60年代中后期到70年代中期，独木龙舟被列入"四旧"①而被禁划。在这期间，不仅不准划龙舟，还将独木龙舟的龙头烧掉、龙身毁坏。虽然各村寨的苗族同胞采取了种种办法，设法保护龙舟，但大多数独木龙舟仍然难逃被毁坏的命运。这期间，整个"独木龙舟文化区"百分之九十以上的独木龙舟被人为损坏，具体数量达到30只以上。这对独木龙舟文化的传承与发展造成了沉重的打击。

1976年"文革"结束，对划龙舟、玩龙灯等民俗活动的政治管控放松。1977年"独木龙舟节"恢复划独木龙舟，当年仅有4只幸免于难的龙舟下水。②此后，特别是1978年改革开放后，清水江独木龙舟的数量迎来了一个迅速恢复和快速发展的阶段。这主要是因为许多在"文革"期间被损坏的龙舟得到迅速修复，以及一些村寨在实行家庭联产承包后经济实力恢复较快，进而纷纷打造新龙舟。如1979年，马号的平地营打造了一只新独木龙舟（1980年下水）；1982年，双井的寨胆也打造了一只新独木龙舟（1983年下水）。同时，塘龙、巴拉河、芳寨、大冲等地也纷纷打造新龙舟。据调查统计，到20世纪80年代中后期，"独木龙舟文化区"独木龙舟的数量在45只左右。

20世纪80年代后期到本世纪初，独木龙舟的数量基本保持稳定，很少有新龙舟下水。主要是一些地方在实行联产承包时，将原来作为打造、维修龙舟经费的"众山"、"众田"，全部承包到户，致使没有公共财力打造新龙舟。同时，刚承包到户，村民的经济实力不强，无力集资打造新龙舟。另外，这一阶段对独木龙舟发展影响最大的因素是席卷全国的打工潮。"独木龙舟文化区"的青壮年几乎全部外出打工，在家的大多是老人、小孩。这种情况下，人们打造新龙舟的热情普遍低落。

进入21世纪以来，党和国家高度重视、大力支持民族文化的弘扬、传承与发展，把文化建设纳入社会经济建设的总体规划之中。2008年，"独木龙舟"被列为第二批国家非物质文化遗产名录。各级政府也认识到独木龙舟文化在发展地方旅游经济、提升本地知名度方面的巨大作用，加

---

① "四旧"，当时的一个政治术语，是旧思想、旧文化、旧风俗、旧习惯的合称。
② 另据四新寨够木生（苗族，男，75岁）、塘龙寨吴智（苗族，男，73岁）回忆，1976年也有独木龙舟下水。下水的龙舟有四新、大冲等寨的。但由于没有文字记录材料，在此只能聊备一说。

大了对独木龙舟的扶持力度。另一方面,由于国家加大了对农业、农村的发展投入力度,农村经济有了较大发展,农民生活日渐富裕,各村寨的经济实力明显增强。"单干"了几十年的清水江人,既希望在文化上得到回归,也希望重塑一种集体认同。独木龙舟便成了这种文化回归和集体认同的最佳载体。因此,近五年来,独木龙舟的数量呈现出井喷式增长的势头:2016年54只,2017年64只,2018年70只,2019年74只。2017年到2019年共增加新龙舟18只。2019年拥有独木龙舟的村寨虽然比1962年少一个,但拥有的龙舟数量却是1962年(35只)的两倍多(详见下表8-2)。

表8-2　　　　2019年拥有独木龙舟的村寨数及龙舟数统计表

序号	县	乡镇	村名	寨名	数量	备注
1	施秉	双井镇	平寨村	把往寨	2	
2	施秉	双井镇	平寨村	竹子寨	1	
3	施秉	双井镇	平寨村	寨胆	2	
4	施秉	双井镇	平寨村	鲤鱼塘	1	
5	施秉	双井镇	白坝村	铜鼓塘	4	上寨、下寨各2只。
6	施秉	双井镇	双井村	凉伞	1	
7	施秉	马号镇	金钟村	大冲	2	
8	施秉	马号镇	金钟村	平地营	2	
9	施秉	马号镇	冰洞村	下八埂	1	
10	施秉	马号镇	冰洞村	溪口	1	与冰洞共有1只。
11	施秉	马号镇	冰洞村	冰洞	1	冰洞独有1只。
12	施秉	马号镇	六合村	廖洞	4	上、中、下寨、邦郭寨各有1只。
13	台江	施洞镇	南哨村	南哨	2	
14	台江	施洞镇	四新村	四新	2	
15	台江	施洞镇	旧州村	旧州	2	
16	台江	施洞镇	八梗村	上八梗	3	
17	台江	施洞镇	柏子坪村	天堂	2	

续表

序号	县	乡镇	村名	寨名	数量	备注
18	台江	施洞镇	柏子坪村	柏子坪	2	
19	台江	施洞镇	芳寨村	芳寨	3	
20	台江	施洞镇	塘坝村	塘坝	2	
21	台江	施洞镇	塘坝村	塘龙	2	
22	台江	施洞镇	偏寨村	偏寨	3	上、中、下排各一只。
23	台江	施洞镇	偏寨村	石家寨	2	
24	台江	施洞镇	偏寨村	杨家寨	2	绿色（青龙）
25	台江	施洞镇	平兆村	平兆	2	
26	台江	施洞镇	巴拉河村	巴拉河	4	
27	台江	施洞镇	小河村	平敏	2	
28	台江	施洞镇	小河村	平阳	2	
29	台江	老屯乡	白土村	白土	2	
30	台江	老屯乡	榕山村	榕山	2	
31	台江	老屯乡	岩脚村	岩脚	2	
32	台江	老屯乡	老屯村	花果山	1	
33	台江	老屯乡	老屯村	老屯	3	
34	台江	老屯乡	稿仰村	上稿仰	1	红色
35	台江	老屯乡	稿仰村	下稿仰	1	绿色
36	台江	老屯乡	长滩村	长滩	3	
合计	2	4	23	36	74	与1962年比较，有杨九寨、斑鸠寨退出，凉伞寨加入。

（为了便于比较，本统计表中的村寨数按杨通儒《台江县施洞地区苗族村寨的龙船数和户口数》的统计口径做统计，即：廖洞的上、中、下寨、廖洞邦郭寨按一个村寨统计）

上表可以看出，在拥有独木龙舟的36个村寨中，拥有2只以上的村寨27个，占75%；拥有3只以上的村寨7个，占19.4%；拥有4只的村寨3个，占8.3%；只有1只的村寨8个，占22.2%。

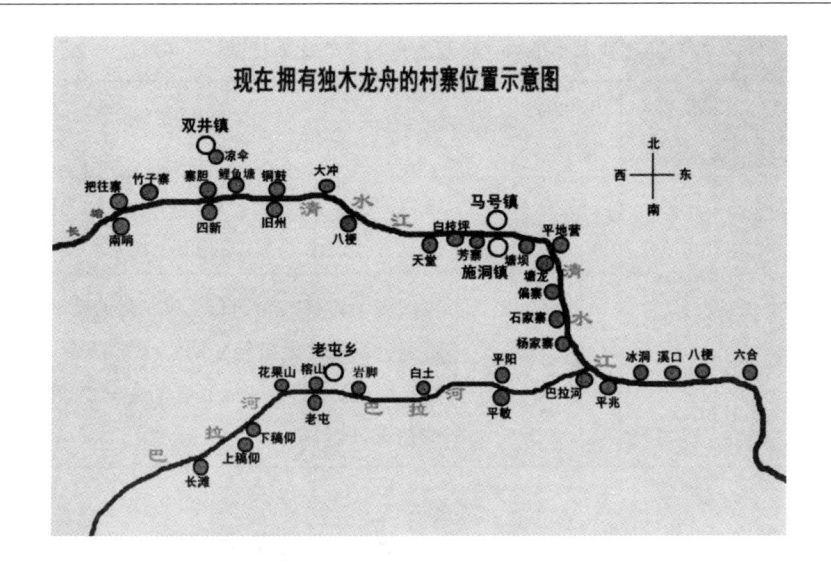

现在拥有独木龙舟的村寨位置示意图

2017年到2019年三年间,共有17个村寨打造新龙舟18只(详见表8-3《2017年至2019年新增独木龙舟数量表》)。新龙舟(三年内的才算新龙舟)占龙舟总数的24.3%;打造新龙舟的村寨占村寨总数的47.2%。

表8-3   2017年至2019年新增独木龙舟数量表   (单位:只)

数量 时间	竹子寨	平地营	四新	铜鼓塘	长滩	寨胆	平敏	凉伞	南哨	旧州	上八梗	芳寨	把往寨	塘龙	巴拉河	老屯	岩脚	总计
2017年	1	1	1	2	1	1	1											8
2018年								1	1	1	1	1	1					6
2019年														1	1	1	1	4
总计	1	1	1	2	1	1	1	1	1	1	1	1	1	1	1	1	1	18

从古代到20世纪中期,拥有独木龙舟的村寨呈大幅减少趋势;从20世纪中期到现在,拥有独木龙舟的村寨基本趋于稳定。但在村寨数量减少的同时,独木龙舟的数量却在不断增加。村寨拥有龙舟的数量也从古代的平均0.6只,跃升到现在的平均2.06只(见《古今拥有独木龙舟的村寨及龙舟数量变化对比表》)。

古今拥有独木龙舟的村寨及龙舟数量变化对比表　　（单位：个、只）

类别	古代	20世纪中期	20世纪末期	现在	备注
村寨数量	48	37	35	36	古代的村寨数量是以1962年的数量为基础，加上古代退出划龙舟的11个村寨。
龙舟数量	约30	35	45	74	古代多个村寨共同拥有一只龙舟的情况非常普遍，就是到上世纪中期，这种情况仍然存在。因此，48个村寨拥有的龙舟数量也大约在30只左右。

第二节　"独木龙舟节"的传承与发展

史籍关于"独木龙舟节"的记载，最早见于（康熙）《施秉县志》："苗人于五月二十五日，亦作龙舟戏……舟极长，约四五丈，可载三四十人。皆站立划桨，险极。是日，男、妇极其粉饰。女人富者，盛装锦衣、项圈、大耳环，与男子好看者答话，唱歌酬和，已而同语。语至深处，即由此定婚，甚至有当时背去者。"[①] 长期以来，只要不是官府明令禁止，即使是在生活环境极为艰难的条件下，每年的"独木龙舟节"都热闹非凡。抗日战争期间，德国人类学家鲍克南到黔东南做田野调查，清水江"独木龙舟节"和独特的独木龙舟给他留下了深刻的印象。他后来在《中国南方少数民族》一文中说："这也是贵州境内仅存的于农历五月期间举办的龙舟赛了。"[②] 从鲍克南的记载可以得知，在抗日战争的艰难岁月里，在贵州其他地方的木板船龙舟（汉龙船）端午节都停止竞渡的情况下，悠扬的独木龙舟锣鼓，仍然在清水江河谷的上空震荡、回响。

20世纪50年代，由于政府对"独木龙舟节"的支持，每年下水的龙舟不断增多。这些支持包括给每只龙舟一定数量的粮食补助，政府领导出面主持龙舟赛，给优胜者发锦旗，在"独木龙舟节"期间，还组织篮球

[①] 贵州省镇远地方志编纂委员会编：《镇远府志》（卷之九），中州古籍出版社1996年版，第63页。

[②] 孟蒙：《民国时期贵州少数民族体育的镜像》，《贵州文史丛刊》2016年第1期。

赛、赛马、放电影等活动，丰富节日内容。"1957年划龙船非常热闹，观众达两三万人之多……这年，台江县人民委员会特为节日拨来大米6万多斤，除了每只龙船供应200多斤外，其余完全供应观众食用（当时熟食品不收粮票）。供应了大量猪肉……台江县人委会还分送长约8尺、宽约5尺的彩旗10面，并送给每只龙船红布1幅挂在龙头上。此外，还放电影、安设扩大器广播，并由筹委会组织斗牛、赛马、球赛等，内容丰富，盛况空前。黄平、凯里、镇远、施秉、剑河以及台江城关都有很多人前来参观或参加赛马、球赛。"① 然而，1958年之后，"独木龙舟节"受到了较大的影响。1958年，民主德国的有关部门到施洞塘龙拍摄独木龙舟专题片，为了展示我们的民族文化的风采，在大批男劳动力被抽去炼钢铁，划龙手严重不足的情况下，地方政府动员号召妇女参与划独木龙舟。同时，为了显示"革命性"和对旧文化的改造成果，把"独木龙舟节"提前到"五一劳动节"举行。1959年，又将"独木龙舟节"延迟至八一建军节举行。另外，还改变了划龙船的地点："自1958年到1961年，都集中在施洞举行"；"恰巧又遇到几年的连续灾荒，群众意见更大，说这是改变划龙船日期、地点和强迫妇女划龙船所致云云。"② 这从科学的角度看，当然是无稽之谈。但在这期间，下水的龙舟明显减少。

1961年，中央在全国实施"三自一包"、"四大自由"③ 新的经济政策，使城乡经济得到迅速恢复，人民生活有了很大改善。1962年，中央新闻电影制片厂决定全程拍摄清水江独木龙舟竞渡纪录片。为了配合做好这次拍摄工作，州、县各级政府非常重视，台江县成立了"筹备委员会"，事前进行了广泛的宣传动员，并决定全面恢复"独木龙舟节"的所有传统习俗。同时，"黔东南自治州人民委员会从民族经费中抽出250元，发给筹委会作为节日活动开支。""台江县人民委员会拨来粮食1.8万斤作供应。其中，每只龙船供应80斤，32只龙船共计2560斤（供应

---

① 《中国少数民族社会历史调查资料丛刊》修订编辑委员会编：《苗族社会历史调查》（一），民族出版社，2009年版，（2019.1重印），第217页。
② 《中国少数民族社会历史调查资料丛刊》修订编辑委员会编：《苗族社会历史调查》（一），民族出版社，2009年版，第217至218页。
③ "三自一包"指：自负盈亏、自由市场、自留地和包产到户；"四大自由"指：土地租佃自由、买卖自由、借贷自由、贸易自由。

龙舟的只收粮价，不收粮票）。另外，用1000斤加工成糕点（做成1400斤），按高级糕点价供应，每斤糕点收粮票6两。以1200斤加工成甜酒粑、米粉等，设11个点供应；其余做米饭、糖包子、馒头等，设12个点供应（这些需要粮票才能购买）。此外，还有由镇远、台江等地的居民提供米饭、煮粉等供应。远来的观众既不担忧没饭吃，也不拥挤，凭自己的爱好去购买，群众比较满意。另外，还供应1000斤酒，5000斤糖，2000斤水果糖；另供应平绒70米，民族商品1000多件……节日活动中，还放映了电影，举行了篮球比赛等。县电影队带去11部片子，选映了7部，内容是《刘三姐》、《五朵金花》、《欢天喜地》、《英雄虎胆》等。"① 由于多种有利因素的叠加，这一年的"独木龙舟节"（龙船节）各个集会地都很热闹。据杨通儒调查，五月二十四日在平寨的观众达到五六千人以上；五月二十五日虽然整天下雨，但到施洞塘龙集会的独木龙舟有27只之多，观众在万人以上（贵州日报记者报道估计2万人）；五月二十六榕山集会的观众也不少；五月二十七日是节日的最后一天，到施洞的观众"仍在两三千人以上。姑娘们仍穿全套盛装参加跳鼓。"②

  1963年到1966年开展了轰轰烈烈的"四清运动"。③ 浓烈的政治气氛对"独木龙舟节"活动产生一定的影响。紧接着是十年的"文化大革命"，独木龙舟被列为"四旧"、"牛鬼蛇神"而被禁划。没有独木龙舟的"独木龙舟节"显得有些"失魂落魄"。即使不划独木龙舟，当地人仍然照样过"独木龙舟节"。节日期间照样走亲访友，照样按集会时间到各处参加集会。特别是青年男女，有龙船他们去"看龙船"，没有龙船就去"人看人"——"独木龙舟节"除了划龙舟，它还是当地青年交朋结友、谈情说爱的平台和场所。笔者当年也是没有龙船也要去"人看人"中的一员。有两件事至今记忆尤新：

---

  ① 《中国少数民族社会历史调查资料丛刊》修订编辑委员会编：《苗族社会历史调查》（一），民族出版社2009年版，第218页。

  ② 《中国少数民族社会历史调查资料丛刊》修订编辑委员会编：《苗族社会历史调查》（一），民族出版社2009年版，第219页。

  ③ "四清运动"是指1963年至1966年上半年，中共中央在全国城乡开展的社会主义教育运动。运动的内容，前期在农村"清工分，清账目，清仓库和清财物"，后期在城乡"清思想，清政治，清组织和清经济。"

一是"红砖糖事件"。时间是 70 年代初，跟随一群大哥哥们到平寨"看龙船"。虽然没有龙船，但小小的平寨到处人山人海。河滩市场上除了"凉粉"（是一种用野生植物做成的，形似果冻的东西，起解渴降温作用）就是卖凉水的。卖凉水人"一分钱一舀水，两分钱紧吃饱"的吆喝，至今仍在耳畔回响。吃住问题大多到平寨或附近的亲戚家解决，据说有的人家一天需要接待上百人。这些并不全是他家的亲戚，而是一个亲戚带一伙人去。一伙人送上一块"红砖糖"① 就可以了。虽然没有什么好菜，但饭管吃饱。我们一行五六个人也到一个亲戚家混饭吃。去到他家时，已经有好几伙人吃完饭走了。堂屋的大桌上摆满了客人们送的"红砖糖"，粗略一看，大约有二十来块。都用纸包着。吃了饭我们又出去找朋友吹牛、唱歌，直到半夜才去他家住宿。人太多，床不够。就用晒谷子的晒席（竹篾编制的，面积约 7、8 个平方）铺在楼上，垫些稻草就当床了。一二十个人就在两块晒席上和衣而睡。第二天起来，发现他家堂屋的大桌上放着三块小砖头。一问才知道，昨天来他家的客人中，竟然有人用报纸包块砖头来冒充"红砖糖"。我们很尴尬，但主人却说："不要紧的（没关系），好歹也是个'礼'。"

现在想起来，拿砖头当红糖的也许不是成心要骗人，只是太穷了没办法。但就是在这种情况下，人们"看龙船"的热情始终不减。特别是集会地的群众，他们每年都要花费大量的钱物、粮食招待客人，偶尔还有拿砖头当红糖的，但他们仍以来的客人多为荣。虽然不准划龙船，没有了挂在龙头上的礼物，但有客人进家，即使拿块"砖头"那也是他们的荣耀。

二是"隔河对歌"。时间也是七十年代初，跟着本寨的两个歌手五月二十五到施洞唱山歌。由于没有划龙船，白天没什么看的，我们都是吃了晚饭才去。去到马号（施洞对岸）天色已晚。恰遇清水江涨洪水，过不了渡。只见对岸施洞的场坝上手电筒的光到处闪烁，苗

---

① 大约 10 厘米见方，厚约 3 厘米。用白纸或报纸包着，要供销社才有卖的，一块红"红砖糖"大约几毛钱。

族飞歌、汉族山歌此起彼伏。要过河没有船,要回去又心不甘。于是,就跑到施洞场坝对面的渡船口处(地名叫"岩嘴嘴")隔着清水江河唱起山歌来。这两个歌手不仅会的歌多,而且嗓子洪亮、嗓音也特别好。几首邀约歌一唱,竟然吸引了一伙姑娘来到河边和他们对起歌来。对岸的姑娘嗓子也很好,隔着河也能听得清清楚楚。就这样,隔着清水江,你来我往,唱到凌晨4点钟,双方才意犹未尽地依依惜别,各自回家。

"独木龙舟节"作为一种习俗,它不仅是人们的精神需求,也是一种生活方式。任何民俗事象的产生、发展、消亡都有自身的逻辑,其生命的源泉在于文化的拥有者对待它的态度。而决定他们态度的关键在于文化自身的存在价值。当它的价值消失之后,我们无论采取什么方式,都无法让它"青春永驻"。即使全力"抢救",那这只能存其形,不能存其神;反之,如果文化事象本身有存在价值,无论我们采用什么手段让它消亡,其结果都是徒劳的。即使采取强行禁止的极端措施,其结果也只能毁其形,而无法伤其神。独木龙舟虽然被禁划多年,但人们一直划着他们心中的独木龙舟,从未放弃、从未停止。

1976年,"文革"结束。1977年,人们终于把心中的龙舟划到清水江里,沉寂了多年的龙舟锣鼓又再次在清水江河谷里回响。当年的"独木龙舟节"虽然只有4只"幸免于难"的独木龙舟下水,但无论是平寨,还是施洞塘龙,观众的人数都创下历史新高。此后,直到80年代中后期,人们划独木龙舟,过"独木龙舟节"的热情空前高涨,每年下水的独木龙舟都在10只以上,多的时候达到20多只。

从20世纪80年代后期到21世纪初,是清水江"独木龙舟节"的一个低潮期。"80年代中前期,每年'划龙'活动也有10来只龙舟下水竞赛。到20世纪90年代后期,每年的'划龙'活动就只有几只龙舟下水竞赛了。"[①] 造成这种局面的原因主要是席卷全国的打工潮。打工潮的兴起,除了划独木龙舟缺乏人力、财力等原因之外,造成"独木龙舟节"一度落寞的原因主要是"独木龙舟文化区"的年轻人大多外出打工。"独

---

① 张红娜:《苗族独木龙舟文化调查》,《原生态民族文化学刊》2009年第4期。

木龙舟节"作为年轻人交朋结友、谈情说爱的平台作用已经消失。年轻人也因此对"看龙船"缺少了往日的激情。节日期间，白天，苗族少女盛装巡游，银饰叮当，苗家小伙一路尾随围观的场景不见了；夜晚，苗族飞歌、汉族山歌通宵达旦、彻夜不息的景致没有了。划龙手中，中老年男人成为主力；踩鼓场上，中老年妇女成了主角。

进入21世纪之后，由于党和国家对民族文化的高度重视，加大对传统文化的扶持力度，2004年，施洞苗族独木龙舟竞渡被国家体育总局列入中国少数民族传统体育集锦予以保护；2008年，"独木龙舟"被列为第二批国家非物质文化遗产名录；2010年，中央民族大学选定台江施洞镇偏寨村杨家寨为研究基地；2018年贵州大学人类学研究所、贵州大学苗族独木龙舟研究基地等在施洞举办了独木龙舟文化研讨会；贵州省有关部门还在施洞镇建立了我国第一个龙舟博物馆。各级政府也加大了对"独木龙舟节"的扶持力度，对每只下水的龙舟给予一定的资金补贴。同时，"独木龙舟文化区"农村经济有了较快发展，人们生活逐渐走向富足。最重要的是，独木龙舟文化进行了有效的自我调节。在淡化传统宗教文化、恋爱交友文化的同时，强化了亲友社交文化以及地缘族群集体认同文化。从而使古老的独木龙舟文化获得新的价值，实现了逆势发展。近十年，特别是近五年来，在独木龙舟数量呈现"井喷"式增长的同时，"独木龙舟节"也呈现出蓬勃发展的良好势头。每年的龙舟下水数量都保持在30只左右。从2010年到2019年10年间，每年"独木龙舟节"到施洞塘龙和双井平寨两个主要龙舟集会地参加集会的龙舟数量平均为：塘龙30.1只、平寨17.1只。其中，龙舟下水最多的是2018年，塘龙集会有41只，平寨集会有22只（详见表8-4《2010年至2019年塘龙、平寨龙舟集会数统计表》）。

表8-4　　　　　2010年至2019年塘龙、平寨集会龙舟数　　　（单位：只）

时间＼数量	塘龙	平寨	备注
2010年	28	15	
2011年	30	17	
2012年	30	16	

续表

时间 \ 数量	塘龙	平寨	备注
2013年	22	16	
2014年	26	15	
2015年	20	14	
2016年	40	18	
2017年	36	18	
2018年	41	22	
2019年	28	20	因受到邻县龙舟翻沉事件影响，集会地不允许举行竞赛。
年平均数	30.1	17.1	

平寨龙舟集会

同时，拥有独木龙舟村寨的数量和独木龙舟集会地也在增加。2018年，已有200年不划独木龙舟的双井凉伞，制作了新龙舟，重新成为"独木龙舟俱乐部"的一员。其他一些从未有过独木龙舟的村寨，也跃跃欲试，准备打造新龙舟。台江施洞的平兆曾是独木龙舟集会地，时间为五月初五，后来该集会地自然消失。近年来，该地又在五月初五举行独木龙舟集会，努力恢复原来的独木龙舟集会地的资格；而台江老屯乡的长滩，也曾在五月二十四日举办独木龙舟集会，力图将该地打造成新的独木龙舟集会地。可见，就独木龙舟文化的传承与发展而言，无论是拥有龙舟的村寨、龙舟的总数量、每年下水的龙舟数，还是集会的集结地，都较以往有了较大的增加，其发展势头十分强劲。

第三节 独木龙舟传承与发展的文化逻辑

任何一种民俗文化事象的创立、发展与消亡，都有其自身的文化逻辑。这个文化逻辑就是这一民俗文化事象的实用价值。贾仲益说："民俗事象的创设，反映的是民间需要和民间智慧；民间需要是会变化的，围绕特定问题意识而产生的民间智慧也会随之变化。"[①] 也就是说，民间创设民俗事象的前提是"需要"。这"需要"就是民俗事象产生的理由，也是它的价值所在。同时，民间"需要"也随着时代的变化而不断地发生演变。一种民俗事象要想不被历史的尘埃掩埋，它必须具备"与时俱进"的、为适应"需要"而不断自我更新、自我完善的能力。清水江苗族独木龙舟能够在清水江这一狭小的空间里延续千年，历尽磨难而不衰，正是它不断充实、扬弃与完善的结果。

一 独木龙舟的制作技艺的传承

据笔者调查，独木龙舟制作技艺后继有人，并不存在危机。州级传承人张先文（又名张天荣，苗族，施洞镇巴拉河村人，生于1951年），20世纪70年代末开始学习打造龙舟，2011年独立制作第一只龙舟，到2017年，已先后制作独木龙舟30多只。张师傅先后收徒五六人，其中，杨家寨的杨昌伦、大冲的张够乜已经可以独立完成独木龙舟的制作。另外的几个徒弟，有的已随张师傅打造了十只以上的龙舟，即将可以出师独立。同时，除了张先文是独木龙舟技艺高级传承人之外，施秉的铜鼓塘的张洪

---

① 贾仲益：《节庆文化及其传承逻辑——基于贵州清水江苗族独木龙舟节的分析》，《广西民族研究》2016年第5期。

伦、把往寨的龙九哥等也具备独立制作独木龙舟的技能。也就是说,在"独木龙舟文化圈",目前已经掌握独木龙舟制作技艺的有十人以上且还会继续增加。而独木龙舟的使用寿命一般为四五十年,如果保护得当,可以使用百年以上。就最近几年的情况来看,即使处于打造新独木龙舟的高峰期,但仍有一些师傅找不到活干。

独木龙舟制作技艺传承人张先文

从制作独木龙舟的收入来看,现在制作一只独木龙舟,约需 100 个工天。每只独木龙舟的工价在 30000 元左右。平均每个工天的收入约 300 元。其中掌墨师傅的收入要远远高于帮工和徒弟,收入更加可观。从现在掌握打造独木龙舟技艺的人的年龄结构来看,最大的接近 70 岁(张先文 68 岁),最小的只有 37 岁(把往寨的龙九哥)。同时,这些独木龙舟制作师傅并没有仅仅把技艺停留在打造独木龙舟上。他们当中的一些人还根据旅游发展和游客的需求,转向独木龙舟工艺品的制作——微型独木龙舟、微型独木龙舟龙头等。这些工艺精湛、制作精美的独木龙舟工艺品,虽然价格不菲,但仍受许多高端游客欢迎。可以说,就制作技艺而言,不存在后继无人的问题。

二 "独木龙舟节"的文化功能

关于"独木龙舟节"的文化功能,目前有几种说法。一是美国学者路易莎的"外向娱乐说"①;二是《划龙船》②一文提出的"宗教仪式说";三是贾仲益提出的"内向性与外向性相统一,兼具宗教、社交、娱乐、社会动员和整合等多重功能"说(简称为"综合功能说")③。我们认为,关于"独木龙舟节"的文化功能,需要用历史的、发展的眼光去看。《划龙船》一文产生于20世纪50年代。受到时代的局限,当时的"独木龙舟节"仍然具有十分浓厚的宗教色彩。因此,作者将其功能概括为"宗教仪式说"也是可以理解的。当80年代末路易莎来到清水江边时,"独木龙舟节"的宗教色彩已大为淡化,其社交娱乐功能有了较大增强,另外她把"独木龙舟节"与雷山羊排的招龙仪式相比较,而得出"独木龙舟节"是"外向娱乐"功能的结论。这显然是欠考虑的。首先,"独木龙舟节"是一个区域性的民俗节日,而招龙只是一种没有固定时间的宗教仪式,它们的性质完全不同,没有可比性。其次,她只站在村寨的角度来看"内外",没有从整个"独木龙舟文化区"来看"内外",视角的局限带来结论的偏差。但路易莎在20世纪80年代就已经感受到了独木龙舟与"独木龙舟节"较强的娱乐因素,这也可以反证其宗教色彩的弱化。可见,"独木龙舟节"的文化功能,在随着时代的发展而不断地发生演变。

就现在的"独木龙舟节"的文化功能来说,作为一种民俗节庆文化活动,其宗教功能进一步弱化、淡化。许多主要的宗教仪式已被简化或直接省略,但接龙和"吃龙肉"的场面却越来越宏大。有的地方前来接龙的亲友达到四五千户,吃龙肉的人数达到上万人。另外,每个寨子"吃龙肉"时都有联欢晚会以及其他的娱乐项目,如下田捉鱼,打泥巴仗等。因此,划独木龙舟除了进行展示炫耀村寨实力之外,社交娱乐功能已成为"独木龙舟节"最主要的文化功能特征。而这种社交娱乐从整个"独木龙舟文化区"来看,是文化区内部的交流与娱乐。"其他人包括当地的汉族

---

① 王晓莉编:《民族研究文集:文化·民族·民俗·考古卷》,中央民族大学出版社2006年版,第722—737页。

② 全国人大民族委员会办公室编印:《贵州省台江县苗族的节日·划龙船》(内部资料)1958年印制。

③ 贾仲益:《节庆文化及其传承逻辑》,《广西民族研究》2016年第5期。

居民只是做客、看客、过客，节庆的内隐意义只有当地苗族才能分享。"①
从这个意义上说，我们认为，现在的"独木龙舟节"属于内向型的社交娱乐活动。其一，就独木龙舟的所属单位而言，它属于一个或数个自然寨所有，具有很强的地缘性，这种地缘性是具有排他性的。其二，"独木龙舟节"划独木龙舟也仅限于"独木龙舟文化区"中有"资格"拥有独木龙舟的村寨。这个"资格"是以是否分得"龙肉"或与"杀龙"事件相关联来确定的。也就是说，划独木龙舟并不是一个开放的、外向的，而是一个相对封闭的圈子。"火烧望虎屯龙船棚事件"就是一个典型的例子。清朝雍正年间，朝廷武力开辟苗疆，在清水江、巴拉河流域设置了许多军屯、民屯。老屯乡的望虎屯就是其中之一。时间久了，屯军、屯民也大多入乡随俗，接受了本地文化。于是，望虎屯的人也打造了一只独木龙舟参与"独木龙舟节"的划龙活动。还经常在"独木龙舟节"的划龙比赛中拿第一。他们作为屯军后裔有一定的特权，苗族人虽然不欢迎他们加入，但也不能公开阻止他们。明的不行，他们就来暗的。于是，望虎屯的龙船棚就被人放火烧掉多次。后来，望虎屯就再也不划独木龙舟了。现在该寨子大多数人仍保留汉族身份（这也可以作为独木龙舟并非汉族传入的又一个有力证据，同时也是沿岸汉族寨不划独木龙舟的原因之一）。② 另外还有一个例子，2016 年施秉县龙灯龙舟协会仿照清水江独木龙舟打造了一只长 78 米的巨型龙舟，拿到舞阳河上划。如果从文化传播的角度看，独木龙舟文化能够向外传播，应该是一件值得整个"独木龙舟文化区"骄傲的事。但这事却遭到"独木龙舟文化区"的许多人（包括一些施秉籍的地方文化精英）的口诛笔伐，直到 2019 年还余音未了。2019 年 5 月 26 日，这只大龙舟毁于洪水。于是，在"苗族独木龙舟节学术交流群（2018）"里，再次引发热议。有人将它贬斥成"转基因食品襁褓下的肉物"；有人说（这种做法）"将是这项传统文化没落的开端"等等。这两个事例说明，就独木龙舟文化而言，他们既不许"他者"参与，也不愿让"他者"模仿。其三，仅从一个村寨的划龙舟来看，好像是一种对外

---

① 贾仲益：《节庆文化及其传承逻辑》，《广西民族研究》2016 年第 5 期。
② 聂羽彤：《道路与权力——从苗族独木龙舟节的建构历程看清水江中游地区的社会变迁》，《原生态民族文化学刊》2017 年第 2 期。

的交流与展示，但实质上这种交流与展示也是内向型的：本寨划龙舟展示实力与团结，是给自家的亲友们"挣面子"；亲友们通过接龙，展示亲友的实力，则是给划龙舟的寨子"挣面子"，是一种相互给"面子"的行为。不管是过去，还是现在，这种亲情的交流链接，都是在亲友圈（婚姻圈）内部进行的。其四，划龙过程中的接龙、比赛以及划龙活动结束后的"吃龙肉"时展开的跳舞、文艺晚会灯活动，其娱人的成分已远超过娱神。因此，独木龙舟与"独木龙舟节"虽然仍有宗教的成分，有内部整合的作用，但就整体而言"内向型的社交娱乐"，才是其特有的文化功能。

独木龙舟以及"独木龙舟节"文化功能的变迁是顺应人的需求的结果。这也是在许多传统文化事象出现传承危机的情况下，独木龙舟能够逆势而上，蓬勃发展的原因之一。

未来的划龙手

三 独木龙舟的坚守传承

苗族来自遥远的东方。他们对东方、对故乡的记忆已深入骨髓之中。他们认为人有三个灵魂，死了之后，一个守在墓地里，一个居住在神龛上，一个回到东方故乡与祖先团聚。这就是苗族人的集体记忆。当地人把划独木龙舟说成是"划东方龙"（Qab Vongk Nongl）。可见，独木龙舟来自他们遥远的故乡——东方。砍伐制作独木龙舟的树木时，要倒向东方；

人死后要把他的灵魂顺着迁徙的路线，一路送回到祖先居住的"东方"。而来自"东方"的独木龙舟作为他们"故乡记忆"的重要组成部分，已从最初的有意识行为，转化成一种"从来不用想起，永远也不会忘记"的无意识行为，成为这一支苗族灵魂和生命中不可缺少的文化元素。对外界而言，独木龙舟已成为他们界定和宣示"我者"与"他者"的标识。他们下意识地反对望虎屯（汉族）参与划独木龙舟和其他人模仿独木龙舟，就是担心这种参与和模仿模糊了"我者"与"他者"之间的界线，扰乱他们集体记忆的纯粹。对于"独木龙舟文化区"内部来说，拥有独木龙舟，不仅是权力的宣示，也是尊严的表达。而权力和尊严往往关系到一个村寨（群体）的荣辱兴衰。因此，他们对独木龙舟的热爱和执着往往超出我们的想象。列举几个案例如下。

其一，在"独木龙舟文化区"，MS寨的龙舟是与众不同的"另类"。别的地方龙舟的颈部鳞片都画成五颜六色的，只有他们的是涂成土红色的。其他地方的人说，分龙肉时他们去得太晚，肉被抢光了，他们只捡得一根龙脊骨。于是有了"MS寨得脊骨，MS寨做鬼龙"的古歌。MS寨人自己也说他们做的是"嗡香"（苗语："鬼龙"），但他们说龙是在MS寨前的巴拉河里杀的，还有一个"烧龙刚郎义"的传说：MS寨是主人，他们让别的地方先拿龙肉，结果肉没了，他们只得到龙头骨和脊骨，所以就做成土红色的。20世纪50年代以前，MS寨龙舟一直受到整个"独木龙舟文化区"的排挤——不允许他们的龙舟进入集会场地参加划龙活动，但他们一直坚持划龙舟。不准他们进场，他们就停泊在边上，接受亲友的接龙礼物。直到解放后，他们才得以正常参与划龙活动。据SX寨吴MS老人说，直到80年代初，某地还派人到拥有独木龙舟的各村寨"串联"，邀约大家一起去强制毁掉MS寨龙舟。吴MS当时是SX寨的寨老，来人找到他，让他带人去参加。他没有答应。他说，都新社会了，不能搞这些。最后，这件事没有做成。我们到MS寨调查时，他们不提排挤，只是强调"龙"是在他们那里杀的，他们的龙舟求雨特别灵。吴WJ老人说：他们的龙舟到老屯求雨，才划几桡片，大雨马上就下起来了。还说，他们还到过平寨，平寨的人还请他们吃饭。①

---

① 讲述人：施洞四新寨吴MS，苗族，68岁，2019年6月，刘锋记录。

其二，1971 年，因为"破四旧"、打倒"牛鬼蛇神"，鲤鱼塘龙舟龙头被毁，龙身遭损坏。1973 年，虽然独木龙舟已经被禁划，但身为公社干部的本地人龙通普，冒着被打倒，甚至被开除、判刑的危险，组织鲤鱼塘的村民骨干到远离村寨的沙滩上召开秘密会议，决定悄悄恢复被毁坏的独木龙舟。他们商量以打造渡船的名义，明里打渡船，暗中打造独木龙舟。后来事情暴露，龙通普被审查批判几个月。①

其三，1971 年 4 月，马号公社派出工作组，要毁掉大冲苗寨的独木龙舟。在当时的高压政治下，村民们敢怒不敢言。当干部拿着斧头砍向放在龙船棚里的龙舟时，村民老莽奋不顾身地扑上去，用身体护住龙舟。②

其四，"文革"期间不允许划独木龙舟，但每到五月二十四日、二十五日，人们特别是年轻人，仍然要到平寨、施洞（塘龙）去"看龙船"（当地把过"独木龙舟节"叫作"看龙船"）。白天人山人海，晚上苗族飞歌、汉族山歌彻夜不停。有亲戚的就到亲戚家吃住，没亲戚的就自带几个粽粑当干粮，在河边的原木堆上过夜。许多当地人每家每天要接待数十上百人。其热闹程度并不比现在差多少。③

孩子与龙舟（奉力摄）

---

① 讲述人：双井鲤鱼塘吴寿福，苗族，男，55 岁，2018 年 5 月，宋永泉记录。
② 讲述人：马号大冲寨张够桥，苗族，男 72 岁，2016 年 6 月，宋永泉记录。
③ 讲述人：马号楼寨潘老保，苗族，男，62 岁，2016 年 8 月，宋永泉记录。

其五，由于搬迁到远离清水江边约 4 公里的高坡居住，已经 200 年没划独木龙舟的双井镇凉伞苗寨，2018 年重新打造独木龙舟，加入划独木龙舟的行列。据了解，凉伞人离开清水江边的时候，并没有放弃独木龙舟。他们还专门留下一户人家看守他们的龙船。后来龙舟和龙船棚被洪水冲走，才停止划独木龙舟。听爷爷辈的老人讲，大约在 100 年前，凉伞曾经准备恢复独木龙舟。但当时有位老人提出：现在大家都不会水（不会游泳），你们要先种好葫芦瓜，到时一个人背一个葫芦再去划龙船。听他这样一说，大家就放弃了恢复独木龙舟的念头。但他们从未忘记曾经的独木龙舟。他们原来修建龙船棚的那块地，虽经历 200 多年的沧海桑田，现在的凉伞年轻人都能指出它的位置。随着交通、通讯的发展，4 公里的空间距离已不成为障碍。2017 年，经龙明开等人提议，全寨一致赞成恢复独木龙舟。①

M 寨人长期的坚持不懈和抗争，使他们赢得了属于他们的权力和地位。如果他们中途放弃，就将成为"独木龙舟文化区"苗族社会的"他者"。而支持他们坚持的动力就是亲友们一视同仁的接龙送礼——虽不允许他们的龙舟进入集会场地进行划龙比赛或表演，但他们的龙舟所到之处，亲友们仍然隆重地接龙。在这一点上，他们与亲友是一损俱损，一荣俱荣的。因此，他们划龙舟不仅宣示着他们的权利，还强化了亲缘社交关系。凉伞人经过 200 年，10 代人的努力，才实现了他们梦寐以求的回归。这在局外人看来不过是参与一项活动，但对凉伞人而言，则是在"独木龙舟文化区"重新获得权利与地位的标志。是他们按照共同的集体记忆思考和行动的结果。

独木龙舟作为清水江苗族"故乡记忆"的载体，不仅塑造了他们的思维、品格，也影响着他们的性格、行为。独木龙舟及"独木龙舟节"在许多传统文化因为现代化的冲击，而面临危机、濒临失传的大背景下，能够蓬勃发展，既是其自身所具备的"与时俱进"品质所决定的，也是作为这一群体的集体记忆所决定的。不管世界如何变幻，不管科学如何发展，这条来自"东方"的龙舟，是他们心中永远的"神"，将永远在他们的心灵深处划行。

---

① 讲述人：双井凉伞龙明开，男，苗族，38 岁，2019 年 7 月，宋永泉记录。

四 走出"独木龙舟文化区"的独木龙舟

2000年6月6日(农历五月初五端午节),是一个在独木龙舟文化发展史上值得铭记的日子。施秉县为了将传统的民族节日打造成旅游产品,邀请了双井寨胆和铜鼓塘的两只独木龙舟到县城的舞阳河进行表演。独木龙舟的到来,使同源异流、分道扬镳达千年之久的独木龙舟与木板船龙舟,在施秉的舞阳河上实现了千年重聚首!这是清水江独木龙舟第一次走出"独木龙舟文化区"。

独木龙舟在舞阳河上表演(奉力摄)

此后,清水江苗族独木龙舟就逐渐走向外面的世界。特别是2009年广州亚运会开幕前为营造气氛,支持亚运会,各地纷纷举办各种体育竞赛活动。清水江独木龙舟也因其举世独有的形制和丰富的民族文化内涵而被邀请前去参赛或进行民俗表演。2009年5月,施秉举行"第七届杉木河漂流节",邀请了大冲、平地营、铜鼓上寨、铜鼓下寨4只独木龙舟到现场进行表演;同时,在端午节期间,镇远邀请了偏寨上排、下排2只独木龙舟到镇远现场进行表演。2009年7月29日,不划独木龙舟的贵州省麻江县下司镇(现属凯里市)举行了"全国首届独木龙舟大赛",邀请了台江、施秉两县的6只独木龙舟前往参赛。2009年5

月28日（端午节）广东番禺区举行"'迎亚运促和谐'第十二届莲花杯禺山杯龙舟赛"，邀请台江县独木龙舟队前往参加；同年6月9日，台江县独木龙舟队还参加了广州"首届中国龙文化节"的"首届中国龙文化节龙舟艺术展演"，获得金奖。2010年6月14日，北京云泽山庄举办"云泽山庄首届独木龙舟节"，他们引进了两只独木龙舟进行了竞渡表演；同年6月24日，台江县长滩独木龙舟队代表贵州省参加第二届"中国龙舟文化艺术节"，获得艺术展演银奖。2017年，台江县还专门打造了一只独木龙舟赠送给杭州市。

清水江独木龙舟到外地参加活动，对宣传、弘扬苗族独木龙舟文化是一个有力的推动，它激发了苗族群众的文化自信与文化自豪感，对传承和发展清水江独木龙舟文化有着积极的作用。同时，这些外出活动往往有着较为丰富的报酬（每只龙舟大约可获得数千元到数万元不等的酬劳）。除船员的食宿、龙舟的运输费用外，每个人还可获得一定的劳务费。对此，村民的态度各有不同。

> 个案一：本来五月大端午划龙船是正数，是老古理。但现在划龙船有些乱套了。五月划，六月也划，七、八月也划。哪里喊去划就去划。不管老规矩，就是为了钱。这样搞去搞来，划龙船就没意思了。①
>
> 个案二：我们龙船组委会，除了组织大家划龙船，还要了解信息，组织我们的龙船出去划，要有点收入，大家才展劲（方言：积极出力）。要出去也才有名誉。②

这两种观点都有代表性。既分别代表了两代人对独木龙舟走向外面的世界的态度，又反映了他们对独木龙舟文化的传承和发展的不同认识。这两种不同的认识，其实也是对独木龙舟文化本身进行的价值判断——是坚守传统的民俗，还是走向市场化。

---

① 讲述人：平地营张YM，男，苗族，65岁。2017年8月，宋永泉记录。
② 讲述人：鲤鱼塘吴LT，男，苗族，38岁。2917年7月，宋永泉记录。

第四节　独木龙舟发展与传承面临的问题

整体而言，独木龙舟以及"独木龙舟节"在一个相当长的时期内，不存在失传的危险。但局部仍然有一些问题应该引起文化持有者、管理者、倡导者足够的重视。

一是祭祀仪式的简化和禁忌事象的淡化。比如：按传统仪轨，每年龙舟下水"洗龙"时，要举行"请龙神"仪式；抬龙起岸也要举行"送龙神"以及送其他各路神灵的仪式。这些本应由巫师主持的严肃仪式，在一些地方简化为由一个德高望重的老者，去交代几句就行了，有的干脆连简单的交代也省了。而且一些地方连巫师也不会念全套的"请龙神"和"送龙神"祭词。又如：出龙祭祀仪式是划独木龙舟最为重要的仪式之一，现在有的地方的祭祀仪式还基本按照传统程序进行，祭祀的时间也较长；有的地方则省略祭词和简化仪式步骤（巫师已经不会）。再如，新龙舟必须要到长潭口"取水"，这是新龙舟完成其"神性"建构的标志性仪式，但也有个别地方的新龙舟没有履行这一仪式，照样划得不亦乐乎。近几年，在平寨等集会地出现了"独木龙舟节"期间所忌讳的"狗肉锅汤"。这些仪式和禁忌的简化和淡化，将会进一步模糊世俗与神圣的分界线，其整合、凝聚人心的粘合剂作用也会受到影响。

划龙人员随意着装

二是人员着装已有打破传统规范的趋势。这种情况在榕山龙舟集会地尤显突出。2019 年"独木龙舟节"期间，我们发现个别地方的划龙手甚至鼓头、锣手都不按照传统要求着装，只穿蓝色阴丹土林布裤子和白色衬衫，不带斗笠，不着苗族上衣；鼓头、锣手也不着传统盛装、佩戴银饰。这也许与当时的天气太炎热有关系，但随意着装与独木龙舟还是有些格格不入。更为重要的是，放弃了对着装的统一要求，就是放弃了独木龙舟独有的文化特色。

三是有以"求快"代替"求美"的趋势。传统的独木龙舟以"求美"的表演性为特色，追求龙舟（龙头）雕刻的精致，色彩的绚丽，服装的统一和精美以及动作的整齐与优美。但近年来，由于一些龙舟集会地竞渡优胜奖金的刺激，从而出现了一种以求快争胜为目的的倾向。具体体现在着装上的随意和打造龙舟时降低方板的厚度（一般打造镶拼独木龙舟，主龙脊骨厚度约为25厘米，其他部位的方板厚度约为15厘米左右）以减轻龙舟的重量，提高速度。这在减轻重量的同时，也降低了安全性，留有安全隐患。有关部门应从安全性出发，对龙舟用料的厚度，做出统一规范的规定，以保证龙舟的安全性。同时，各龙舟集会地的龙舟竞渡组织者，应该从独木龙舟自身的特色出发，在龙舟集会时，大幅提高"出场费"的数额，并把以"求美"为主要内容的龙舟形象、着装、动作、接龙、"镇龙潭"等仪式的规范与完整等方面的内容作为得到相应"出场费"标准。同时，大幅降低龙舟竞渡优胜奖的奖金额度，增加表演综合指数与奖金匹配。以此为杠杆，使拥有独木龙舟的村寨自觉保持优秀的文化传统，最大限度地保持独木龙舟独特性、民族性、地域性特征。

四是上节提到的独木龙舟文化的拥有者对独木龙舟文化的价值判断与追求分歧，对独木龙舟文化的传承与发展将会产生决定性的影响。就目前而言，这种分歧还是浅表的、隐性的，对独木龙舟文化尚未带来实质性的困扰。现在大多数村寨的"组委会"骨干均为30岁至40岁的青壮年为主，如果假以时日，这种在外部环境诱惑之下所产生的内生"需求"，将决定独木龙舟未来的划行方向和最终归宿。

从目前来看，这些问题仍然是个别现象，并未给整个"独木龙舟文化区"带来实质性影响，仍然处于"量变"的阶段。但作为国家级非物质文化遗产，作为地方优秀传统文化，如果这些问题没有在文化的所有者、管理者、倡导者中引起足够的重视，长此以往，离发生"质变"也就为期不远了。

第九章　田野纪实

我们关于独木龙舟文化的调查与研究，已进行了数年。现将独木龙舟的制作过程、划独木龙舟的所有环节以及充满传奇色彩的"十里长潭"探险，共三篇田野调查纪实呈现于下，使读者对独木龙舟有一个更加具体、生动的认识。

第一节　鲤鱼塘新龙舟诞生记

鲤鱼塘（苗语"喀泡"）位于施秉县双井镇平寨村，是一个坐落在清水江边的苗族村寨，全村分为鲤鱼塘和三角田两个自然寨。全寨99户，约500人，以吴姓为主（约占80%），龙姓、雷姓次之，另有张、尹、姜等姓氏，村民几乎全是苗族。该寨历来有划独木龙舟的传统，老龙船却在"文革"期间被毁坏。据当地人说，他们的老龙船十分有名，经常在比赛中拿名次，"文革"时作为"四旧"①典型被要求率先将龙头销毁。村民为了保住龙头，就拿龙角去烧。他们烧一截留一截，还故意把未烧尽的龙角放到江里，让它随水漂流，造成一种龙头完全被烧掉的假象。据当地人说，这截未烧尽的龙角就像一个报信使者，一直顺清水江而下，让沿岸苗寨知道上游在毁龙船了。于是纷纷采取措施，把龙舟、龙头藏来起来。当它漂到二十公里外的廖洞时，一直在江边的一个深潭里转着圈不走，最后被一个村民发现。村

---

① "破四旧"，指的是破除旧思想、旧文化、旧风俗、旧习惯。1966年6月1日，人民日报社论：《横扫一切牛鬼蛇神》，提出"破除几千年来一切剥削阶级所造成的毒害人民的旧思想、旧文化、旧风俗、旧习惯"的口号；后来"文化大革命"《十六条》又明确规定"破四旧"、"立四新"是文革的重要目标。

民告诉寨老，上游在毁龙船了（廖洞是拥有独木龙舟的最下游的村寨）。于是，他们也把龙舟藏了起来。这件事现在独木龙舟文化区内已经快成为神话了。

鲤鱼塘人想尽了办法，但最后还是没能把龙头保住。1971年，独木龙舟又再次被当成"牛鬼蛇神"，成为被清除的对象。鲤鱼塘曾躲过一难的龙头，这次却在劫难逃，被拿到区政府烧毁。龙头虽被烧毁，但"龙身"还在。20世纪70年代初，清水江发大洪水，村民合力把"龙身"救了出来，龙船棚却被冲走了。他们只好把"龙身"转移到四新寨的龙船棚放置。后来又将龙舟转移到寨子里放置。1973年，一位在政府工作的当地干部龙通普，不顾被批斗甚至被开除的危险，悄悄召集村民到远离寨子的河滩上召开开秘密会议。会议的主题就是以打造渡船的名义，秘密打造独木龙舟。结果走漏风声。这位干部被审查了好几个月，所幸没被开除工作籍。① 这样一来，不仅新龙舟搞不成，老龙舟也被进一步毁坏——"龙身"被锯掉了一截。不久，村民又找来木料把被锯掉的龙尾接上，但由于不准修建龙船棚，巨大的"龙身"被长时间日晒雨淋而朽坏。改革开放后，虽有人提议重修打造龙舟，但因大多数村民经济不宽裕而放弃。本世纪后，随着改革开放的不断深入，农民的经济状况有了很大的改善。鲤鱼塘也具备了打造新龙舟的实力。2012年在村民小组长吴寿权，以及村民龙光成、吴寿福等人的提议下，鲤鱼塘先后召开7次村民大会协商，最后大家一致同意打造一只新龙舟。

一 成立"龙船组委会"

对鲤鱼塘来说，打造新龙舟是一件大事。为了使龙舟打造顺利进行，鲤鱼塘不仅召开全寨大会进行决策，还选举成立了"鲤鱼塘龙船组委会"。由"组委会"全面负责新龙舟的打造和划龙舟活动的组织工作。鲤鱼塘吴姓虽然占80%，但龙舟并不只属于吴姓，而是归全寨人所有。"组委会"成员的结构就充分体现了这一特点。

---

① 讲述人：吴寿福，男、苗族，55岁，双井鲤鱼塘人。2018年6月，宋永泉记录。

鲤鱼塘龙船组委会成员名单：①

委员长：龙光成（总管）

成　　员：吴寿福（原村干，专管人员安排）

　　　　　吴寿权（组长，专管生活安排）

　　　　　吴中华（会计）

　　　　　尹登祥（出纳）

　　　　　张应书（材料员）

　　　　　吴征月（普通成员）

组委会成员的平均年龄在50岁，由小姓出任"委员长"、出纳和材料员，大姓分管主要的事务安排（人员、生活、会计）。这种安排充分考虑到各方面的利益平衡，突出的也是地缘特色而不是血缘主宰。

二　分两次筹集资金

制作一只独木龙舟，耗资是十分巨大的。鲤鱼塘"组委会"成立后的首要任务就是筹集打造龙舟所需的资金。

鲤鱼塘没有"众田"、"众山"，其资金来源主要是村民集资和政府有关部门的少量资助。鲤鱼塘集资分两步进行：第一步，先按"火坑"（即户头）集资。全寨共有99户，每个"火坑"出资1000元，共得到资金9.9万元。而打造一只新龙舟需要二十多万元，所得资金远远不够。于是，经过大家商议，又采用按人头集资的办法再次集资。他们按人头集资的规矩也和整个"在独木龙舟文化区"一样：人头只算男人（不管老小），女人不在集资的范围之内。全寨共有男人266人，每人出资400元，共有10.64万元。两次集资共筹集资金20.54万元。这样，经过"组委会"几个月的筹备，终于筹到了打造一只新独木龙舟所需的资金。独木龙舟的打造由此进入实质性实施阶段。

---

①　讲述人：鲤鱼塘吴寿福，苗族，55岁。2018年6月，宋永泉记录。另：2019年6月，"鲤鱼塘龙船组委会"又增加了张红兴、吴老天、尹韩林三名成员。现其"组委会"成员共10人。

三 分两次"请龙木"①

由于鲤鱼塘制作龙身和龙头的树木分别在两个不同的地方购买，龙身树在上游约3公里的施洞南哨；龙头树则在下游十多公里的施洞平兆。两地距离较远，因此，他们的"请龙木"分两次进行。

码头上送行的女人们（奉力摄）

（一）"请龙身"

鲤鱼塘"请龙身"的时间定在2013年11月5日（农历的十月初三）。

11月4日晚上，鲤鱼塘召开了村民大会，除了催缴集资款外，主要由当地巫师吴征光交代第二天上山"请龙木"的注意事象，即禁忌：不能随意着装，必须穿划龙舟时的新衣；如果别人问你去干什么时，必须说"去请龙"，不能说去砍树；路上或山遇到蛇或其他动物时，不要直说是蛇或动物，而是要说"遇到龙"、"龙回来了"等。

2013年11月5日（农历的十月初三），因为是"请龙木"，出发的时

---

① 本部分资料细节来源：一是鲤鱼塘吴寿福、龙光成等人讲述；二是奉力、吴安明、雷刚等人2013年11月的跟踪拍摄采访。特此致谢。

间定为辰时（上午7时至9时，属龙）。

　　天天刚亮，清水江还笼罩在一层薄薄的晨雾之中，"咚、咚、哆……咚、咚、哆……"悠扬独特的独木龙舟锣鼓声伴着江涛在鲤鱼塘上空回荡。锣鼓声中，前去"请龙木"的男人们穿着过节和划龙时才穿的上衣，带着砍树工具、祭祀用品、一挑糯米饭以及煮中午饭用的炊具等陆续来到江边，只等良辰一到马上登船出发。祭祀用品中除了香、纸、米酒之外，还有一只白公鸡和一只大绿头公鸭。7时刚过，人们便分别登上两只早已准备好的机动船。7时30分，人员登船完毕，机动船离开码头，开向上游的南哨村。这时，全寨的妇女们都来到江边，站在码头的台阶上目送机动船逆流远去，像为出征的战士送行。

　　8时整，男人们到达南哨，离船上岸一路敲着龙舟锣鼓，向森林进发。

上山"请龙木"的男人们（奉力摄）

　　这次所请的"龙木"是一个月之前他们就已经选好的。选"龙树"时，严格按照传统规矩执行。凡被选中的就在树下插上一草标，表示此树已有主人，别人不能乱动。

　　经过一个小时的跋涉，人们到达"请龙木"的山头。到了山上，所有"请龙木"的人都必须遵守规矩，不准说不吉利的话。在砍树之前，要祭祀山神、树神。祭祀由本寨巫师吴征光（苗族，60多岁）主持。在巫师的指挥下，大家用树枝、木棒在选定的最大的一棵"龙木"前搭起一个临时祭台。将一升米、三杯米酒、刀头肉、一束芭茅草摆在祭台上。米中放有120元钱①。同时，人们将一块红布（长一尺二寸）用一绺麻系在这棵杉树上。巫师的助手还将事先准备好的一块红布撕成小条和将一丝麻线发给上山"请龙木"的每一个人，系在手臂上，既辟邪又表示挂红有喜。祭祀师傅开始烧香化纸祭祀"该西"喜神。他双手抱着白公鸡面向大树念祭词："该西阿——上面十二鬼/下方十二神/你住天上寨/你居云间村/不来我用稻米叫/不来我用米粒呼/我用米粒来引路/我用稻谷来作媒/哪个鬼我不叫/哪个神我不喊/我只叫你十二鬼/我只呼你十二神/请龙龙就来/请神神保佑……"② 同时，龙舟锣鼓也在一旁以舒缓的节奏不停地敲着。整个山野笼罩在一片肃穆之中。

念诵完毕后，把白公鸡杀掉，将鸡血洒在树的周围，涂抹在被选做"龙木"的树干上。上午九点半左右喜神请到，祭祀告一段落。其他人则将鸡拿去拔毛、煮熟、观察鸡眼，占卜吉凶——鸡双眼睁闭一致则大吉大利。

随后，在巫师的指挥下，一个人牵着绿头公鸭到另外一棵龙树下绕树一周，然后再回到祭祀的主龙树下又绕树一周。同时，念诵请龙吉语。大意是：龙啊，龙啊，前面有鸭子带路，你跟着它一起走，一直走到河边，一直走到海头。念诵完毕即开始砍树。由事先选定的一位"有福之人"③动手先砍三斧，大家再一起动手把树砍倒④。被选为砍第一斧的人叫吴寿科，年纪约五十岁，父母健在，儿女双全，是公认的"有福之人"。10时15分，第一棵树被砍倒。鲤鱼塘寨对树木倒下的方向没有特殊要求，树倒向哪个方向以便于打理和运输来确定。树倒下时，大家齐声高喊："龙回家了！"

大约11时，人们把砍下的树木按所需规格进行裁节，并摆放好。此时，鸡也煮熟了。主持祭祀的巫师重新布置祭台，开始献祭熟食，祭台上

---

① 过去有放12元、1.2元或12个铜钱，称为"利事钱"，归祭祀师傅所有。
② 此祭词为吴安明记录、翻译。
③ 青年的要父母健在；中年的要儿女双全。
④ 鲤鱼塘"请龙身"时，只规定辰时出发，对砍树的时间不做规定，祭祀仪式完毕，即可砍树。

祭祀"该西"喜神

放一升米,燃上九炷香,插上几片鸡翅羽毛,摆上已经煮熟的整只鸡、一束芭茅草和一盆清水,开始"请龙神"祭祀。此时这些已经砍好的树木已经不是普通的木材,它们是已具有神性的"龙木"。祭师念诵请龙祭词,大意是:请喜神、山神等各路神灵尽情地享用祭品,吃好、喝好,保佑大家顺利吉祥。同时向空中象征性地撒米,然后用芭茅草把盆中的清水洒在"龙木"上,意使龙神有水而行,保佑一方风调雨顺。最后,用芭茅草把事先准备好的几束普通白纸剪成的"纸吊"和几片白公鸡的羽毛捆在小杉木树的上端(枝丫之下),祭祀即告完成。祭祀完毕,一些人开始往山下搬运"龙木",一些人开始生火做午餐。根据习俗,"请龙木"时必须要在山上吃一餐饭。

下午两点,大家开始吃午饭。刚才祭祀的鸡也成了大家的盘中餐。吃饭前,先把煮熟的鸡头拿给巫师吴征光。他接过鸡头并没有马上吃掉,而是把它拿在手中,端详着鸡头,恭敬虔诚地说了一串保佑"风调雨顺、人丁兴旺"的吉祥话。他说完，也没吃鸡头，而是把鸡头传给下一个人。接到鸡头的人又说了一些吉祥话，再往下传给另一个人。就这样，依次传递，大家依次说吉祥话。一个人说完，大家就齐声应和并喝一口酒。气氛十分热烈。

下午三点，大家吃饱喝足，开始把"龙木"搬运下山。他们把19根"龙木"搬到清水江边时已是黄昏时分。因为顺水，他们便把"龙木"捆扎成木排。在启动木排的同时大家齐声高喊：快来吧龙神，跟我们去吧水龙！之后，"龙木"便顺流而下。出发时带去的绿头公鸭也由专人随"龙木"带回来。此时的绿头公鸭成了水龙的化身，承担着将水龙带回村寨的使命。在运输"龙木"的过程中，沿途经过的南哨、四新、寨胆等村寨的亲戚，都纷纷来到河边鸣放鞭炮接"龙木"。

"龙木"达到鲤鱼塘时天已黑尽，全寨的男女老少早已等候在码头上，拿着酒、肉、彩线等物品来到河边，鸣放鞭炮迎接"龙木"并齐声高呼："龙来了！龙来了！"。这次共请来"龙木"十九棵。每棵的直径大小不一，以根部直径计算，每寸（约3.33厘米）的价格为一百二十元。

（二）"请龙头"

鲤鱼塘"请龙头"的时间，定在2013年11月18日（农历十月十六日）。据鲤鱼塘"龙舟组委会"成员吴寿福讲，龙头树生长的地方"山甲很硬"，因此，他们原定选择寅时（属虎）出发，辰时（属龙）进山。但由于特殊原因，出发时已是辰时（上午7点半）。于是他们临时决定，改为辰时出发，辰时进山，这样更加吉利。他们一路争分夺秒，于上午8点40分按时赶到目的地。

在一片水柳林中，制作龙头的师傅张先文选中了一棵直径、长度、弯曲度都非常适合的水柳树。经过与"请龙身"大致相同的祭祀后，上午十点半，第一个砍树的人仍然是"有福之人"吴寿科。他在树的根部象征性的砍三斧后，大家就用电锯锯、斧头砍，合力把树砍倒。

11时，龙头树被砍倒。由"组委会"委员长龙光成主持祭祀。"请龙头"的祭祀与"请龙身"在细节上有一些差别。一是，主要祭品"请龙身"时用的白公鸡，"请龙头"时不用白公鸡，用绿头公鸭；二是，不搭祭台，就在树桩前面摆上三碗酒，点上香，焚化纸钱举行祭祀。燃香化纸后，龙光成双手抱着绿头公鸭，对着树一边祭拜，一边念诵祭词。祭词

"请龙头"（奉力摄）

的内容大致是：请山神树神允许我们寨子用这棵树做龙舟，并保佑全寨老幼幸福安康、五谷丰登、人丁兴旺。念毕，把绿头公鸭杀死，将鸭血洒在树桩周围，涂抹在砍倒的树上。最后燃放鞭炮，祭祀仪式全部结束。

在砍树和祭祀过程中，必须敲打龙舟锣鼓。

十一时半，祭祀完毕。大家一起根据张先文师傅在原木上标出的尺寸规格，将原木加工成做龙头的毛坯料。目的是减少体积重量，便于运输。

十二时，大家在河滩上野餐。吃完中午饭，继续加工龙木。下午三时半左右，龙头木的毛坯加工完成。由六个人将毛坯料抬出河滩，装上农用车。上车地点离平兆寨子很近，平寨的亲友们早已知道他们来"请龙头"的消息。此时，亲戚们都拿着鸭、鹅、绸缎被面等前来"接龙"。鲤鱼塘的"龙木"从平兆运回本寨，沿途经过平兆、巴拉河、杨家寨、偏寨、芳寨、八梗、大冲、铜鼓等村寨，这些村寨的亲戚都带上礼物到路边来"接龙"。一路走走停停，回到鲤鱼塘天已黑了。一路上他们收到的礼物有鸭、鹅数十只，彩缎被面数十面。整个农用车车厢和龙木，被彩色被面装点得五彩缤纷。

鲤鱼塘到平兆请的这棵龙头树，价格为900元，加上给主人家的礼品（一篮糯米饭，一只公鸡、一壶米酒），共花费1000元左右。

请来龙头、龙身，制作新龙舟的备料工作就算基本完成。

四　独木龙舟的打造

（一）"龙身"的制作

鲤鱼塘新龙舟采用组合镶拼的工艺打造。他们请来打造新龙舟的师傅是黔东南独木龙舟制作技艺的州级传承人张先文。张先文虽年近七十但身体硬朗、技艺高超。他在清水江两岸打造独木龙舟已有四十来年。"独木龙舟文化区"的龙舟许多是他和他的徒弟们打造的。2016年施秉的创吉尼斯世界纪录的"世界最长木龙舟"以及贵州省赠送给杭州市的独木龙舟都是他和徒弟们的杰作。

制作龙舟的方板（奉力摄）

打造独木龙舟必须选择吉日开工。鲤鱼塘新龙舟"发墨"的吉日选在2013年11月27日（农历十月二十五日），吉时则定为正午时（中午十二时整）。"发墨"仪式由掌墨的张先文师傅主持。

11月27日上午11时50分，人们把一棵最大、用作龙舟"脊骨"的"龙木"平放在木马上。旁边置一小方桌，桌上摆着三杯酒，放一升米，米中插九炷点燃的香，用来祭祀的绿头公鸭、红公鸡等，也放在一边候用。还有两人分别拿着锣和鼓站在一旁。只等时辰一到就敲响龙船锣鼓，开始"发墨"仪式。

12点整，龙舟锣鼓敲响。张师傅拿出墨斗在木马上的"龙木"两端从中央拉画出一条垂直于地面的直线，然后张师傅拿墨斗在"龙木"粗的一头，另一人将墨线拉到另一端，两人分别将墨线按在刚才所拉画的垂直线的上端，将墨线拉紧绷直。张师傅带起右手将绷直的墨线向上提起，然后放开。墨线便在"龙木"上弹出了一条清晰的直线。接着焚香化纸，后用斧头把绿头公鸭杀死，把鸭血洒在"龙木"上，将几片羽毛粘在"龙木"上，表示已迎来龙神，送走树神。祭祀"该西"神的仪式基本结束。祭祀的目的是求得"该西"神的保佑，使龙舟打造顺利，划龙舟时安全平稳。鲤鱼塘祭祀时，只用绿头公鸭和红公鸡，不用白公鸡。

祭祀完"该西"神，接着祭祀木匠的祖师鲁班。张先文师傅说，其实"发墨"一般只要烧点香纸，用点刀头肉就可以的。但如果打造龙舟的村寨要用鸭子祭祀龙舟，他就要一只红公鸡来祭祀鲁班。祭祀鲁班时，张师傅烧香化纸后，不杀红公鸡，只是咬下一小块鸡冠，让鸡血流出，然后把鸡血涂在"龙木"上，同时念诵一些祝福吉语就可以了。

"发墨"之后，张师傅根据"龙木"的大小和鲤鱼塘人要求的龙舟尺寸，在木料上做好尺寸标记，其他参与的木匠（徒弟或帮手）就可以按标记进行加工了。

经过张师傅和他的徒弟们20多天的努力，鲤鱼塘新龙舟打造成功。这只新龙舟"母龙"长24.75米，宽0.75米；"子龙"长13.75米，宽0.45米；龙头长约3.7米。整只龙舟长约28.5米，宽约1.2米。

（二）龙头的制作

鲤鱼塘新龙舟的龙头，由村民吴寿福绘制设计。其形象栩栩如生，却没标明规格尺寸。雕刻制作龙头的张师傅说，他并不需要具体的设计，只要给他个"样子"就可以了。尺寸规格他自己根据龙舟的大小、长短依经验而定。

鲤鱼塘龙头制作的工艺、步骤与其他地方没有差别。只是根据吴寿福的设计图，张师傅在龙舟头上雕刻了一条鲤鱼和五个螺蛳。经过上色、组装后，龙头即算制作完成。

龙头、龙身制作完成后，还要进行组装试划。验收合格后，一只独木龙舟才算建造完成。据鲤鱼塘"组委会"委员长龙光成说，他们鲤鱼塘的独木龙舟，自古以来便以速度快而远近闻名。据说，他们的龙舟快速划过，掀起的波浪会将一些小船弄翻。这种说法也许有夸张的成分，但他说他们的龙舟速度快是有自己的"秘密技术"的。他告诉我们，这个"秘密技术"就是要求龙舟船体平直，船尾在满员时（42人）离水面约10厘米。在划行波动时，船尾刚好接触水面。如果验收时龙舟达不到这个标准，他们会要求制作师傅进行改造，直到达到标准为止。他说，这样的龙舟不仅速度快，而且平稳。

第二节 寨胆划龙舟纪实

寨胆（苗语叫"喀柳"）位于清水江上游的北岸，与台江县施洞镇的四新苗寨隔江相望。属于施秉县双井镇平寨村，以龙姓为主，还有廖姓、吴姓等其他姓氏。全寨84户，近400人，均为苗族。寨胆自古有划独木龙舟的传统。20世纪80年代以前，由于人手少，加上经济方面的原因，寨胆与同村的把往寨（龙姓为主，与寨胆龙姓同宗）共同拥有一只龙舟。"文革"时，这只两寨共有的龙舟被作为"四旧"毁掉。在改革开放之初的1981年，热爱龙舟的寨胆人，在经济尚不富裕的情况下，经过多种方式筹集资金，单独打造了一只属于自己的独木龙舟。这只龙舟也是多根杉木镶拼而成的。1982年"独木龙舟节"，新龙舟正式下水。1982年和1983年因经济方面的原因，没有人愿意当"鼓头"，就实行"集体鼓头"，即费用由全寨承担。1984年至1986年，分别由龙通元、龙通德、廖定云三人担任"鼓头"。1987年至今，改为"龙舟组委会"，传统的"鼓头"彻底退出寨胆划龙舟的历史舞台。

寨胆是改革开放后"独木龙舟文化区"较早打造新独木龙舟的村寨之一。这只老龙舟"母龙"长约23.8米，宽约0.6米；"子龙"长约14.2米，宽约0.2米。据寨胆人说，他们的这只龙舟十分有灵性。制作这只龙舟时，天旱少雨，几成旱灾。可是，当第一棵"龙木"刚被砍倒下，刚刚还晴朗的天空，顿时电闪雷鸣，倾盆大雨如约而至。大河小溪水位上涨，严重的旱情得以解除。这近似于神话的故事，也许是巧合，也许

寨胆双龙（奉力摄）

是创作。不管如何，它给寨胆龙舟以神圣，给寨胆人以自豪是实实在在的。可以说，"独木龙舟文化区"，每一只独木龙舟都有属于自己的传奇。比如：四新寨拥有百年老龙头，他们的龙舟从来不出"事"（指事故）；鲤鱼塘龙舟速度快；上稿仰龙舟求雨"灵"，等等。这些"传奇"，不管是巧合还是附会，对他们来说，都是在"独木龙舟俱乐部"中获得地位和话语权的重要条件。因此，每到一个村寨，他们都会给你讲述属于自己龙舟的故事传奇。寨胆的这只独木龙舟也不负寨胆人的期望，不仅在"独木龙舟文化区"拥有较好的声誉，还多次被邀请到舞阳河流域的施秉县城、镇远县城等地表演。成为最早从清水江流域跨域到舞阳河流域的独木龙舟之一。

2016年，由于人口增加，热爱划龙的年轻人多，一只龙舟已无法满足大家上船划龙的要求。于是，在"寨胆龙舟组委会"的组织下，召开全寨大会，商量决定再打造一只新龙舟。2017年"独木龙舟节"，寨胆新、老两只龙舟同时下水。我们则跟随新龙舟，参与了从"洗龙"到"吃龙肉"的全部活动过程。

6月16日（农历五月二十二日），阴。

离"独木龙舟节""开幕式"——平寨龙舟集会还有两天，寨胆新、老龙舟今天同时下水"洗龙"——将放置了一年的老龙舟的龙头、龙身和新龙舟抬下水进行清洗组装。寨胆"洗龙"没有祭祀仪式。吃过早饭后，全寨的青壮年一百多人都来到龙船棚集中，齐心合力把新、老两只龙舟抬到江中，擦洗干净后进行组装。他们的新龙舟，采用的都是新工艺，即用横梁板卡住"母龙"、"子龙"，两边用长螺栓固定。因为是第一次下水组装，因此，由打造龙舟的师傅到场指导，并根据试划出现的问题，不断进行调整[①]。因此，组装比较费时，大约花了一个小时才组装调试好。寨胆老龙舟采用的是传统工艺，组装时用竹篾、绳索将"母龙"和"子龙"捆绑在一起。今年他们只计划到平寨、塘龙、铜鼓三个地方参加龙舟集会，没打算去榕山、六合等集会地参加集会，所以，他们的老龙舟采取的是母龙吃水较深，阻力较小，划行速度较快的"娘背崽"绑扎方式。龙舟组装完成，一些年轻人就迫不及待地上船练习。寨胆的许多年轻人都在广东、上海、浙江等地打工，为了划龙舟专门请假赶回来。即使许多人从来没有划过龙舟，但从小的耳濡目染，只要稍作练习便划得像模像样的。经过一两天的练习，他们都能掌握划独木龙舟的基本要领。

据当地退休干部原双井镇武装部长龙云介绍，寨胆有80多户，只有一只龙船的时候，龙舟能容纳的人少（最多42人），而想划龙舟的人多，"组委会"经常为谁上谁不上伤脑筋。今年增加了一只龙舟，又是新龙舟第一年下水，需要的人手多，所有的亲友、"姑妈"包括远嫁外国的都要回来接龙。担心人员不够，要求所有在外打工的年轻人都必须回来。大家也十分愿意回来参加划龙活动，连远在新疆的，也都在今天赶了回来。

6月18日（农历五月二十四日），多云。

今天是平寨龙舟集会的日子。寨胆属于平寨村，位于平寨下游约两公里处。平寨的龙舟集会，同村的寨胆龙舟是必须要去参加的。而且寨胆新龙舟今年第一次下水，也必须要到平寨的"长潭""取水"，新龙舟才具有"神性"。换句话说，没有到平寨"取水"的新龙舟，就没有社会合法性，不具备参加龙舟集会的资格。据平寨龙舟协会会长杨云飞讲，施秉县城打造的"世界最长木龙舟"曾希望到平寨的"长潭""取水"，想以此得到大家的认可。但平寨龙舟协会没有答应。具体原因他们说不清楚，但从文化资源的角度说也许他们觉得，跨流域"取水"有夺取其特有文化资源的嫌疑，所以才不答应。

---

① 主要是调整"母龙"与"子龙"的角度和"子龙"位置的高低。

节日祭祖

为了能全程参与寨胆的划龙活动，我们一大早就驱车前往寨胆。八点钟不到，我们就已到达平寨。但此时在平寨与寨胆之间约两公里的公路两边已变成了一个摊点林立的"马路市场"。本来不宽的乡村公路，此时更加拥挤。许多路段只能容一辆车小心翼翼通过。车堵车，人也堵车。走走停停，两公里的路，我们走了将近两个小时才走了一大半。龙云已来了几次电话催促。好不容易走到一处勉强可以泊车的地方，急忙把车停好，步行前往寨胆。

上午十时左右，我们终于到达寨胆。根据"组委会"的安排，我们随"组委会"龙头之一的吴昌军到他家过节。当地人不叫"独木龙舟节"，他们称这个节日为"龙船节"或"大端午"（苗语叫"喽嗡"，直译为"吃龙"）。在"独木龙舟文化区"，各地因龙舟集会时间的差异，过节的时间也不同。平寨集会的时间是农历五月二十四日，平寨周围的村寨就在二十四日的上午过节（上午过节，是为了下午好去看龙船）；五月二十五日在施洞塘龙集会，施洞周围的村寨则在二十五日上午过节。

吴昌军四十岁左右，敦实干练。寨胆以龙姓为主，吴姓是小姓。他们的"组委会"只有四个成员，都叫"龙头"，不分大小。吴昌军能当选为四个"龙头"之一,还负责新龙舟打造的全部工作,可见群众对他的人品和能力的认可。吴昌军家是新修不久的砖混结构楼房,堂屋宽敞干净。一桌丰盛的宴席已经摆好。我们进屋后,吴昌军随即在神龛前焚香化纸,祭祀祖先。祭祀完毕正准备开饭的时候,他家远嫁贵阳的姑妈也带着家人赶到,她们一家是专程赶来接龙的。吴昌军的姑妈已七十多岁,离乡几十年,一身汉族装扮,但一口流利的苗语仍是浓厚的乡音。一大桌人大多互不相识,但都带着节日的喜悦,其乐融融。饭吃到一半大家还在饭桌前合了一张影,以作纪念。

饭还没吃完,龙舟锣鼓就在寨子里敲了起来。吴昌军说,是在催划龙舟的人集合了。他作为"组委会"成员,不能落在别人后边。匆匆吃几口,就急忙出门了。我们为了不错过划龙手登船和出龙祭祀仪式,也随后赶到停泊龙舟的清水江边。

出龙祭祀(奉力摄)

11时左右,我们来到江边。此时,江边及寨胆龙船棚一带已聚集了许多看热闹的人。从寨胆到平寨约两公里长的公路上,更是人来车往,摩肩接踵。寨胆的两只龙舟都停泊在龙船棚下边十几米处。在停泊龙舟的江边草坪上,放着一张小方桌。负责出龙祭祀的巫师杨岩生和一位助手正在做祭祀前的准备。杨巫师是平寨人,苗族,67岁。据说很厉害。本来寨胆也有会祭祀的巫师,但因为是新龙舟下水,寨胆人特别重视,特意到平寨请来杨岩生，负责整个划龙舟期间每日的出龙祭祀。

一些远处的龙舟已陆续经过寨胆，前往平寨。据统计，今年共有7只新龙舟下水，除了寨胆的新龙舟之外，其他6只都要到平寨"取水"。除了新龙舟，还有许多老龙舟也远道而来。"咚咚、哆……咚咚、咚咚、哆……"的龙舟锣鼓声，在清水江上此起彼伏。偶尔也有龙舟靠岸接受亲友的接龙礼物，鞭炮放得噼噼啪啪乱响。

寨胆离平寨很近，一切都显得不慌不忙。方桌上摆着半塑料袋米，米上插有120元的"利事钱"以及酒、刀头肉、香、纸等祭品和一束芭茅草。桌子前的一根木桩上，捆着一根下端去皮，上端留叶留叉的杉木树，树上挂几束红纸、绿纸剪成纸吊吊，桌前放一盆清水、一大卷鞭炮和一把伞。祭祀助手抱着一只大白公鸡站在一旁。祭祀用的芭茅草是当天凌晨，由一个父母健在、夫妻和睦、儿女双全的男性到坡上去采割来的。据说，采割芭茅草有许多禁忌：必须是寅时上山，寅时内下山。采割时和回来的途中，不能与别人照面；万一躲不开，也不能打招呼，即使别人呼叫也不能答应。

11时30分，祭祀准备就绪。出龙祭祀仪式开始，即请喜神"该西"、山龙、水龙。祭祀巫师先用一匹芭茅草叶片打成一个"9"字形的结，当地方言称为"草标"（苗语叫作"囚梭"）。然后把草标放到盛着半盆清水的盆中。助手则给桌上的9个一次性杯子倒上一些酒。巫师用燃烧的纸钱点燃12炷香，3根一组插在用塑料袋装着的米上。他从中抽出一炷香，然后点燃几张纸钱扔进水盆里，拿香对着水盆比划着，并轻声念诵祭辞。祭辞大意是：我手里只白公鸡／一罐米酒甜如蜜／这山叫一叫／那山喊一喊／请你们下来保龙船／让它平安游大江／向前石不挡／掉头山不拦／身子光滑像石板／来去隐如胜久山／同心协力保吉祥平安／赐给添子孙多又多／就像鱼儿万万千。

11时50分，祭祀仍在进行中。寨胆的划龙手们身着整齐、标准的划龙服装：头戴马尾斗笠、身穿青色苗族土布衣系银腰带，下穿蓝色阴丹士林布裤子，在"鼓头"龙够当的带领下，在龙舟锣鼓声中列队走上龙舟。跟在"鼓头"后面是一位头戴银围帕、身穿银衣，面目清秀、男扮女装的小锣手。仔细一看，这个小锣手就是"龙头"吴昌军家的小孩吴天生。

独木龙舟对船上人员没有硬性规定，每个地方根据本寨划龙手的多少

列队上龙舟

而定。一般一只龙舟有 32 人到 42 人不等。今天寨胆的新龙舟上共有 40 人。退休干部龙云是新龙舟上的"撑篙手"。

12 时 12 分,所有船员登船完毕。祭祀巫师一手拿一把张开的雨伞,一手拿着白公鸡,面对龙舟继续颂念祭词,并宰杀白公鸡,以鸡血洒杉木树,并砍一只翅膀捆在杉木树上。然后,巫师端着盛有清水的盆,用芭茅草蘸盆中之水,洒向龙舟及所有龙舟上的人员。大约 12 时 40 分,祭祀仪式结束。巫师将茅草卷曲捆成一大束,交给舵手插进舟尾的小方洞里。然后划龙手们齐声高声喊:"兄弟们(指本寨的兄弟鬼,他们也是龙舟的保护神之一),一起划龙船去啊!"龙舟锣鼓敲响,两只龙舟分别鸣放铁炮三响。划龙手们挥动桡片,将龙舟在寨子附近的水面划上一圈,然后新、老两只龙舟同时划向平寨。我们一行也乘坐寨胆专门请来运输接龙礼物的机动船,随龙舟前往平寨。

按传统,寨胆新龙舟必须到长潭口举行"取水"仪式,但由于长潭口正在修建清水江航电枢纽工程(坝基就在长潭口处),龙舟无法进入长潭口。于是,他们就和其他龙舟一样,在江中水较深的地方举行"取水"和"镇龙潭"仪式。大约下午一点半,寨胆新龙舟"取水"、"镇龙潭"仪式结束,而划龙比赛又还未开始。他们乘这个空隙,将龙舟划向岸边,接受"姑妈"以及其他亲朋好友的接龙祝贺。

接龙敬酒

寨胆新龙舟下水的消息，"姑妈"和众亲友早已知晓。"姑妈"们还建立了"微信群"，通过"微信群"商量如何接龙。据统计，寨胆老、少姑妈共160多人。远的在国外，近的在本寨；老的有七八十岁的"老姑妈"；少的有刚出嫁的"少姑妈"。她们每户出资200元到400元不等（绝大多数为400元）。根据寨胆龙舟"组委会"的安排，今年寨胆龙舟（老龙舟和新龙舟）将到平寨、塘龙、铜鼓三个地方参加划龙活动。"姑妈"们也将礼物分为三分，分别到平寨、塘龙、铜鼓接龙。其他亲友则可以到其中的任何一个地方接一次龙就可以了，亲友接龙地点主要根据离划龙集会的远近而定，人们通常多都选择在离得近的地方接龙。如果龙舟前往集会地要路过自己的寨子，他们也可以把礼物拿到河边，等龙舟到来时，鸣放鞭炮，龙舟就会靠岸接受接龙礼物。

龙舟还未靠岸，二三十个作为代表的中青年"姑妈"已穿着样式统一的蓝色缎面对襟衣，打着一样的天蓝色油纸伞，在岸边站成一排，唱着悠扬的飞歌，等待龙舟的到来（接龙时并不是所有的"姑妈"都到现场）。龙舟刚一靠岸，鞭炮、花炮一起炸响。炮声隆隆，烟尘滚滚。姑爹们拿着酒壶向龙舟上的舅舅们敬酒。舅舅们高唱"配纳歌"表达对亲友们的感谢和祝福。寨胆"姑妈"在平寨接龙的礼物是一头黄牛、一头肥猪，还有绸缎被面等。由于牛和猪无法挂在龙舟上展示。她们就给猪、牛戴上大红花，拉到龙舟前进行展示。然后由寨胆派人将牛牵回寨子，猪则放到专门运输礼物的机动船上。其他亲友接龙所赠送的绸缎被面、鸭、鹅等礼物，则由接龙的亲友把它们挂在龙鳍上或拴在龙角上。由于接龙亲友太多，不一会儿，龙鳍上就挂满了鸭、鹅，龙角上拴满了被面。为了让后来的亲友礼物有悬挂展示的地方，他们就把礼物转移到机动船上。不一会，这只不太大的机动船就被猪、鸭、鹅、被面等挤满了。我们几个人也被这些猪、鹅挤到船头、船尾去了。于是，开船师傅只好把船开回寨胆，卸下礼物后又再开回来装，如此几个来回才把所有接龙礼物运送完。

平寨作为"独木龙舟节"的"开幕式"所在地，也是"独木龙舟文化区"仅次于施洞塘龙的一个独木龙舟的主要集会地。为了巩固和提高平寨龙舟集会的地位和知名度，平寨龙舟协会每年都要设法筹集资金，举行龙舟比赛，并给每只前来参加集会的龙舟发放一定数量的"出场费"。据统计，今年前来参加集会的有18只新、老龙舟，数量较往年有所增加。前来观看的观众较往年也有较大幅度的增长。寨胆的新、老龙舟都参加了划龙比赛，但都未获得名次，但这并不影响他们的心情。比完赛，他们又继续回到岸边，接受亲友们的接龙祝贺。在亲友接龙的鞭炮声中，他们每个人的脸上都洋溢着喜悦和自豪。

下午四点左右，远处的龙舟陆续回程，看热闹的人群也渐渐散去。五点左右，"呼！呼！呼！"三声铁炮，寨胆龙舟也踏上归程。

6月19日（农历五月二十五日），晴。

寨胆龙舟今天要到施洞塘龙参加集会。

塘龙的龙舟集会是五月二十五日，这一天也是当地汉族过得最隆重的"大端午"节。就整个"独木龙舟节"来说，到塘龙参加集会的龙舟最多，观众人数也最多，接龙和比赛的场面也最为热烈。

由于路程较远，出龙祭祀在天刚亮就举行了。8点不到，龙舟就出发了。因为沿途有一些亲友在河边接龙，龙舟走走停停，将近11时，龙舟才到达施洞芳寨。"姑妈"们已在施洞的酒店里为他们安排好早饭，并到河边来迎接划龙的"舅舅"们上岸就餐。席间，"姑妈"们唱歌敬酒，"舅舅"们以歌答谢，气氛十分热烈。饭后，龙舟划到塘龙参加集会，"姑妈"则到塘龙接龙。送的礼物和在平寨一样：一头牛、一头猪。同时，其他附近的亲友也前来接龙，场面的热烈程度一点不亚于平寨，收到的礼物也非常多。

寨胆"姑妈"施洞码头接龙

塘龙的龙舟集会由施洞龙舟协会组织。台江县对独木龙舟活动非常重视，除了每年给予一定的资金资助外，还派政府相关领导前来参加塘龙龙舟集会的开幕式。但开幕式地点不在塘龙，而是在离塘龙有一段距离的石家寨。各级领导、一些重要来宾和各只龙舟的代表参加了开幕式活动。开幕式结束，各只龙舟采用抽签的办法，以两只龙舟为一组进行竞渡比赛。塘龙河面较宽、赛道大约在 800 米左右，顺水而划。两只龙舟中，胜者进入下一轮，败者即被淘汰出局。

由于塘龙龙舟比赛的奖金和"出场费"都较高，各只龙舟都比较重视。因此，比赛场面十分激烈。铁炮声、观众的呐喊声响成一片。寨胆的两只龙舟都分别参加了比赛，但由于新手较多、技术欠缺、经验不足等，虽然大家都竭尽全力奋力向前，结果却不尽如人意，但大家仍十分开心。

比完赛，已是下午四点来钟。他们把龙舟划到施洞芳寨停在河边，一边接受亲友们的接龙礼物，一边准备吃"龙饭"。虽然有"姑妈"请吃早饭，寨胆龙舟上仍带有中餐，他们叫作"龙饭"。"龙饭"很简单——饭是一大甑子糯米饭，菜是把煮熟的鸭肉、鹅肉、猪肉切成块，加入辣椒面、味精等拌匀，用小盆分装。十个人左右一盆菜，大家在河滩上自由组合。吃"龙饭"的规矩是不能用碗筷，只能用手抓吃。一只手拿一团糯米饭，一只手抓肉吃。这种吃法，不用带餐具，减少了龙舟的负重。同时，吃起来自然放开，自有一种在别处无法感受的味道。

吃完"龙饭"，时间已过五点，寨胆的两只龙舟开始返程。由于有机动船助力，虽是逆水行舟，划龙手们也不觉得太费力。

6月20日（农历五月二十六日），多云。

寨胆龙舟今天到铜鼓参加集会。

农历五月二十六日有两个龙舟集会地——施秉双井的铜鼓（也称"铜鼓塘"）和台江老屯的榕山。因为划龙分两地，人们又把这一天叫做"分龙"。

铜鼓，因河边有两块巨大的形似铜鼓的石头而得名。又因为寨子前面有一个深塘，所以又被称为铜鼓塘。铜鼓属于清水江流域，离寨胆大约三四公里。前来铜鼓参加活动的主要是清水江流域的龙舟。

接龙的礼花、鞭炮

寨胆离铜鼓较近，大家吃了中午饭后，才开始出龙祭祀。大约中午12时，寨胆两只龙舟顺流划向铜鼓。划到铜鼓时，已有一些其他村寨的龙舟捷足先登。龙舟锣鼓和接龙的鞭炮响成一片。不太宽的河滩上站满了观众和接龙的亲友。寨子前面的乡村公路，此时已摆满各种货摊，叫卖声此起彼伏。平时寂静的山村，因为龙舟集会而变成一个热闹的集市。今年下水的 7 只新龙舟就有 4 只来到铜鼓①。寨胆新、老龙舟先后各自在龙潭里举行了"镇龙潭"仪式后，就将龙舟划到岸边，接受"姑妈"和其他亲友的接龙。寨胆"姑妈"在铜鼓接龙的礼物是一头猪和若干红色绸缎被面，并鸣放了大量的鞭炮和礼花。与此同时，其他村寨的"姑妈"们也开始接龙，鸣放鞭炮。一时间，硝烟四起，把一个不大的铜鼓弥漫在烟雾之中。在铜鼓这个人数不算太多，却显得很拥挤的集会场地上，四支各自服装统一又相互在颜色上、款式上有差异的"姑妈代表队"，成了一道亮丽的风景。

接龙过后所有的龙舟都参加了铜鼓龙舟协会组织的划龙比赛。在给优胜者一定奖金的同时，也给每只龙舟一定的出场费。今年到铜鼓的龙舟多于往年，有十二三只。寨胆龙舟的新、老龙舟比赛成绩都不太理想。因为龙舟较少，活动到下午三点钟左右就全部结束。铜鼓是今年寨胆龙舟参加集会的最后一站。我们一行的跟踪调查也告一段落。只等参加完他们的"吃龙肉"活动，我们的调查就算"功德圆满"。龙云说，等他们确定了"吃龙肉"时间，再给我们消息。

按照传统，五月二十七日还有两个龙舟集会地，一是最下游的六合（廖洞），一个是施洞的芳寨。六合太远，寨胆龙舟很少去。寨胆的新、老龙舟在塘龙的比赛都没进入决赛，因此，也没去芳寨。芳寨能成为龙舟集会地的原因有多种说法。据了解，主要是因为当时在塘龙举行的龙舟比赛，由于参赛龙舟多，一天之内完成不了决赛，于是把决赛推迟到二十七日，地点则改在离镇政府驻地较近的芳寨。到芳寨划龙就是参加龙舟比赛的决赛，亲友接龙的很少。而六合的龙舟集会活动，也由当地龙舟协会组织。虽然前往六合的龙舟较少，但其接龙的场面也是十分热闹的。2017年由于只有三四只龙舟前去六合参加集会，他们没有组织比赛活动，而是给每只龙舟两千元的"出场费"。同时，当地在节日期间还组织了踩鼓、舞蹈、接力赛、拔河等活动。

6 月 24 日（农历六月初一），雨。

寨胆"吃龙肉"的时间定在 6 月 24 日（农历六月初一）。接到通知，我们一行一早就来到寨胆。天公不作美，不大不小的雨一直下个不停。寨

---

① 包括铜鼓上、下寨各一只新龙舟，寨胆一只，四新一只。

"姑妈"回娘家"吃龙肉"

胆今天不仅仅是请姑妈们回来"吃龙肉",还安排了许多活动。下雨对活动的开展十分不利。

按照"组委会"的安排,除了杀猪宰牛,为姑妈们准备了丰盛的宴席之外,他们还在进入寨子的各个方向,搭建了五座彩门,准备了五道"拦门酒"。计划让全体"姑妈"、"姑爹"在全寨老少的陪同下,分别穿过五个寨门,绕村子游行一周;寨子中间的广场上,杂物已被清扫干净,中间摆放了红色牛皮大鼓。这是姑妈们进寨后跳踩鼓舞的地方。广场一边还搭建了一个舞台,用来开联欢晚会。还安排"姑爹"上龙舟划龙。但这雨直到中午也没有停的意思。

中午 12 时左右,全寨三百多名"姑妈"、"姑爹"集中从平寨方向列队冒雨而来。姑爹们挑着粽子、水果、饮料、米酒等礼物(都是象征性的,每人挑着两瓶饮料,几个粽子、两小坛酒等),扁担两头挂满五色气球,走在后面。姑妈们穿着传统盛装,走在队伍前面。最前面的两个姑妈端着一个大磁盘,磁盘里摆着满盘的百元大钞(这是姑妈接龙买礼物后余下的钱)。迎接贵客必须用"拦门酒",这是苗家的规矩。寨胆的第一道"拦门酒"设在寨前龙船棚旁边的公路桥上,上边挂着"弘扬传统民族文化,携手度佳节,齐心创和谐"的欢迎横幅。四个"舅舅"穿着划

抬龙起岸

龙服装，站在桥中间。两个提着酒壶，两个拿着牛角酒杯，等待着"姑妈""姑爹"们。同时，全寨老幼都穿上节日盛装，在公路两边列队迎接"姑妈"们的到来。12时半左右，浩浩荡荡的"姑妈"队伍，来到桥上，遇到第一道"拦门酒"。负责敬酒的唱着飞歌给客人敬酒，负责接客的则接过客人们挑来的礼物，然后一起朝第一个寨门走去。一路鞭炮齐鸣、锣鼓喧天，欢声笑语，每个人脸上洋溢着喜悦和自豪。一时间，欢歌笑语充满了小小苗寨的每个角落，荡漾在每个人的心里。由于人多歌多，"姑妈"队伍过完第一道"拦门酒"，历时将近一个小时。下午两点左右，进第一个寨门时，她们又遇到第二道"拦门酒"。原计划要进五个寨门，绕寨子一周也因为雨一直下个不停，只好从简，由第一个寨门就直接进入寨中广场。放下礼物后，广场上响起了踩鼓舞悠扬的鼓点。此时已是下午三点过钟，但大家兴致不减，他们撑着伞，踏着鼓点，在挂满彩旗的广场上跳得格外的欢快。

各寨"吃龙肉"时都有一个环节，那就是请姑爹们划龙船。直到他们划尽兴了，才拆卸龙舟，抬龙上岸。但由于雨太大，"姑爹"划龙这个环节就省略了。下午三点半左右，他们把两只龙舟上的龙头拆下，抬到广场的舞台上，摆在左右两边，作为舞台布景。许多人纷纷到龙头前合影留念。

下午四点半，为姑妈们准备的宴席就绪。数十张圆桌，把广场挤得满满的。主人开始招呼客人入座，准备就餐。现在在"独木龙舟文化区"，办红白喜事时已很少使用传统的"长桌宴"，大多使用圆桌。大家随意而坐。吃饭时，由几组女主人和几组男主人（每组两至三人不等）提着酒壶，挨桌向客人唱歌敬酒，客人也以酒歌答谢。

姑妈、姑爹抓田鱼

当客人、主人酒饱饭足之后，"吃龙肉"的压轴戏——联欢晚会就开始了。可以唱苗歌、汉歌、外国歌，可以跳踩鼓舞、板凳舞、交谊舞，也可以跳广场舞、拉丁舞。只要愿意，谁都可以一展风采。歌声、掌声、欢笑声在整个村寨上空回荡，大家都沉浸在祥和欢快的气氛之中。直到深夜，大家才意犹未尽地散去。

第二天上午，寨胆的"舅舅"们还邀请"姑妈"、"姑爹"们到稻田里"捉田鱼"。在捉鱼的过程中，大家像小孩一样拿田里的稀泥做武器，"打泥巴仗"。一个个都被稀泥打得"体无完肤"，但却开心得像天真的儿童。整个田坝充满了肆无忌惮的尖叫声、欢笑声。

鱼捉回来后，"舅舅"们又张罗着为"姑妈""姑爹"做午饭。中午时分，广场上的几十张圆桌已座无虚席。大家你来我往，唱歌、敬酒、划拳，宁静的广场又开始沸腾起来。直到太阳偏西，姑妈们才带上"舅舅"们赠与的礼品，依依不舍地踏上归程。全村男女老幼一起把"姑妈"送出村外。姑妈"们一路走，亲人们一路送。一路唱歌敬酒，一程又一程……

第三节 即将消失的"十里长潭"

在民间传说中，位于平寨上游不远处的"十里长潭"就是当年够保杀龙的现场。

传说在清水江边，有一个叫够保的人，与儿子相依为命。有一天，在河边放牛的儿子被一条大蛇拖进水里去了。巫师告诉够保，他儿子是被龙吃了。够保潜入龙洞，发现儿子死了，还被龙拿来当枕头。于是他怒杀恶龙，火烧龙洞。不久，一条巨大的龙尸体浮出水面，人们就纷纷跑来抢食龙肉。之后，清水江一带九天九夜不见光明。一天，一妇女到河边洗衣服，她的小孩拖着洗衣木锤在河边玩，口里还发出"咚咚、哆"的声音。突然天慢慢变亮起来。当晚，龙托梦给村里的人说，只要每年农历五月二十四到二十七日划几天龙船，龙王就会保佑一方风调雨顺。

关于"杀龙"的传说，在"独木龙舟文化区"有好几个版本。"杀龙"的地点也有多处，平寨的"长潭"是其中之一。"长潭"是一个十来里长的峡谷，其出口位于平寨上游一千米左右的地方。据当地人说，"长潭"因是传说中恶龙被杀的地方，水深滩急，凶险无比。当地人一般都不敢去，外面的人更是难有机会一睹芳容。2015 年，"清水江平寨航电枢纽工程"正式启动实施。这个总投资 13.3 亿元，水库库容 3829 万立方米的贵州省水运三年会战重点项目，其大坝正建在"长潭"峡谷的谷口处。按照工期进度，到 2019 年，"长潭"将不复存在。那些流传千年的历史文化传奇也将沉入数十米深的水底。

为了不给后人和自己留下遗憾，我们决定深入"龙潭"，来一次告别、探险之旅。在村支书粟辉和龙舟协会会长杨云飞的帮助下，2017 年 11 月 1 日一早，我们一行人，带着强烈的好奇心，前往传说中凶险无比的"长潭"。

到达平寨，村里为我们准备的机动船已在岸边等候。机动船驾驶员小

传说中的"龙洞"

龙，成了我们的义务讲解员。

小龙约 30 多岁，中等身材，人机灵干练。但当我看到他开船的姿势时，不由暗自担心起来——他的左手从手腕处被截肢了，是个只有一只手的残疾人。由他带我们进入如此凶险的"龙潭"，行吗？其他人也许和我有同样的担心，但大家都不说。我们上船后，他熟练地解揽、发动、平稳前行。这让我们放心了许多。然而，还没进入"长潭"，清水江就给我们来了个下马威。由于航电工程在南岸开挖基础，河水在北岸形成急流。小龙叫大家坐好别动，把机动船的马力开到最大。下滩的浪与上滩的船碰撞起高高的浪花，船尾的螺旋桨拼命转动，扬起高高的水花，发动机声嘶力竭地大吼大叫。经十来分钟的左冲右突，在小龙的熟练操作下，我们越过第一道险滩，正式进入传说中的"龙潭"。

进入"长潭"就像进入另一个世界。河面较刚才的滩要宽阔许多，流速也明显变缓。两岸陡崖直插水面，"重岩叠嶂，隐天蔽日，自非亭午夜分，不见曦月"。把郦道元对长江三峡的描写放在这里，似乎也没有什么不妥。水面平静而清澈，阳光从北岸的石壁上折射下来，在水面划出一道道光影。不远处，一只白鹭正在礁石上梳理羽毛。正准备给它拍张纪念照，它却径直向我们飞来。看样子不像是船的马达让它受到惊吓，倒像是主动前来查看，这闯进它的领地的究竟是什么东西。就在我们把镜头对准

古纤道遗迹

水鸟的时候，小龙把船慢了下来。他告诉我们，左前方不远处的洞穴就是传说中恶龙居住的龙洞。他说，这个地方看起来不怎么样，实际上厉害得很。平贾寨的龙船就是在这里被恶龙搞翻的，死了好多人。水也深得很，有人拿十五根箩索（农村系箩筐的棕绳，每根长约四米）都放不到底。他还说，这个地方除了住在"长潭"附近的把往寨和南哨寨，其他地方的龙舟都不敢进来。即使到平寨来划龙"取水"，也只敢到长潭口划一圈。有时候，南哨寨和把往寨也不敢把龙船划进来，为了完成到龙洞"取水"义务，只得用其他大船把龙头运来"取水"。他言之凿凿，我们将信将疑。

小龙说得十分恐怖的"龙洞"，其实只是南岸一块向河面斜伸出来大约四米到五米的石崖，看起来就像个洞穴。波平浪静，没有令人恐惧的奇特之处。洞穴上方是绝壁，一边因常年流水，被盖上一层厚厚的石灰岩浆，另一边则是黑白夹杂的石灰岩石壁。洞口上方长满了茂盛的茅草和细小如凤尾竹的植物，它们的倒影在清澈的河水里飘摇，反射到河面的阳光如细碎的花瓣在清波间跳跃。怎么也看不出，这里曾经是悲剧上演的场所。

然而，无意间的一次回望，心中的诗意瞬间荡然无存。

峡谷外，南哨村和工程队的工棚历历在目。谷口最窄处，一道乱石墙笔直横在江面上，只在北岸留下一个小小的"缺口"。就在"缺口"北边，一块巨石斜插在江中。犹如一条逆流而上的鳄鱼，张着大口，做出一副随时准备吞没一切的样子。这个"缺口"就是我们进入"长潭"的入口。俗话说，上滩难，下滩险。如果江水稍涨，漫过南边的石墙和北边的巨石，对普通船而言，这里绝对是一个天险。这对于长达 20 多米，宽1.5 米左右，稳定性、灵活性均不如普通船只的独木龙舟来说，要想准确地从石墙与巨石之间的狭窄航道通过，无异于到鬼门关上走一回。这也许就是小龙师傅所说的厉害之处吧。

镰刀湾苗寨

对于没有文字的民族来说，神话传说往往包含着历史的真实。在这柔软的波光下，的确暗藏着重重杀机，并上演过许多独木龙舟以及普通船只船翻人亡的悲剧。古人为了给人以警示，把责任算到"龙"的头上。这个貌不惊人的"龙洞"，就是古人用他们的生命为后人立的一块警示牌。让每位划船经过这里的人，都收到来自历史深处的警告。现在公路上随处可见的"此处翻车多次，死亡多人"警示牌，就是这种古代警示的现代升级版。同时，由于这里多次发生独木龙舟翻沉事故，渐渐地就成了独木龙舟的禁地。在这样沉重、凶险的地方遐想，的确有些不合时宜。于是，马达响起，带着我们向深潭更深处漫溯。

往上一段，河面不宽，但河床较为宽阔，到处乱石林立。由于是枯水期，水位下降。两岸刚露出水面不久的石灰岩河岸，呈黄白色，向远处延伸。河水就像一条蜿蜒的镶边公路。单看一边，水面上的黄白色石岸与水里的倒影，就像修长蜿蜒的龙的脊骨。这当然不是被人们吃掉了肉的龙留下的骨骸，但传说中的"吃龙肉"也许就是从这样的自然景致中得到的灵感吧。

　　机动船一路逆流而上，虽有几处急流，但并不显得太吃力。原来，"十里长潭"并不是一个十里长的"潭"。它由四五个长短不一的"潭"组成，总里程约十里。潭与潭之间的连接处即是大小不一的滩。小龙师傅一边开船，一边给我们介绍。我们也用摄像机、照相机不停地拍着，生怕漏掉一处值得留下的景观。在每个滩的岸边都有纤道。由于长期不用，大多数纤道已长满了灌木蒿草，只能看出一些大致的痕迹。只有几处在几乎垂直于河面的石壁上凿出的人工纤道，还完整地保留下来。这些纤道修在离河面约2米的石壁上。人们从坚硬的石壁上硬生生凿出一条高约2米，深约1.5米的"凹槽"，它们像一段难以忘却的记忆，向世人诉说着清水江上帆樯连绵、号子震天的往昔。

　　走到一处悬崖下，小龙把船停下来，叫我们抬头往上看。只见悬崖上方悬挂着许多形态各异的钟乳石，与平时看到的并无特异之处。看到我们的茫然，他说，你们看，那些像不像人的手、脚、脑壳、屁股？在他的诱导下，仔细看来，果然有几分像。他说，传说在古老古代，有些进入苗寨的外人和一些苗家人，手脚不干净，不守规矩。这些人被抓住后，有的被砍头，有的被砍腰，有的被剁手，有的被砍脚。然后就把这些砍下来的东西拿来挂在这个地方示众。久而久之就变成了石头。听起来像令人毛骨悚然的恐怖片。然而，从史料上看，苗族自古以来都没有这种酷刑。我揣测，当地人之所以把这里说得如此恐怖，只是为了告诫那些进入苗疆的人，要遵守规矩，否则将会受到严厉的惩罚。从本质上说，这也是一块警示牌。它提醒那些来自三江五水的人们，进入苗疆腹地，要"讲纪律、守规矩"。这种表达方式，明白而不直接，委婉而不晦涩。效果却远比"此处严禁大小便"之类的告示要好得多。

　　大约一个小时，我们来到"长潭"的最上游——镰刀湾滩。之前曾听过去在清水江上行船、放木排的前辈讲，镰刀湾滩是清水江上游最危险的滩之一。南岸一排排石头，像一道道门槛，斜申向北岸。越往上，石墙离北岸越近，航道越窄，水流越急。最上面一段，航道被石头挤得只剩下不到十米宽。机动船又开始大吼大叫起来。一般情况下只用一只手驾驶的小龙，把另一只没有手腕的手，也搭在方向盘上，全神贯注，一言不发。船在急流中，忽左忽右，蜿蜒蛇行。刚躲过左边的"石墙"，又要躲右边的暗礁。好几次船眼看就要撞上岸边的巨石，都在小龙娴熟的驾驶下，化险为夷。我们一行人紧张得大气都不敢出。浪花打在身上，也不敢晃动躲闪。

过了镰刀滩，就走出了"长潭"。镰刀滩上去不远，就是镰刀湾（苗语"丢布"）。镰刀湾是黄平县的一个苗寨，有百十来户人家。寨子前面，一排葱绿的树木，掩映着农舍；几只无所事事的小木船，在岸边随波摇摆。东头是一片硕果累累的柚子林，虽然未到成熟的季节，已可闻到淡淡的果香。寨子西头，有两棵苍翠的古柏。从古柏树的树龄来判断，镰刀湾的历史至少有数百年。镰刀湾原来也划独木龙舟，就因为"长潭"太凶险，后来就不划了。

由镰刀湾往上转一个湾，就到红岩堡（pǔ）。从当地人对地名的读音可以知道，这一定是一个明代屯军驻守且修有城墙的村庄。红岩堡修建在三面临水，一面靠山，高出河面数十米的一片丹霞石壁之上，地势十分险要。只有一条从石壁上凿出的路，由河边曲折而上。一道年久失修的寨门，似乎在向我们诉说它与众不同的过往。寨子只有几十户人家，苗汉杂居。一条石板铺就的大道，把寨子分为两部分。其格局很像一个小小的集市。据当地人说，这里原来就是赶场的集市。在村边的石壁上，还留有明洪武二十四年（1391）的摩崖石刻，距今已有600多年的历史。从石刻文字得知，这个堡属兴隆卫（现黄平县城）管辖，当时应该叫做"黄平门堡"。老百姓之所以把它叫作"红岩堡"，大概是因为这个"堡"建在丹霞石壁之上，其原名也许就叫"红岩"。后来建了"堡"，也就被称为"红岩堡"了。

据龙师傅介绍，在红岩堡上游，还有黑寨、冷西几个苗寨，不仅曾经划独木龙舟，而且寨名也与杀龙有关。传说恶龙被宝公刺中了要害，痛的翻腾挣扎、痛苦呻吟。搞得天黑地暗、日月无光。在"长潭"附近的一个寨子，鸡不见啄米，人不见走路。于是，人们叫把这个寨子叫做"欧受"（即"黑寨"）；龙不停挣扎、呻吟，来到一个地方，这个地方就被叫做"方养"（苗语意为"听到呻吟的地方"，汉名叫"冷西"），就这样，天黑了九天九夜，人们不知道怎么办了。于是，人们就派人摸黑到山上割来芭茅草，拿到对镰刀湾（苗语"丢布"，义为"占卜"），找一位僮家巫师来卜算才知道是恶龙作怪，于是才划龙舟。这几个寨子也因为与杀龙有关，而成为拥有独木龙舟的村寨。

传说中被龙搅得不见天日的黑寨

回到"长潭"口，已是中午时分。放眼望去，两岸的工地一片繁忙。虽然想到这段充满传说与神话的河谷，不久就要淹没在数十米的水下，心中难免怅然。但就文化而言，它淹没了一段充满传奇的过去，同时也向我们展开了充满希望的未来。虽然"长潭"即将被淹没，但它无法淹没植根于人们心中的神话和深入骨髓的信仰。

第十章 "独木龙舟文化区"未来发展方向探索

全域旅游以其作为一种新兴的旅游模式，以其为游客提供全过程、全时空体验，满足游客多元化、多层次需求、全方位开放的特点，正逐渐成为一种时尚潮流。而"独木龙舟文化区"，以其独具特色的丰富民族文化资源和广阔的地域空间，为发展全域旅游提供了得天独厚的基础条件。这种时尚与传统的结合，也许是"独木龙舟文化区"社会经济可持续发展的一个方向。

第一节 "独木龙舟文化区"发展全域旅游的可能性

一 全域旅游的概念

全域旅游是指，各行业积极融入其中，各部门齐抓共管，全域居民共同参与，充分利用目的地全部的吸引物要素，建构开放发展空间，促进区域内外各种要素的开放整合，为前来旅游的游客提供全过程、全时空的体验产品，从而全面地满足游客多元化、多层次需求的一种全方位开放的旅游发展模式。

随着社会经济的不断发展，中国全民旅游的时代已经到来。据统计，2015年，国内游已达40亿人次，人均出游接近3次，旅游已成为居民日常生活的重要组成部分。在出游方式上，个人游、自驾游成为全新的旅游方式，自助游超过85%，自驾游超过60%。① 在此情景下，传统的景点旅游模式已经不能满足现代大旅游发展的需要，全域旅游也因此应运而

---

① 王莎莎：《全域旅游的发展策略研究》，《现代职业教育》2016年第4期。

生。2015年,全国已建成"国家全域旅游示范区"创建单位262个。可以预见,在不久的将来,全域旅游将成为各地区文化旅游业发展的主流模式。①

二 "独木龙舟文化区"发展全域旅游的有利条件和不利因素

"独木龙舟文化区"具有丰富而又禀赋独具的民族文化旅游资源。就目前来看,除了对"独木龙舟节"、"姊妹节"进行了初步的、局部的开发外,总体尚处于待开发状态。这在客观上为该地区发展全域旅游,留下了十分广阔的发展空间。

(一)有利条件

1. 丰富而又独具特色的旅游资源。"独木龙舟文化区"民族文化旅游资源丰富,禀赋独特。

①村镇与建筑:清水江两岸自然风光优美,许多民族村寨掩映在绿水青山之间。其中的施洞古镇、龙塘古寨,以其苗汉文化相互融合的建筑特色为特征,与西江苗寨、镇远古城风格迥异。另外,还有施秉老县城老县、施秉长官司旧址平地营、独木龙舟"取水"地平寨、施洞的石家寨、老屯、长滩等苗寨,也以其独特的苗寨建筑特色和深厚的文化底蕴,颇具开发潜力。

②民俗节庆:黔东南被誉为"百节之乡","独木龙舟文化区"的节庆文化也十分丰富。其中的独木龙舟节、姊妹节更是天下独有、而被列入国家级非物质文化遗产名录。此外,还有吃新节、"八月十五"、祭桥节、苗年节(过耗子年)等节日。

③苗族歌舞:苗族飞歌、苗族大歌已蜚声海内外;踩鼓舞、板凳舞、芦笙舞等已列入非物质文化遗产保护名录。这些舞蹈常常以集体群舞为主,也有单人舞、双人舞等形式,动作简约奔放,有较强的参与性。

④民俗活动:龙灯会、斗牛、斗鸟、斗鸡、赛马、八月十五"偷瓜送子"等民俗活动,名目繁多,各具特色。炸龙嘘花绚烂刺激,斗牛赛马惊心动魄,斗鸟斗鸡赏心悦目,偷瓜送子场面诙谐喜庆。

⑤传统技艺:苗族的破线绣是黔东南民族工艺的三朵奇葩之一,所绣

---

① 常海鹏:《全域旅游发展理念刍议》,《经济视野》2016年第9期。

的飞禽走兽、鱼龙花草无不栩栩如生；其银饰做工精巧、种类繁多；作为刺绣底稿的剪纸，古朴典雅，具有较高的观赏和收藏价值。

⑥特色饮食：苗族酸汤、腌汤为特色的系列苗菜，如酸汤鱼等，已形成品牌；苗家长桌宴、拦门酒及节日特定食品等也以其浓郁的民族特色受到不同层次游客的青睐。

⑦民间集市：在"独木龙舟文化区"内共有 4 个集市，从清水江上游到下游，有 3 个集市，依次为新城、施洞六合；它们之间集市时间相互错开，内部循环，自成体系。在巴拉河下游，还有老屯集市。这些民间集市是展示地民风民俗、经济社会文化的绝佳窗口。

⑧丰富的红色文化。红军长征两次经过这里，在施洞偏寨、施秉双井、六合等地留下了大量红军标语、红军故事。毛泽东、朱德、周恩来等领导人当年在施洞偏寨、施秉双井的住所已作为文物进行保护。

这些民族文化、红色文化资源，完全具备旅游资源评价的"珍稀度、古悠度、奇特度、规模度、完整度、观赏度、组合度"特征。①

2. 可进入性强。该区域处于高速公路网格之内。由台江县城、镇远县城到施洞镇、马号镇的二级公路已竣工；由施秉县城到双井镇、马号镇的二级公路已纳入规划建设之中。由凯里高铁站到施洞、马号只需约两个小时；湘黔铁路镇远站、施秉站到达核心区也仅需一个小时车程。由凯里黄平机场到达核心区也在一个半小时之内。因此，无论游客选择公路、铁路、高铁、航空，进出都十分方便。

3. 已经具有一定的国内外知名度。由于对姊妹节、独木龙舟节进行了初步开发，加上该地区独特浓郁的民族风情和优美的自然风光，使该地区在国内外具有了一定的知名度。

（二）不利因素

一是区域内的交通条件差。进入"独木龙舟文化区"的交通虽然便利，但区域内各景点之间的交通十分不便。目前几乎全部是简易的通村公路，路面虽经硬化，但远远达不到旅游公路的标准。在"独木龙舟文化区"数十公里长的清水江两岸，目前仅在施洞与马号之间、平寨与南哨

---

① 薛群慧、张晓萍：《浅析民俗旅游资源的开发》，《云南民族学院学报（哲学社会科学版）》1997 年第 4 期。

之间有两座公路桥，其余河段仅有四座人行铁索桥连通；二是缺乏整体规划，施秉、台江两县缺乏有效的沟通与协调配合，各自为阵，难以形成合力；三是"断章取义"式的局部开发，损害民族文化旅游资源的完整度、规模度、组合度。比如被誉为"东方情人节"的苗族姊妹节，曾经是区域内苗族男女青年谈情说爱的节日。在"独木龙舟文化区"内，每年在不同的地区，分别于农历2月15日、3月15日、10月15日过三次，每次从14日到16日过两到三天。但由于我们多年来只注重开发、宣传3月15姊妹节，在客观上给外界造成了苗族姊妹节就只有"3月15"一个节期的假象。又如举世独有的独木龙舟节，本来应该有头有尾、连续过四天，也因同样原因，被我们裁头去尾，只剩下了5月25日这一天了。四是对民俗文化的"异地搬迁"式开发，不利于民俗文化的传承与发展。这种政府主导下"异地搬迁"的民俗，不仅失去了最能吸引游客的"原汁原味"，而且一旦离开政府的"温室"，往往会无疾而终。更为严重的是，这种"异地搬迁"在客观上对其原生地是一种忽视和冷落。其结果是使本来鲜活的民俗，在原生地逐渐枯萎，在异地又难以生根开花。五是对"独木龙舟文化区"内的民族民间文化旅游资源，缺乏全面深入的调查研究，民俗文化资源底数不清。

三 将"独木龙舟文化区"打造成全域旅游示范区的路径思考

（一）实行一体化管理。设立直属于黔东南州委、州政府的"独木龙舟文化区"开发委员会，统一负责该区域的旅游规划、建设、管理；组织专门调研团队和规划团队，对"独木龙舟文化区"的民俗文化旅游资源进行深入细致的调查研究，对有旅游开发价值的民俗文化进行梳理分类，选择特色突出，最具观赏性、参与性的民俗文化形式作为旅游产品打造，并对全区域的旅游资源开发进行整体规划、全方位、立体式开发。在规划开发上，要突出苗汉文化交流融合的元素，使之有别于西江、肇兴等苗寨侗寨，以及镇远、旧州等古城古镇。

（二）提升和完善水陆交通。一是提升公路等级使各景点之间的公路达到旅游公路的标准；二是在清水江上增修两至三座公路桥，方便两岸之间的游客往来；三是增设多处人行铁索桥，并对所有铁索桥进行风貌改造，使之成为特殊景观；四是恢复施洞、平寨等地的古码头，使之成为清水江历史记忆的呈现。

（三）开发方式多样化。区分不同情况，采取"民办公助"或"公办民助"的形式，开发民俗旅游项目。在民俗文化旅游开发中，政府既不能包办代替，也不能无所作为。对于民族节日以及斗牛、斗鸡、斗鸟等民俗活动"政府不必干预，也不应该干预。"① 应该采取"民办公助"的形式，以民间力量为主，政府扶持为辅。这样既能充分发挥当地群众的积极性、主动性，又可以通过辅助扶持的形式，引导民族节日、民俗活动的健康有序开展。同时，由民间主导的民俗活动，还能最大限度的保持其原生态内涵，有利于民族文化的延续与传承。对交通、通讯设施、古村镇修复重建、民俗博物馆等设施建设则应采取"公办民助"的形式，以政府投入为主，民间为辅。这样有利于贯彻整体开发规划和景区景点的合理布局，并提升旅游项目的品味。

（四）注重民俗文化的原生地保护与开发。民俗文化的根在其原生地。离开原生地的环境和土壤，对民俗文化进行"移民搬迁"，其结果要么"变异"，要么消亡。作为旅游产品的民俗文化，"原汁原味原生态"是游客"追求审美和愉悦体验的本质规定。"② 民俗文化旅游资源，是一种不可再生的特殊资源，一旦消亡便很难实现其本来意义上的复活。因此，开发是保护民俗文化的积极手段，科学的保护则是开发的重要前提。而对民族民间文化的最科学合理的保护，就是原生地保护。当下的"民俗文化进城"和大树进城一样，是"荒芜"了乡村，却"绿化"不了城市。这种现象值得警惕。

（五）注重民俗文化的完整性。"而在民俗文化中，无论是节日祭祀类民俗，还是婚丧嫁娶类民俗，他们都不是一个孤立的个体存在。而是以民俗文化这一整体形态而存在的。"③ 民俗文化"承载着广大民众积蕴已久的情感需求和价值观念。"④ 因此，无论对民俗文化的开发或保护，都必须注重其完整性。一是其外在形式的完整展现。任何一种民俗活动，都

---

① 马晓京：《民族旅游开发与民族传统文化保护的再认识》，《广西民族研究》2002年第4期。
② 谢彦君：《基础旅游学》，中国旅游出版社2001年版，第49页。
③ 荀利波：《关于建设禁忌类民俗档案的思考》，《兰台世界》2011年第6期。
④ 赵艳喜：《论非物质文化遗产的整体性保护理念》，《贵州民族研究》2009年第6期。

有其独特的外在形式和固定的活动程序。比如，姊妹节，以五彩糯米饭（姊妹饭）、姑娘们的盛装展示、男女青年的恋爱择偶为表现形式①，每年在"独木龙舟文化区"内分地域，在不同时间，一年过三次（农历2月15、3月15、10月15），一次过两到三天；独木龙舟节，以划独木龙舟、姑妈回娘家、吃粽子为主要表现形式，每年农历5月24日从施秉的平寨开始，到5月27日在施洞芳寨和马号的六合结束，前后历时4天。这种节日的安排，有着丰富的历史文化内涵，体现了古代苗族的平等观念和人本关怀。目前这种"断章取义"式的开发和保护，不仅损害了民俗文化活动特有的内涵和魅力，而且"就可能在保护此一群体的文化遗产的同时，伤害着另一群体的文化共有和共享。"② 同时，在开发中各地各自为阵，有人为地将本来有着完整体系、丰富内涵的节日文化"碎片化"的趋势。民俗文化有地域性特征，但这个地域不应受行政区划的限制，因此，无论是开发或者保护，都必须打破行政区划的界线。二是完整呈现民俗活动的丰富内涵。民俗文化活动，不仅有着独特的外在表现形式，也有着各自不同的独特的文化内涵。这些独特的内涵正是其作为旅游产品的魅力所在。它包含活动的组织、活动地点、先后秩序、特定饮食、社交方式、特殊禁忌等等。只有外在"形似"而忽视内在"神似"的旅游开发，是没有灵魂的。这也是许多专家将"异地搬迁"的民俗视为"伪民俗"的原因所在。

（六）注重开发体验、参与性民俗。"就旅游个体而言，旅游体验是旅游者活动的主体内容，其满意程度决定了旅游的质量感知水平。"③ 民俗文化旅游，除了观赏性，最重要的是参与性。对民俗文化活动的切身体验与深度参与，是现代都市游客及外国游客重要的愉悦追求，也是吸引游客的力量源泉。因此，可以在"独木龙舟文化区"内规划布局多个不同类型的文化参与体验区，如农耕体验区：让游客体验苗家的春耕秋收以及被称为"古代抽水机"的龙骨水车、"禾摘"（摘割小米、稻穗的一种工具）等古老农具的使用；民间工艺体验区：让游客参与纺纱、织布、刺

---

① 现在已演化成了亲友之间、村寨之间的联谊社交。
② 刘魁立：《非物质文化遗产及其保护的整体性原则》，《广西师范学院学报》2004年10月第4期。
③ 谢彦君：《基础旅游学》，中国旅游出版社1999年版，第133页。

绣、银饰、剪纸、制陶等的制作；节日特色饮食体验区：汉族的节日叫"过"，而苗族过节，不叫"过"叫"吃"。过年叫"吃年"，过姊妹节叫"吃姊妹饭"，独木龙舟节叫"吃龙"，卯节叫"吃卯"等等，每一个节日，都有特定的食物。节日体验不仅让游客体验到节日的习俗，还享受到苗家的特色饮食。但作为参与体验性项目，必须坚持一个原则，即不能触犯当地民族文化的禁忌。为了满足少数游客的猎奇需求而打破当地习俗禁忌的做法，不仅是对当地人的不尊重，也是对民俗文化神秘性的破坏。民俗文化失去了神秘性也就失去了吸引力。

（七）建立合理的利益分享机制。注重利益分配，让当地群众切实感受到自身文化给他们带来的的利益，是全域旅游开发的原则之一。"政府还应在'利益均衡'的原则下，注重开发商与当地居民的利益分配问题，使当地居民能通过开展民族文化旅游达到提高生活质量的目标；同时还应该注重既得利益和长远利益的分配问题……实现少数民族地区文化旅游的可持续发展。"[①] 只有让文化的拥有者成为民俗文化旅游开发的参与者、开发者，使他们从开发保护中获得实实在在的利益，才能提高他们的文化自信与自觉，激发他们的自我传承、保护和发展民族民间文化的积极性、主动性，实现可持续发展。

（八）将自成体系的集市开发成旅游产品。在"独木龙舟文化区"原来有自成体系的集市群，从清水江上游的平寨到下游的六合，共有4个集市，依次为平寨、新城、施洞、平兆，其赶场日期以"空五赶六"的形式，从上游到下游依序进行，即先赶平寨，第二天赶新城（双井），第三天赶施洞，第四天赶平兆，第五天休息，从第六天又开始循环，如此周而复始。这就是"空五赶六"机制。现在，平寨、平兆集市已经消失，但在"独木龙舟文化区"仍有四个集市：新城、施洞、六合、老屯。这些集市大多建在河滩上。每到赶场之日，各种颇具地方特色的商品在市场上分类摆放，四方群众云集，热闹非凡。这些市场是游客了解当地民风民俗、经济社会文化的绝佳窗口，具有一定的旅游开发价值。

此外，红色文化、特色饮食文化、民俗博物馆的建设、露营地的建设

---

① 冀启明：《对少数民族文化旅游资源开发与保护的思考》，《十堰职业技术学院学报》2007年第6期。

等，也应作为景区建设的重要内容，使景区的整体功能得到提升，规模效应得到充分发挥。

全域旅游以其作为一种新兴的旅游模式，以其为游客提供全过程、全时空体验，满足游客多元化、多层次需求、全方位开放的特点，正逐渐成为一种时尚潮流。而"独木龙舟文化区"以其独具特色的丰富民族民间文化资源和广阔的地域空间，为发展全域旅游提供了得天独厚的基础条件。同时，通过旅游开发，不仅可以使这一地区丰富独特的民俗文化得到更好的传承和保护，还可以促进当地经济社会的快速发展。

第二节 "独木龙舟文化区"实施一体化开发的可行性

"独木龙舟文化区"，是指以清水江苗族独有的独木龙舟文化为标志，包含台江县的施洞镇、老屯乡，施秉县的马号镇、双井镇四个乡镇，以施洞镇和马号镇的政府所在地为核心，总人口8万余人，总面积500多平方公里的区域。在"独木龙舟文化区"内，苗族人口占总人口数量的85%以上，具有丰富生态资源和禀赋独具的民族文化资源。

然而，长期以来，由于"独木龙舟文化区"在文化上是一体，在山林、土地权属上犬牙交错，在行政区划上却分属施秉、台江两县。这给"独木龙舟文化区"的一体化建设，带来许多困难和问题。一是，不可避免的利益纠葛，在一定程度上影响一体化实施的合力和效率。二是，两地在山林、土地的权属上犬牙交错，你中有我，我中有你，给建设征地带来不少麻烦。因此，拥有众多文化"宝贝"的"独木龙舟文化区"却处于经济欠发达状态，是施秉、台江两县的经济落后地区。如果仅仅把施洞、马号打造成一个"特色小镇"①，不利于"独木龙舟文化区"特色文化的整体呈现。而碎片化的民俗文化，是缺乏吸引力的。同时，在西江、镇远、肇兴等特色小镇已捷足先登、声名远播的情况下，"施洞马号小镇"既难以做到独树一帜，也难以找到合适的"引爆点"。

基于上述思考，我们认为应该把"独木龙舟文化区"从现行行政管

---

① 2018年前，黔东南州曾启动"施洞—马号一体化"建设，拟将隔河相望的台江是施洞镇与施秉县马号镇打造成"特色小镇"。现该项目处于停滞状态。

理体系中分割出来,设立直属于州人民政府的独立的综合管理区。在管理区的统一管理运作下,打造成以特色村落为基础,以中心小镇为依托,以清水江、巴拉河为纽带,以民俗文化、码头文化、乡村集市(乡场)为特色的全域旅游综合体。

一 实施一体化开发的必要性

对"独木龙舟文化区"实施一体化开发,打造全域旅游综合体的必要性体现在以下几个方面。

一是构建品牌特色,彰显独特性的需要。独特性是民俗文化旅游的核心竞争力,也是形成特色的核心要素。就目前而言,全国各地各种"特色"小镇多如牛毛。在黔东南州范围内,就有西江、镇远、旧州、肇兴等一大批特色小镇。从外来游客的角度看,西江代表黔东南苗族文化,肇兴代表侗族文化,镇远则代表黔东南的历史文化。如果仅仅把施洞、马号建成一个特色小镇,如何在既不与这些已有的小镇"撞衫",又不丢掉以苗族文化为主体的民族特色,这是一个说起来容易,做起来很难的事情。唯有另辟蹊径,既在"点"上费心思,又在"面"上做文章。"点":指的是一体化后的"施洞、马号"中心小镇和新城、老屯、廖洞次中心小镇以及若干个特色村落、集市码头、民俗文化、农耕文化、红色文化、历史文化体景点;"面":指的是以"施洞、马号"为中心,以独木龙舟文化、姊妹节文化为纽带的总面积达500多平方公里的"独木龙舟文化区"。通过精心规划、分步实施,使之成为有别于其他"特色小镇"的开放性的全域旅游综合体。以差异性、独特性、唯一性、开放性来形成特色、"突出重围"。

二是完整呈现民族文化旅游资源的需要。"整体性"是旅游资源价值评估的重要因素。而民俗文化资源的完整性,是其作为旅游产品的吸引力源泉之一。在"独木龙舟文化区"内,"独木龙舟节"和"姊妹节"是最具知名度的两大民俗文化品牌。这两大节日的过节时间、集会地点,不只是在施洞、马号一地,而是在不同的时间,分散于不同的地点。"独木龙舟节"从农历5月24日到27日,其集会地点分别是施秉的平寨,台江的塘龙(施洞),施秉的铜鼓,台江的老屯,施秉的六合,台江的芳寨(施洞)。"姊妹节"则是农历2月15在施秉的双井镇一带的清水江两岸以及下游的六合一带过(包括施洞镇的一部分地区),其主要集会地为双井、六合等地。3月15在施洞镇、马号镇的清水江两岸和巴拉河下游一带过,主要集会地在施洞、马号、老屯;10月15则在马号镇的平扒一带过,主要集会地在平扒。如果不对"独木龙舟文化区"实施整体开发,这些重要的文化旅游资源将无法得到整体呈现。其独特的文化魅力,也会因此受到损害。对"独木龙舟文化区"实施整体开发,既是保证民族文化旅游资源独特性、完整性的需要,也是构建全域旅游综合体唯一性的上佳选择。

三是改变少数民族地区贫困落后面貌的需要。"独木龙舟文化区"的各族人民,多年来,一直是怀揣"两个宝贝"① 过穷日子。通过一体化开发,使该地区独特而丰富的民族文化资源、生态资源转化成经济优势,使老百姓从保护生态和弘扬传承传统民族文化中得到实实在在的好处,从而摆脱贫困,奔向小康。

四是发展全域旅游的需要。随着社会经济的不断发展,中国全民旅游的时代已经到来。这种充分利用目的地全部吸引物要素和开放、广阔的旅游空间,为游客提供全过程、全时空的体验,从而全面地满足游客多元化、多层次需求的旅游发展模式,正在为越来越多的游客所青睐。可以预见,在不久的将来,全域旅游将成为各地区文化旅游业发展的主流模式。②

二 实施一体化开发,打造全域旅游综合体的思考

(一)实施管理一体化。把"独木龙舟文化区"内的施洞、马号、双井、老屯四个乡镇从现行的管理体制中剥离出来,并以之为主体,设立"黔东南州全域旅游综合体开发区"或者是"管委会"。使之成为一个独立的、具有县级地方政府行政管理职能的县级机构,对"独木龙舟文化区"的建设开发,实施统一管理。同时,以便于管理和有利开发为前提,重新调整现有乡镇的行政区划。以一体化之后的施洞、马号为中心城镇和行政中心,以双井新城、老屯(也可以考虑马号的廖洞)作为卫星小镇,分别设立乡镇级管理机构。把现在的"两岸两家",变成"两岸一家"。

---

① 指优美的生态环境与丰富的民族文化资源。
② 常海鹏:《全域旅游发展理念刍议》,《经济视野》2016年第9期。

既可以消除在"一体化"建设中因利益纠葛而产生的负面因素，又可以减少在建设征地、规划布局、资金使用、人员配备等方面出现的麻烦。无论对"点"上的一体化，还是"面"上的一体化，都是十分有利的。

（二）做到规划建设一体化。一是中心城镇和卫星小镇在建设上，既要突出"独木龙舟文化区"的文化特色，又要根据各自的地形地貌，彰显各自的个性，使之成为全域旅游综合体的依托；二是选择一定数量的民族特色村寨，合理规划布局，以"一村一特"为原则，打造特色村寨，使之成为整个旅游综合体的基础。在特色村寨的打造上，建筑必须突出苗族传统文化、历史文化、红色文化，做到百花齐放、各有千秋。让游客每到一处都有新的观感与体验。

（三）打造一体化旅游交通网络，提升旅游品位。自古以来，由于清水江的阻隔，两岸之间的来往十分不便。要实现"两岸一家"，除了管理上的一体化之外，更重要的是人心的一体化。而便利的交通，是促进相互往来，相互沟通的重要物质基础。因此，提升"独木龙舟文化区"内的公路等级，使中心城镇与卫星小镇之间，城镇与特色村寨之间的公路达到旅游公路的标准。同时，加大清水江两岸之间的公路桥、人行桥密度，方便两岸群众的交流沟通和游客的往来。

（四）既要有近期蓝图，又要有长远规划。无论是管理体制的确立、行政区划的调整、城镇和特色村寨的布局，还是具体的建设实施，都是一项复杂的系统工程，都需要有科学合理规划设计。这是顺利实施一体化的基础。"基础不牢，地动山摇。"这句话不仅适用于政治建设，同样适用于经济、社会建设。只有在深入进行可行性论证的基础上，编制出科学合理的建设规划蓝图，然后按图施工，才能打造出真正的精品。任何急于求成，都会给未来，给子孙留下难题和遗憾。

总之，对"独木龙舟文化区"实施一体化开发，打造全域旅游综合体，是一个庞大的系统工程。它是一个大制作、大手笔，需要大气魄，大智慧。

附录：独木龙舟神话·祭词·歌谣选录

一 独木龙舟神话选录

（一）起源神话

1. "人杀龙·人吃龙"：

之一

说是很久以前，住在小江河口的保公（够保），某天带着独生子九保下河打鱼。突然云骤风起，河浪滔天。从水中跃出一条恶龙，将九保拖进了龙洞。保公下水救儿，但为时已晚，恶龙已将九保咬死。老人决心为儿报仇，他上岸取拿火镰、火草，再次潜入龙洞。放火将恶龙烧死。不久，恶龙尸体浮上江面，胆大者便割肉来烧吃，肉味鲜美。消息传开，大家纷纷跑来抢龙肉。胜秉发现得最早，分得龙头；平寨分得龙颈；塘龙寨分得龙身；榕山寨、铜鼓塘分得龙腰；施洞口芳寨和马号廖洞的人去得晚，只分得龙尾；杨家寨去得最晚，仅仅分得点肠子。因此，现在杨家寨龙舟的龙颈染成深绿色的，称为青龙。龙被吃后，多云大旱，庄稼无收。就在人们苦不堪言的时候，恶龙托梦给大家说：我伤了老人的独生子，自己也赔了一条命，但愿你们老少行行好，用杉树依照我的样子，做成龙船，在清水江上划上几天，让我像活着一样，我便兴云作雨，让你们五谷丰登。人们听了，就照恶龙所说，先制条小船来划，果然灵验，降了喜雨。于是，大家纷纷做起龙船来划。最初商定按照分龙肉的先后顺序来划，如，胜秉分到龙头，排在农历5月初5；平寨分得龙颈，排在5月初6……但此时正值割麦、插秧的农忙季节，为了不误农时，各寨又协商，改在5月24日到27日举行。改变日期的次年，遇到了大旱，大家认为这是改变日期造成的。于是，又商议恢复农历5月初5日在胜秉划一天，作为龙船节的开始。在胜秉举行的龙舟集会，下游冰洞等地的龙舟一定要参加，并且要等他们的龙舟先到，施洞的龙舟才能进去。大家划一划，表示一下意思，就散走，次日仍旧下地干活。到24日以后，再举行正式的活动，尽情欢乐几天。经商议，平寨为5月24日，塘龙25日，榕山和铜鼓26日，廖洞和芳寨27日。这一规定，相沿成习，直到今天。

（流传于施洞巴拉河一带。讲述人：施洞巴拉河张够乜，苗族，男，68岁。2014年6月，刘锋等搜集整理）

之二

我们这里有一家两父子去"刚郎义"打鱼，儿子坐在船尾，父亲坐在船头。龙王就出来用龙尾巴把儿子扫进水里。父亲回头看不见儿子就"打咪"（方言：潜水）到水里深处的龙洞，看见龙王把自己的儿子放在床上作枕头，压死了。父亲就很生气，回来用火草放在大碗里，用牛油密封好去烧龙宫。大火把龙宫烧塌了，导致我们这里才有座山沉下去，变成一个大坑。现在才有"烧龙刚郎义"这个故事传下。龙死后就浮出水面，不知道的还说是鬼怪，后来才知道是龙，是宝贝。乡寨四邻得到消息都来要龙肉吃。有的得肉，有的得龙肾，有的得肠子。古歌是这样唱的："平寨得什么，平寨得肠子，平寨做龙看；偏寨得什么，偏寨得块肉，他们做龙吃；大冲、旧州得什么，大冲、旧州得龙肉，一起做龙看，一起做龙耍；杨家寨得什么，杨家寨得肠子；石家寨得什么，石家寨得肠子；巴拉河得什么，巴拉河得皮皮；平兆得什么，平兆得尾巴；冰洞得什么，冰洞得龙脚杆；廖洞得什么，廖洞得前爪"。又有古话说："稿仰上寨是最近的，上寨得龙背脊和龙老壳，上寨做鬼龙。"当时上寨人说，见者有份。你们远来的先挑，我们要龙背脊、龙头去炖就可以了。因为我们得龙背脊和龙头都是红的，所以我们的龙头就是红色的。稿仰下寨是我们的满兄弟（满：小），因为他太懒了，等大家都分完了他才去分，就得变质的发绿的肉，就做绿色的龙。石家寨也来的晚，得黑肠子，就做黑色的龙。

我们的龙是最灵的，只要我们一拉龙下河就会下雨，连给龙船上桐油都会下雨，只要动我们的龙船就会下雨。典故是从我们这里开始的，现在长滩要划龙船都要先问我们划龙船了没有，要我们的龙船先划了他们才开始划。

（流传于老屯稿仰一带。讲述人：老屯稿仰上寨吴翁金，苗族，男，76岁。2019年6月，龙明开、刘晓妍等搜集整理）

<h2 style="text-align:center">之三</h2>

很久很久以前，有个人名叫苟亚，打渔为生。一天，他带着儿子驾起小船到榕山水潭里去打鱼。他在船头撒网，网网落空。心想："噫，今天是怎么搞的哟，连条小鱼崽崽都没打得，怕是有鬼啰。"他调转船头，想到别处去打。就在他回头一看的时候，原来坐在船尾的儿子不见了。他大吃一惊，莫非落水了不是？就跳下潭去找。苟亚水性好，呆在水里三天三夜都没事。他下到潭底，没找到儿子。却发现一个龙洞。怪事，洞头是干的。他就钻进去看。看见一条恶龙把他儿子当枕头靠起睡觉。龙窝里满是干草。他过去仔细一看，儿子死啦！苟亚很生气。想弄死恶龙给儿子报仇，又没带家什来，怕搞不过它。他转回家来，用猪尿泡装起火石、火草，又进龙窝去。见恶龙还在呼呼打鼾，没得醒来。苟亚取出火石、火草，火镰子一敲，溅出火花来，燃着火草，就把龙窝的干草点燃起来。他就退出来，站在河坎上看。龙窝燃起火，烧了三天三夜。恶龙烧得浑身起泡。浮到水面上来，几摆摆就死了。喔唷，好大一条龙呀！各村的人都来分龙肉吃。胜秉分得龙头，平寨分得龙颈，榕山分得龙身，施洞分得龙尾。

吃了龙肉，引起了天干旱。巫师说是恶龙作的怪，叫各村都砍树按照恶龙的样子造龙船来划。每年5月在清水江和巴拉河上划龙船。就这样，年年风调雨顺，人畜平安。

本来，划龙船是在阴历5月5日端午节举行的，因为这里季节来得迟，端午节还没有栽完秧，后来才改为每年5月24日至27日。

（流传于老屯榕山一带。讲述人：老屯榕山张老乜，苗族，男，68岁。2016年6月，刘锋等搜集整理）

<h2 style="text-align:center">之四</h2>

古老以前，连续几年天旱无雨，不知饿死了多少人。阿劳的父亲也在这个时候死去了。五月的一天，阿劳跟母亲到河边去洗衣服。他拿妈妈的洗衣棒系上一根线在河里拖上拖下，嘴里无意识地喊："咚咚咚，咚咚

哆"的声音。时隔不久,就下起了瓢泼大雨,把他们都淋湿透了。从这之后,天顺人意,风调雨顺,人们播种有收,生活渐渐好起来。就这样,大家就像往常一样,该忙活路时就忙活路,该节庆时就凑在一起唱歌跳舞。大家都说风调雨顺是阿劳的功劳,是他在河边拖洗衣裤棒喊"咚咚、哆,咚咚、哆"天才下雨的。阿劳却说:"我是划龙船后才下雨的。"大家也感到奇怪,一个童子娃娃在河边划根木棒就能下雨,都以为阿劳是天上的仙人下凡。于是,大家就请阿劳每年到河边去划木棒(龙船)。阿劳说:"不是我一个人划,要大家一起划才行。"就这样,大家砍来一根长长的粗木棒,每年到五月初,大伙就拿木棒到河里当龙船划。边划边整齐地喊:"咚咚、哆,咚咚、哆!"

年复一年,人们在阿劳的带领下划着龙船。后来,阿劳老了,划不动了。大家就推选他儿子尤劳来组织大家划龙船。尤劳觉得这样的独木龙船,大家坐着划用不上力,如果站起来划,肯定还快些。尤劳左思右想,有了主意:如果用三根木绑在一起,人在上面就站稳了,也好使力划。于是,尤劳就带领大伙砍来三根长长的杉木,在河边将木棒捆绑在一起。突然,河面上突然波浪翻滚,只见一条巨蟒在河中由上而下慢慢游去。巨蟒头大尾小、两眼圆睁、周身都有鳞片,长有五六丈的样子。尤劳对大伙说:"刚才大家见到河中的那条蛇,我们就把它当成龙,我们所做的龙船就像它那个样子,头大尾小,身上也要有鱼鳞片。"于是,大家又将河岸边水柳树砍倒,用它来雕刻成有鳞片的龙头。龙头做成像蛇的样子,绑在三根杉树中间那根头上。从这年起,人们就划像蟒蛇一样的龙船。

不知不觉尤劳也老了,他的儿子香尤已经长成大人。大家就让香尤接替父亲,组织大家划龙船。香尤往年看见大人们划的龙船都是实心的杉木,非常笨重,划不快。香尤心想:竹子是空心的,放在水中吃水浅,但竹子再粗再长也没有杉树那样粗和长,承受不了这么多人在上面。不如把现在这三根实心原木挖空,划起来就快了。他把这种想法和大家一讲,大家也觉得很在理。于是,人们就把三根独木刳空。绑好放在水里确实比原来的吃水浅,划起来也比原来的快。但香尤仍然觉得,龙船虽然是划得快了,但龙头不太好看。有一天,香尤闲得无聊走到河边,见一头大水牯牛泡在河里洗澡,它的颈、身上都淹在水里,只有头部及那一对宽大的牛角露出水面。香尤想:在龙船的龙头上安上一对像水牯牛角一样的龙角,那样子一定很好看、很雄壮。香尤的想法得到大家的赞同。人们请来木匠师傅，砍来一颗弯树，加工成一对比牛角还宽大的角，安装在龙头上。龙头的样子的确比原来好看多了。

这时划龙船还没有锣和鼓，"咚咚，哆"的声音是靠划船人喊出来的。传得不远，也不够热闹。一天晚上，龙王托梦给一位百岁的老人：凡间人要想声音传得远，要想更热闹，只需要两样东西，它们叫"鼓"和"锣"。龙王还把鼓、锣怎样制作全部告诉了老人。老人醒来后，把他梦见龙王，龙王教他做锣、鼓的事说给大家听。香尤听后，马上招集众人，按照老人的说法制作鼓和锣。不久，鼓、锣分别制成了。一敲，"咚咚咚，咚咚咚"的鼓声震天动地；"哆，哆，哆"的锣声深沉悠扬，犹如龙吟。

有了鼓和锣，谁来敲呢？就在大家议论这个事时，有一位老人说："既是香尤组织我们大家划龙船，就让他来敲鼓；至于敲锣，就要香尤12岁的儿子金香来敲。父子俩配合才默契。"老人的建议得到大家的同意。有了鼓和锣，吸引了来自四面八方的人观看划龙船，场面闹热无比。

然而，"咚，咚咚咚，咚，哆!"由低到高、铿锵有力的锣鼓声，把水里的龙王爷吵醒了。龙王爷一翻身，河面上就波翻浪涌，把龙船掀翻河中。划龙船的水手们在水里护着龙船慢慢靠岸，清点人数时，大家发现少了敲锣的金香。左等右等一直等到天黑，也不见金香浮出水面，香尤十分伤心。大家知道这个不幸的消息后，沿河各村各寨的理老、寨老们纷纷前来安慰香尤。大家都认为，金香有可能是被龙拖去吃了。香尤听了大家的话，决心为子报仇。第二天，香尤带着杀牛的大刀只身扎进潭底的龙宫。他看见龙正酣然大睡，它的头还枕在自己儿子金香的身上。香尤万分气愤，挥起大刀把龙砍死了。龙尸浮出水面，大家就来抢龙肉吃。

儿子金香死后，香尤像丢魂似的，身体一天不如一天。加上年纪渐渐变老，对组织划龙船的事也没有过去那种激情了。他也提出另选其他合适的人来组织大家划龙船。经沿河各村各寨的理老、寨老们商议后决定：虽然香尤的儿子金香死了，但他还有女儿榜香尤。就让榜香尤接替父亲继续组织大家划龙船。榜香尤说："叫我组织，就听我一个建议。以后各村各寨划龙船就由各村各寨的理老、寨老们具体负责。各地集中划龙船的时间顺序就按照分得龙肉的部位来确定。"从此以后，划龙船的事就由各寨自己去操心，不再由榜香尤统一组织了。

（流传于马号一带。讲述人：马号平地营张正发，苗族，男，76岁。2017年9月，张乾才搜集整理）

之五

过去清水江一带过龙船节（独木龙舟节）不能吃狗肉，龙舟集会地也没有卖狗肉锅汤的。这是为什么呢？

相传很久以前，天和地融为一体，水里的龙王能上天，天上仙女也能下凡。清水江边的平寨上游有一段大概数千米长，几十米宽，深不可测的江峡。两岸悬崖峭壁，阴森可怕。人们把这段江称为"长潭"。这段江不管顺流而下或逆流而上的船只，只要到那里，人们都屏住呼吸，放慢船速，不敢高声说话，害怕惊动龙王。"长潭"中盘踞着的龙王，能呼风唤雨。为人间的风调雨顺，立下了许多汗马功劳。有一年夏天，"长潭"附近村子里有一个村民叫"鸠哈"，他的独生子到江边钓鱼，无意中钓到一条大鱼，拿回家煮吃了。原来，这鱼是龙王的儿子。龙王因此十分愤怒，把"鸠哈"的独生子吃掉了。当"鸠哈"得知儿子被龙王吃掉后，伤心至极，发誓要杀掉"长潭"龙宫中的龙王，为爱子报仇！

本来龙王和"鸠哈"两家各失一子，算是扯平了。大家也希望他们两家重修旧好。可是"鸠哈"过不了这道坎，用重金雇本村一个"懒汉"为他下河杀龙。拿人钱财，替人消灾。"懒汉"开始了闯龙宫杀龙。

"懒汉"进到龙宫和龙王连战七天七夜不分胜负。第七天晚上"鸠哈"焦急地在江边等待"懒汉"凯旋归来。就在这时，"鸠哈"突然听到不远处有两个人在议论，说："他们想杀掉龙王，太难了。除非他们找来三百只黑狗和三百只白狗，然后把狗杀了，用狗血来淋'长潭'江面和两岸的山上，这样才能杀死龙王。"原来是两个神仙，有意给他们出谋划策。

就这样，"懒汉"一上岸，"鸠哈"就迫不及待地把仙人所讲的杀龙方法一五一十地告诉了他。于是两人买来三百只黑狗和三百只白狗，直奔"长潭"而去。他俩杀了狗，用狗血洒在"长潭"江面和两岸的山岭上。然后"懒汉"又重新潜进龙宫。他不但杀死龙王还抽了龙王的筋，扒了龙王的皮，抠了龙王的心肝做下酒菜。又把龙砍成无数小节，抛到江中，任其漂流。龙被杀死了，灾难也接踵而来。当年久旱不雨，江河断流，草木干枯，颗粒无收，人们苦不堪言。大家杀猪宰羊向老天求雨，但无济于事。

龙王之魂意识到他们之间的仇怨祸害了无辜百姓，于是托梦给"鸠哈"说，你们要想得到雨水，就照我说的话去做。找棵大树照我的样子做成船，让我的影子在水上漂游，然后我可以去向玉帝要雨，叫他降雨人间。"鸠哈"把龙魂托梦的事告诉了村民，村民们急忙按照龙的要求把龙船制造好，请来巫师择吉日，于每年农忙过后农历五月二十四日为祭龙日。那天村民们把龙舟划到"长潭"口（杀龙王的地方）杀猪宰鸭、烧香烧纸祭拜龙王。由寨中的老巫师拿三根芭茅草在水面上沾水三下，嘴里念着祭祀龙王的祭词，念完祭词才开始划龙舟。

因为用狗血才把龙王杀死，所以，过去过龙船节是不能吃狗肉，也没有买狗肉锅汤的。

（流传于双井平寨一带。讲述人：双井平寨邰老告，苗族，男，78岁。2017年6月，杨昌珍搜集整理）

之六

传说在南野河口，有一条恶龙。它经常把人吞进去，又吐出来当坐垫、做枕头。把人玩死了，才一口吞下去。附近有个僳家寨，有个叫故亚的老人，以打鱼为生。有一天傍晚，故亚与自己的独生子到河口打鱼。故亚在前面撒网，儿子在后面撑篙。忽然一个大浪打来，儿子不见了。故亚知道是恶龙作怪，急忙下水，钻进龙洞。恶龙已把它儿子吞进去、吐出来，压得扁扁的。故亚为子报仇，放火烧了龙洞，烧死了恶龙，为儿子报了仇。第二天蒙蒙亮，人们看到南野河口冒出一股浓烟。又过了七天七夜，恶龙从深潭里冒了出来。人们从四面八方赶来分食龙肉。平寨分得龙颈，塘龙寨分得龙身，铜鼓寨和榕山寨得龙腰，廖洞寨得龙尾。恶龙死后，天黑地暗，人们无法生存。恶龙给人们托了个梦，说你们要模仿我的样子制成船到河中划，老天下雨，年年丰收。从此以后，清水江两岸苗族按各寨得龙肉的部位先后举办龙船节，即：五月二十四日到平寨划龙，二十五日再塘龙划龙，二十六日分别在榕山和铜鼓划龙；二十七日在廖洞划龙。

（流传于施洞马号一带。讲述人：马号大冲张够桥，苗族，男，76岁。2016年7月，刘锋等搜集整理。）

2. "人杀龙·鸟吃龙"

之一

在很古的时候，在黔东南的台江县的革一，挨清水江南岸村寨有个叫"够保"（苗名）的老人，只有一个独子，爷崽俩相依为命，靠打鱼为生。在某年农历五月的一个晚上，爷崽俩又在清水江里打鱼。他们摇船撒网惊动了江里的一条龙。龙很恼怒，窜出江面把船弄翻，把够保的小孩拖进龙洞整死了。够保非常悲愤，决心杀恶龙为子报仇。

第二天，够保便在脸上、身上涂满锅烟墨，头上戴着一个铁三角，拿着刀，闯进龙洞里。在龙洞里，他看到儿子已被龙咬死，身子被枕在龙头上，龙正鼾然大睡。他怒从心头起，举起刀，疾步上前。急促的脚步声顿时把恶龙惊醒，睁眼一看，只见一个头上长着三只角（龙从未见过长三只角的东西），大花脸，面目狰狞，身上黑黝黝的怪物出现在眼前。龙还未回神，够保老人就狠狠数刀砍死了恶龙。恶龙上下翻滚，发出"嗡嗡、嗡嗡"的呻吟声。后来南岸边的苗寨便叫"方琅"（汉意为"吟寨"，即冷西）。恶龙临死前翻江倒海，把"方琅"寨下四、五里河段搞得昏天黑地。于是，下面的苗寨便叫"黑寨"，苗语为"欧收"（意为"黑水寨"）。龙终于死了，沉入河底。三天三夜过后，龙头龙颈才从把往寨的长潭口浮出水面。把往寨也因此被称为"涌狼巩"（汉意为"龙下颈"）。龙浮出水面后，一路往下漂，引来了许多鹰、鹞等飞禽抢吃龙的内脏。它们你争我夺，有的得了一节肠子，飞到巴拉河的榕山河边慢慢细嚼；有的叼了一块肺，飞到铜鼓塘边细细品味；有的则拖得一点肝飞到廖洞下游享用。龙的内脏不断被飞禽们掏空，没有了浮力，便逐渐往下沉。就在快要全部沉没的时候，敏捷的鹞子叼得一块肚子到施洞口的场坝上狼吞虎咽。当它又飞回去想再叼一块肉的时候，龙便完全沉没到水底去了。龙沉下去的地方，就叫"党涌"（苗语直泽为"沉龙"，另一说为"看龙场所"），即现在施洞镇的塘龙寨。

传说，龙是玉皇大帝派来管雨水的神灵。龙被杀死后，当地就灾害连年，百姓生活异常艰辛。龙也因此受到玉皇大帝批评。龙内心也自感惭愧，便托梦给清水江边一带民众说："我害了够保的独子而被杀，是罪有应得，我愿补过。请你们按照我原来的样子，用一根树木做出船来，在我死的这个月划上几天，保你这一方风调雨顺，五谷丰登。"各寨寨老们便集中商议，砍来树子统一做成龙船，按龙尸浮出水面到沉没的顺序，又考虑到农事等因素，议定每年农历的五月二十四日先集中在平寨划，二十五日集中在施洞"党涌"（塘龙）划。二十六日分龙，按照那些食肉的飞禽们抢吃龙的内脏的先后，在榕山、铜鼓塘两地分开划，二十七日到廖洞和施洞结束。寨老们又议定，要求每个寨子做出的新龙舟，不管水路多远，当年必须到平寨来划龙"取水"求雨。第一年"取水"后，以后就可来可不来了。

（流传于双井一带。讲述人：双井把往寨龙够保，苗族，男，68岁。2009年10月，龙通国记录整理）

之二

古老以前，故宝爷崽俩经常在清水江平寨上游深不可测的"十里长潭"撒网捕鱼。有一天，他们捕鱼惊醒了沉睡的龙。龙在潭里掀起了大浪，把故宝的鱼船掀翻，把故宝的小孩拖进龙洞咬死。第二天，故宝头顶"撑架"（即农村煮饭用的"三角架"）、脸抹锅恢，手拿长刀，潜进潭底。只见龙洞里的龙正在睡大觉，还拿自己的孩子当枕头。故宝不顾一切，举刀就朝龙砍过去。只几刀就把恶龙砍成几节。

龙死后，过了三天尸体才浮出水面。龙颈龙头在长潭口浮出水面，一节龙身漂到施洞现在塘龙的河岸边。龙的肠、肝、肚、肺被各种鸟飞来抢食。有的被老鹰叼到铜鼓，有的被鹞子叼到榕山，有的被叼到廖洞（现在六合）。龙尾在施洞芳寨渡口浮出水面。

龙死后，清水江一带雨水失调，黑了九天九夜。鸡不见吃米，人无法干活。有一天，一个妇女到江边洗衣服，她淘气的孩子就学着大人拉纤划船的样子，用线系上洗衣棒，用手拉着线，在河边水浅处拖来拖去，嘴里还发出"咚咚哆、咚咚哆"的声音。一下子，黑暗的天竟然亮了。于是，人们就照洗衣棒的样子打造成龙船，每年到江里划几天。从此，清水江一带风调雨顺，五谷丰登。

同时，大家商量，以龙尸浮于水面和鸟叼得龙内脏的时间先后，确定划龙船的时间、地点：五月二十四日到平寨划，五月二十五日到塘龙划，五月二十六日分别到榕山、铜鼓塘划，五月二十七人分别到廖洞、芳寨划。这种习俗一直沿袭到现在。

（流传于清水江一带。讲述人：马号大冲刘老当，苗族，男，73岁。2011年7月，宋永泉搜集整理）

之三

古老以前，故宝爷崽俩经常在清水江平寨上游深不可测的深潭——"十里长潭"（苗语：家代 Jiad daid）撒网捕鱼。农历五月的一天，爷崽俩摇船捕鱼惊醒了在龙洞沉睡的龙王。龙非常恼怒，腾身跃起，潭水面掀起了汹涌波涛，把故宝爷崽俩的捕鱼船掀翻。落入水中的故宝小孩被龙拖到潭底咬死。故宝十分悲愤，一心要杀恶龙为子报仇。第二天，故宝头顶三角叉、脸抹锅灰、手提着刀，把装有火草、火镰的猪尿泡捆在身上，扎进潭底，钻进龙洞。只见龙洞里龙正鼾然大睡，头还枕在自己的小孩身上。此时，故宝怒从心头起，举刀朝龙猛砍过去。几下就把恶龙砍死了。同时，故宝一不做二不休，用火镰敲燃火草，把龙宫烧了。

龙死数日后，尸体浮出水面。人们首先发现一坨龙身浮于平地营寨脚下河中，河对面的许多人都纷纷跑到塘龙来看龙。于是，当时的平地营就得名叫"奔涌"，意为"龙浮出来的地方"；塘龙则得名叫"党涌"，意为"看龙的场所"。之后，在施秉双井的铜鼓、马号的廖洞（现在六合）的河边也各有一坨龙身浮出。同时，老鹰叼有一坨龙肉掉在巴拉河上的榕山，龙尾则停在施洞岸边的沙滩上。龙的肠、肝、肚、肺则漂到杨家寨的沙滩上。

传说龙是玉皇大帝派来管人间风调雨顺、五谷丰登的神灵。龙死后，清水江一带雨水失调，不是水灾就是旱灾。天昏地暗，没有白天，只有黑夜。百姓无法耕作，苦不堪言。龙的灵魂遭到玉皇大帝痛斥后也感到愧疚，便托梦给清水江沿河百姓说："我罪有应得，请你们照我样子用一根树子做成船来在河里划，可保大家风调雨顺、五谷丰登。"于是，人们就做成独木龙舟来划。此后，雨水也真的和原来一样，该下就下，该晴就晴；天也是该就黑，该亮就亮了。

由于做龙船的寨子多，沿河各寨寨老集中商议，确定划龙船的时间为：第一天（五月二十四日）在平寨划；第二天（五月二十五日）到塘龙划；第三天（五月二十六日）到铜鼓、榕山两处分别划；第四天（五月二十七日）分别在廖洞和芳寨划。现在划龙船就一直沿袭这个时间顺序。得到龙肉的地方安排集中划龙，得到龙的肠、肝、肚、肺等内脏的地方就不安排划集中划龙，但制作的龙舟龙头颜色要与龙的内脏颜色一样——紫青色。所以杨家寨现在的龙船从头到尾都是紫青色的。

（流传于马号一带。讲述人：马号平地营张元茂，苗族，男，65岁。2018年7月，刘锋、张乾才搜集整理）

3. "人杀龙·不吃龙"

之一

相传清水江上游有个地方叫做茅坪，茅坪有个渔民带着自己的儿子在江上打渔。不小心他们惊动了龙王的儿子。龙子就把渔民的儿子吃了。渔民十分气愤，就回到寨子，组织全寨的人一起把龙子给杀死了，并将龙身砍成三节。龙子被杀，龙公十分气愤。它翻江倒海，搞得这一带天昏地暗的，七天七夜不见光亮。人们无法生活，就到天上告龙公的状。结果老天也没办法处理。最后，天庭想了一个两全其美的办法：每年农历五月二十四日到二十七日，人们做成龙船在江面上划，让龙公消气；龙公也要保佑这一带风调雨顺、五谷丰登。此后，龙船节成为当地最隆重的节日之一。

（流传于双井平寨、谷陇岩门司一带。讲述人：双井平寨杨够当，苗族，男，58岁。2017年10月，宋永泉搜集整理）

之二

传说在很久很久以前，在清水江上游平寨上面的一个深潭里，住着龙公、龙母、龙子一家，它们负责这一方的雨水。

有一天，久哈的儿子和一群孩子到清水江边放牛、玩耍。久哈的儿子把牛赶到河边的草地上，就到河边钓鱼。龙子刚好从这里路过，被钓钩钩伤了身体。龙子一生气，就一口把久哈的儿子吞了。久哈不见儿子回家，就去问与他一起放牛的伙伴。他们告诉他，说是看见一条大蛇把他儿子吞了。久哈十分悲伤，决定无论如何要找到儿子。于是，他舀了碗米去找巫师卜卦。巫师卜卦后说，你家儿子不是被蛇吃的，是被龙吃了。龙就在那个深潭里。久哈下决心要找到吃儿子的龙，杀龙报仇。他请求巫师为他去杀龙，巫师说，自己只会算，没有杀龙的本领，让他到下长坡去找一个叫做金推磊的人。这个金推磊游手好闲，是个懒汉，所有人们才把他叫做"金推磊"（苗语"金懒汉"之意）。但他却本领高强。久哈找到金推磊，给了他三百两银子，金推磊才答应帮他去杀龙报仇。

金推磊拿着一把锋利的刀，跟着久哈来到河边。他潜进龙宫，看到龙子正在睡觉。抽出钢刀一刀砍断龙的颈子，还挖出了龙子的心肝，把龙子砍成三大节。龙的惨叫声传到了山凯村。龙尸浮出水面，臭气熏到了包项村，所以现在这个村子才叫作"包项"（苗语即"臭气坡"的意思）；龙尸的腥气，冲到王坳村，熏得全寨人恶心呕吐。所以现在这个村子才叫"王坳"（苗语即"呕吐坳"的意思）。

三节龙尸顺水漂下来，龙头漂到平寨，龙身漂到施洞，龙尾漂到胜秉。

龙子被杀，吓坏了龙公、龙母，他们一个往东跑，一个往西逃。龙王一家逃跑了，引发了大洪水，一直涨了三天三夜。房屋没冲走了，庄稼被淹死了。接着又是大旱，庄稼、鱼虾都被晒死了。于是，大家商量去把龙公、龙母请回来。可是，派乌龟去东方请龙母，龙母不愿回来；派白鳝去西方请龙公，龙公也不愿回来。大家没办法，又商量去尖山坡顶上求雨。就在大家走投无路的时候，龙子托梦给一个叫劳香的人，说要用杉木制成龙子的样子，让它成为龙子的替身。住在河边的苗家在江里划龙船，住在高坡的苗家就吹芦笙。这样龙公、龙母就会回来。于是，劳香就组织大家用杉木造龙船。龙船造好了，他们又处理龙尸。他们把龙脊骨做成伞把，肋骨做成伞椽，皮子做伞盖。做成一把伞作为姑娘出嫁时的嫁妆。把龙眼做成灯笼，把龙鳞送给穿山甲，把龙角让螺蛳住进去，变成螺蛳的壳，并在螺蛳口上盖上一片龙鳞，让螺蛳出不来。还剩两根龙须，也成了螺蛳胡须。

把这些都处理好了，大家才来商量怎样划龙船，怎样吹芦笙。经过大家商议，决定河边的龙船从平寨划起，高坡的芦笙从东坡的庙会吹起。

（流传于双井、谷陇地区。讲述人：双井黄琴龙够天，苗族，男，70岁。2018年8月，宋永泉搜集整理）

之三

在台江、施秉、黄平三县交界的清水江中，有一个奇异的深潭，叫十里长潭。当地人有"船过十里潭，如过鬼门关"之说。人们划船过这里都心惊胆战的。在这一带，人们认为当地大多数鬼神，平时都住在十里长潭里，巫师祭鬼祭神时，都要先请住在十里长潭里面的鬼神。

十里长潭是一个龙潭，龙潭里有龙宫，龙宫里居住着一条老龙。它掌管着整条清水江。但龙王没有孩子，他也很想有一个孩子。

有一天，够宝带着他的独生子到十里长潭打鱼。老龙看见了就想把够宝的儿子抓来给自己当儿子。于是，他一阵吞云吐雾，十里长潭，突然天昏地暗，波翻浪涌。老龙乘机将够宝的儿子抓进龙宫里。够宝回头一看，自己的孩子不见了。他潜到水里找，找不到自己的孩子；又到深潭下游去找，还是找不到。晚上，他把这件事告诉了寨子上的人们。有人说可能是龙王要你的孩子做崽去了。第二天，够宝一大早就潜到龙宫里。他发现自己的孩子果然在龙宫里，孩子的身体有一半已变成龙，长了三排龙鳞，不再是人了。而龙王还在孩子身边呼呼大睡。宝够宝十分气愤，决心为儿子报仇。他迅速回到家里，背着锋利的宝剑潜到龙宫。此时，龙王还没睡醒。于是他将宝剑对准龙王的心脏部位猛刺过去，趁龙王垂死挣扎时，离开了龙宫。

龙王被宝公刺中了要害，痛的翻腾挣扎、痛苦呻吟，搞得天黑地暗、日月无光。在十里长潭附近的一个寨子，鸡不见啄米，人不见走路。于是，人们叫把这个寨子叫作"欧受"（苗语意为"黑寨"，汉语即名为"大黑寨"）；龙不停挣扎、呻吟，来到一个地方，这个地方就被叫作"方养"（苗语意为"听到呻吟的地方"，汉名叫"冷西"）；冷西附近也有个寨子，因为也能够听得到龙的呻吟，所以就叫"及养里"（意为"在田地里听到呻吟"，汉名叫"小黑寨"）。

就这样，天黑了九天九夜，人们不知道怎么办了。于是，人们就派人摸黑到山上割来芭茅草，拿到对门河的丢布（苗语意为"占卜"，汉名为"镰刀湾"）找一位僚家巫师来卜算。经过卜算，人们才得知是老龙王被杀引起的。人们问巫师，怎样才让天亮起来。巫师说，老龙王的灵魂要求：希望人们照着它生前的样子，制作成龙船，每年在清水江中划动，就像它生前巡江的样子。它的神灵就继续为人们掌管雨水，让地方风调雨顺，五谷丰登。人们马上答应了老龙的要求，巫师也替大家向龙神许了愿：希望龙神让天地晴朗，以便人们好按照龙神的意愿，制作龙舟到江中划行。果然第二天，云消雾散，风和日丽，天地又恢复了以往白天黑夜的样子。

于是，在十里长潭上方的方养（冷西）、及养里（小黑寨）、呕受（大黑寨）、丢布（镰刀湾）等苗寨，大家相邀去砍来大树，造成了龙船，在当月（农历五月下旬）举行划龙船活动。当年果然风调雨顺，得了好收成。

后来，划独木龙舟习俗，就在这一带流传开来。上至方养、欧受，下至五河（五岔）的清水江两岸的各个苗寨及巴拉河下游两岸的各个苗寨，都划龙船，过龙船节。这就是后来所有新下水的独木龙舟都必须到十里长潭举行祭祀"取水"仪式后，才能参加龙船集会活动的原因。人们认为，只有到这里"取水"祭祀的龙船，才能保一方风调雨顺、人畜兴旺。

（流传于双井平寨、施洞南哨、革一黑寨一带，张志发搜集整理）

之四

在巴拉河边，有一个名叫老屯的地方，有兄弟二人，兄名宝，弟名雄。够宝有个独生子名叫九宝，某年五月初四的晚上，他同几个小孩到河边去玩，不幸被恶龙拖进了龙洞，没有回家。够宝痛哭了一场，他为了给独生子报仇，第三天便潜进水中，放火烧了龙洞，把龙烧死，并把恶龙砍成九段，以解心头之恨。没有想到烧龙的烟火把整个地方搞得九天九夜天昏地暗，鸡不见啄米，马不见吃草，人不见走路。胜秉有一个妇女摸黑带着孩子到河边洗衣服，天真的孩子拿着扁担在水中拍打，嘴里喊着"咚咚，哆，咚咚，哆"的声音，不知不觉天渐渐亮了起来。后来恶龙托梦给她，每年要像她的小孩那样划龙船，才能使天该黑就黑，该亮就亮。

（流传于施洞一带。讲述人：施洞巴拉河张嘎乜，苗族，男，68岁。2017年7月，刘锋等搜集整理）

之五

传说"五生告雄"的儿子被恶龙吞食了。然后他便把恶龙杀掉，替儿子报仇。龙死后，开始天昏地暗，不见太阳。人们开始发愁，不知道怎么办好。"五生告雄"也很苦恼。有一天，他在河边冥思苦想，无意中把一片芭蕉叶丢到河里，天突然就亮了。芭蕉叶在水上漂了一会，就沉了。叶子一沉，刚才还明亮的天一下就黑了。他感到奇怪，又把芭蕉叶丢到水中，天又亮了，叶子一沉，天又黑了。他得到启发，让大家轮流往水中丢芭蕉叶，只要还有浮在水上的芭蕉叶，天便一直亮着。但这也不是长久之计。于是，人们就仿照芭蕉叶的样子，用杉木树做成一只船，让人坐在上面划来划去，这样天就不会一直黑，而是该亮就亮，该黑就黑。但人们担心被杀的恶龙的阴魂看见，把人拉下水去。于是就在船头上安上龙头，水里的恶龙看见是它的同类，就不会再来伤人了。独木龙舟就此诞生了。

（流传于双井一带。讲述人：双井铜鼓塘张报岩，苗族，男，67岁，2016年9月，宋永泉等搜集整理。）

之六

古时候有一群龙住在平寨上面的长潭里，水的涨落都由他们掌管。他们经常游出龙洞，到河岸边擦痒。龙的身体来回摆动，引起河水暴涨。冲毁了庄稼、房屋、家畜，老百姓苦不堪言。人们为了制止龙的恶作剧，请来法师，收服恶龙。法师来到江边，穿上蓑衣，戴上铁三角，潜入龙洞中，将恶龙斩成三截。龙死了，天空变黑了，很久也没有亮起来。后来有个小孩把三根包谷杆绑到一起，放到水中拖着玩，嘴里还有节奏的发出"咚、咚、哆……"的声音。玩着玩着，天竟然亮了起来。于是，人们仿照小孩绑包谷杆的做法，砍树做成龙的形状，开始划龙船。

（流传于双井一带。讲述人：双井平寨龙够岩，苗族，男，68岁，2018年10月，宋永泉等搜集整理。）

4. "天杀龙·不吃龙"

传说在远古时，在清水江一带管雨水的龙王好客好酒。龙王酒量大，只要有客人来它都要把客人喝醉，不醉不放手。有一次，有位客人酒量比龙王大，结果客人没醉，龙王自己醉了。就在这时，天公让龙王给这一带降雨。龙王东倒西歪的行云布雨，不小心走错了两步，雨下多了，造成大水灾。龙王因此被天公劈死江中。龙死了，造成了旱灾。人们没办法，只好沿江划龙船敲鼓求雨。这种求雨的仪式，久而久之就演变成今天的划龙船活动。

（流传于双井、马号一带。讲述人：马号大冲张老当，苗族，男，73岁。2018年7月，宋永泉等搜集整理。）

5. "人犯龙·祭祀龙"

相传在远古时候，王宝勾雄的老婆生小孩未满月的时候，出门没戴斗笠，被雷公看见了。雷公认为是对自己不尊敬，十分生气，就不再管打雷下雨了。她还拿孩子的尿布拿到龙潭里去洗，脏东西污染了龙潭，把龙王也得罪了。雷公不打雷，龙王不下雨。于是当年大干旱，河水断流，田土荒芜，五谷不长。王宝勾雄心急如火，就找大家来商量，看怎么办才好。大家也想不出好办法，就去请巫师卜算。经过巫师卜算，才知道是得罪了雷公和龙王。巫师说，这一带要想风调雨顺、五谷丰登，住在高坡的必须在二月午日祭祀雷公，并吹芦笙向雷公谢罪；住在河边的必须在五月二十四至二十七日划龙船、祭祀龙王。这样雷公和龙王就会保佑这一方风调雨顺、五谷丰登。于是，从那以后，就形成了高坡吹芦笙、河边划龙船的习俗。集中划龙船的时间、地点也由各地分得祭品的时间来确定。

（流传于双井一带。讲述人：双井黄琴龙老冒，苗族，男，78岁。2018年4月，刘锋等搜集整理）

（二）独木龙舟的其他神话

之一

古老以前，有一对飞龙从西北方向飞来，飞到现在平地营（对岸是塘龙）上空。龙朝下一看，见有条清澈见底的河流，由于二龙在天上飞来飞去多时，身上沾满了尘污，早想把身上污垢洗去。见了这条河后喜出望外，下到河里准备洗澡。虽然河床宽敞，但河水较浅，洗澡不是很舒适。于是，两条龙就腾身翻滚，用角、爪子、胡须、尾巴掀翻沙石。一时间，两岸涛声震天、雨雾朦胧。就这样翻腾了七七四十九天。清水江由此以下一直流了四十九天的浑水，人们还认为上游下雨涨水了。四十九天之后，清水江的水依然清澈如故，而平地营寨门口原来浪高流急的浅滩却变成了一个深不见底的龙潭。之后，龙还托梦给一位老人，说它们本来是飞天龙，见到这条河流后就留在这里保佑两岸人们风调雨顺、吉祥平安。

因此，塘龙和平地营的龙船因有龙潭里的飞龙保护，划龙船就不需要举行出龙祭祀。而其他寨子划龙船必须在龙船出行的大清早，在河边举行祭祀仪式，请"该西"等神灵来保护龙舟。这两个寨子只要在出龙的时候喊一声："兄弟们，和我们一起去划龙舟"就行了（"兄弟"指村寨的保护神"兄弟鬼"）。

（流传于马号一带。讲述人：马号镇平地营张元茂，苗族，男，65岁，2017年7月，张乾才搜集整理）

之二

凉伞龙船的龙脑壳上安装有一条木雕白膳鱼。传说白膳鱼是凉伞龙氏家族的祖先：古时候，一位刘氏女子到河边洗衣，与一条白膳鱼谈恋爱，后生下三个男孩。男孩长大了，去当兵，长官问他们姓什么？他们回答说不知道。长官问：那你们的父亲姓什么？他们回答说：我们的父亲是一条白膳鱼，没有姓。长官说：好吧，白膳鱼是龙，你们就姓龙吧。凉伞的龙氏家族就是这样来的。直到今天，凉伞龙家仍视白膳鱼为祖先，不吃白膳鱼。如果看见别人捉了白膳鱼，他的还要买来，重新放回河里去。

（流传于双井地区。讲述人：双井凉伞龙明开，苗族，男，38岁，2018年11月，宋永泉搜集整理）

二 独木龙舟祭祀祭词选录

（一）祭树神祭词①

古杉啊/你是树中之王/林中之首/请让我们将你/请去做龙舟/你去做个公龙/要做龙舟之首/住到千秋万代/保佑寨里/老少吉安/子孙昌盛。

（二）请龙头祭词：②

今天到了一年/扒龙船给你洗个澡/干干净净地上天/以后不要天干/保佑粮食丰收/大家有吃有喝/明年又祭祀你老人家。

（三）出龙祭祀祭词：

之一③

---

① 此祭词为张志发搜集、翻译。
② 此祭词为熊克武搜集、翻译。
③ 此祭词为施洞巫师刘永利念诵，台江苗学会张志发收集、翻译（录入时有改动）。

1. 请"嘎哈"①：

"嘎哈哟，嘎哈/今天是良辰吉日/我摆上一张金桌/三个银杯/斟上香甜米酒/敬上洁白大公鸡/大块肉/香又肥/撑着大伞、烧着钱纸/还有宽大新衣/才来请你们神仙/你们生在脉粗岩脚那里/住在夏驾窝顶那里/榜妈来生了你/留妈来养了你/她们生下十二个蛋/三个红蛋孵成潭中龙、水中鱼/三个黑蛋孵出百姓种庄稼/三个白蛋孵出山神和河神/你们生在貅狙岩脚/起在蛋窝边边/一个踩一个醒来/一个拉一个爬起/争先跃出蛋窝/昨天你们住在毕陡（地名，无考）/起从毕狙/今天请你们来了/我讲你们要依/过交片到登鲁/过台拱到报效/过南省到长滩/过长滩倒稿仰/过榕山到白土/走过南开/来到石家寨/过偏寨过塘龙/聚到××大地方/请你们即席就位。

2. 祭"嘎哈"：

现在好吃好喝的弄好/请诸神就位/坐呀，分吃哟，嘎哈/咿，嘎哈哟！嘎哈/你们山神、河神/是大树要遮住寨子/是森林要为地方遮阴/今天地方划龙舟/放些公龙在水潭/我才过去请你们/你们来到施洞/来到六江七甲地方（也指施洞一带）/这个地方热闹/这个地方宽广/既有水牛打架/又有芦笙踩鼓场/大家有吃又有穿/两河两岸划龙船/你们来了要保佑/你们看到要帮忙/保佑兄弟和姊妹/子孙后代兴旺/保佑圈中猪牛满圈/笼中鸡鸭成帮/保佑堂屋灶坎/保佑老人寿长/保佑青年健康/保佑儿童快大快长/驱除魔怪家家干净/大小老幼个个安康/还要保佑我们龙船/去时像牯牛勇猛无敌/回时像骏马举世无双/划龙的个个勇敢/红光满面神清气爽。

3. 送"嘎哈"：

我说的不算多/念的不算长/金桌银凳给你们坐/甜酒烧酒供你们尝/大堆纸钱随你们拿/新衣新裤宽又长/你们自己动手吃/大口喝酒酒才香/饭要吃得饱鼓鼓/酒要喝得醉快快/送给你们白公鸡/小的拿去喂做种/大的拿给亲朋好友尝/鸡腿哄娃娃、鸡肝敬老人/鸡身大伙吃才香/人人健康/个个漂亮/你们住貅狙岩脚/夏驾窝顶/你们吃饱喝足就回乡/起脚家门口/腾空飞天上/顺河往东走去/走过各户门口/路经竹园山梁/过寨胆，到铜鼓/过坝场、到塘龙/过八梗、到天堂/过白枝坪、芳寨/到塘龙、坝场……/我请到

---

① "嘎哈"与本书前文使用的"该西"为同一个神灵。因为不同苗族支系发音上的差异而带来音译名称的差别。

你们才能来/用到你们才出行/我奉劝你们要听话/回到原处莫出门/我也回家转/人人得富贵/个个老寿星/嘎哈呀！嘎哈！

之二①

今天我请你们十二个喜神/翻过十二道土坎/越过十二道田坎/集中到××寨的鼓堂/现在我和喜神一道/邀请你十二条山龙/邀请你十二条水龙/你十二条山龙/住在十二座高山/盘在十二座山尖/我请你们穿山过峡谷/翻过十二道土坎/越过十二道田坎/来到××寨的鼓堂/你十二条水龙/住在十二处长滩/住在十二处深潭/我请你们越沟涉水/越过十二道水滩/越过十二处深潭/来到××寨的鼓堂/送来十二个银宝/送来十二个金宝/灾害疾病你们全扫光/妖魔鬼怪你们全洗净/保佑我们全寨平安健康！

之三②

说是在远古/有个宝够喽/杀龙在水中/杀龙在滩头/九天涨浑水/九天没日头/田地无法犁/姑娘嫁不出/上山去算卦/下沟找原由/挖得蛇的蛋/找得虎的骨/虎骨和蛇蛋/鬼神验不出/验出一长船/船上有龙头/恶龙要替身/要人做龙舟/大家划龙船/浑水才得清/天上出日头/大家划龙船/五谷才得熟/大家划龙船/人人得幸福/今用公鸡敬/敬我妹榜留/敬我众"嘎哈"/请来把力出/保佑老和少/保佑众亲属/今用茅草扫/又拿清水除/洗净众兄弟/扫净大龙舟/不许白虎来/不许鬼怪入/龙去像马奔/龙回像牯牛/一路无险阻/平安划龙舟。

之四③

年代起远古/有个老报公/杀蛟杀河头/烧龙在江中/蛟龙杀死后/天昏黑蒙蒙/黑了八九天/各寨乱哄哄/天黑实难熬/点火进山冲/上山找虎骨/找青蛇蛋卜/卜来又卜去/卜去若干骨/卜来又卜去/卜中一条舟/划龙才天亮/踩鼓才年丰/今用公鸡敬/敬我妹榜留/敬我众该西/请求来出力/保佑众乡

---

① 平地营巫师张老保等念诵，施秉苗学会刘正国搜集、翻译。
② 讲述人：施洞巫师够引，男，苗族，82岁，2017年6月，刘锋等记录、翻译。
③ 此祭词为熊克武搜集、翻译。

亲／保佑众亲戚／今用茅草扫／又用清水洗／扫净大龙舟／洗净父兄弟／不许白虎弄／不许鬼怪迷／龙去像马奔／龙回牯牛稳／一路无险阻／平安又风顺。

（四）抬龙上岸祭词①

之一

人间要晴雨均匀／风调雨顺／五谷丰登／人间要子孙繁荣／六畜兴旺／百业隆兴。

之二

我们已经祭祀了龙神／我们已经划过了龙船／我们已经祈祷了雨水／我们已经敬献了诚心／从今以后／人间要晴雨均匀／风调雨顺／五谷丰登／人间求子孙繁荣／六畜兴旺／百业隆兴。

三 独木龙舟歌谣选录

（一）斩龙歌

1. Hxak Dod Dail 斩龙②

咱唱《斩龙》歌，杀龙深潭里，
唱歌有三章，织布有三段。
开头叙斩龙，杀龙深潭里。
中间叙求雨，求雨灌田地。
末尾叙看会，又叙看龙舟。

从前的时候，开初的时候，
哪个来商量，哪个来献计，
设计来斩龙，杀龙深潭里？

久哈来商量，久哈来献设计，

---

① 讲述人：双井鲤鱼塘吴够降，男，苗族，68 岁；2017 年 7 月，刘锋等记录、翻译。
② 黄平县民族宗教事务局、施秉县民族宗教事务局、镇远县民族宗教事务局编译：《苗族十二路大歌》，贵州大学出版社 2013 年版，第 483 至 502 页。我们对汉译不当之处，做了适当修正。

设计来斩龙，杀龙深潭里。

冤从何处来？仇从何处起？
久哈才杀龙，杀龙深潭里？

龙子起歹心，吃久哈儿子。
久哈怒火升，有冤那里起，
仇恨那里升。久哈才杀龙，
报仇解心恨。

是什么缘故，是哪样原因，
龙子才伤心，才把他儿吞？

久哈的儿子，去到河滩边，
去那里钓鱼，钩着龙子身，
龙子才生气，才把他儿吞。

哪个好心肠，见他儿丧身，
回来告诉他，话是如何讲？

那些看牛娃，告诉公久哈。
这样告诉他：今天咱放牛，
见条蛇很大，吃去你的娃。

那些看牛娃，那样告诉他。
久哈老人想，准备做哪样？

那些看牛娃，那样告诉他。
他十分悲伤，急忙舀碗米，
求师看凶祥。

久哈拿碗米，求师看凶祥。
找到哪一个，对他说哪样？

久哈去占卜，找到一师傅，
革（偞）家的能人，请他来占卜。
卜后这样讲：那不是大蟒，
那是龙公子，吃你家儿郎。

革（偞）家的师傅，卜后这样讲。
久哈听见了，他又说哪样？

久哈听说后，接着这样讲：
有劳师傅你，讨你深潭去，
杀死那恶龙。

再看那师傅，革（偞）家的能人。
他又来开口，怎样来分明？

革（偞）家那师傅，这样来分明：
我只会占卜，算出在哪里；
我不会杀龙，杀龙深潭里。
你去找能人，找个有出息，
为你出口气。

师傅这样讲，他去找能人。
找到哪个村，遇见哪个人？
他叫什么名，他是什么姓？

久哈找能人，去到下长坡，①

---

① 地名，在黄平县加巴乡境内。

找到一能人，名叫金推磊。

咱看金推磊，因为啥缘故，
又是啥原因，才叫金推磊？

人人勤劳动，个个种庄稼。
他是个懒汉，天天闲在家，
才这样叫他。

找到金推磊，请他去杀龙，
杀龙深潭里。他听他开口，
怎样来对答？

金推磊对答，开口这样说：
请我去杀龙，杀龙深潭里。
你拿多少银，送到我手里？

金推磊对答，这样来讨价。
再看那久哈，他又说些啥，
如何回答他？

久哈来问话，开口这样讲：
你要多少两，多少银到手，
才愿走一趟。帮我去报仇，
杀死那恶龙？

金推磊答话，开口这样讲：
我要七百两，送到我手上。
我才去一趟，帮你杀恶龙。

金推磊开口，讨价要银两。

久哈又说话,开口说哪样?

久哈又说话,开口这样讲:
我家不富有,没多少银子。
就送三百两,请你帮个忙,
深潭杀恶龙。

送他三百两,送到他手上,
金推磊帮忙,还是不帮忙?

送他三百两,送到他手上,
金推磊愿去,愿帮这个忙。

次次不杀龙,这次要杀龙。

去深潭杀龙。哪个最聪明,
哪个来领路,他才去得拢?

革(僺)家一能人,他来把路领,
指给金推磊,领他去潭底。
去那里杀龙,报仇解心恨。

咱看金推磊,他又在设计,
考虑用啥计,才去杀龙子?

咱看金推磊,是个聪明人,
是个大豪杰。铜刀腰间佩,
去到水滩边,潜往龙王殿。
龙子睡正甜,腰间抽利刀,
把龙颈砍断,剖腹把心摘。

咱看金推磊，把龙颈砍断。
剖腹把心摘，出了什么事，
波及到哪村？

砍断龙颈子，剖腹来挖心。
龙痛哼阵阵，震得大地抖，
波及山凯村。

金推磊杀龙，砍成几大节，
漂出水面上，几节去几方？

推磊把龙斩，杀龙在深潭。
砍成三大节，漂出水面来。

金推磊真行，杀龙深潭里，
腥气一阵阵。臭到哪个村？

杀龙深潭里，腥气一阵阵，
臭到包项村①。有古这样起，
如今那寨子，才叫包项村。

咱看金推磊，杀龙深潭里，
一阵阵腥气，直冲到哪里？

一阵阵腥气，直冲王坳村②，
大伙受不了，人人尽恶心。
有典这样起，如今这个寨，

---

① 包项：地名音译。即今黄平县山凯乡的大坪村。"包"，坡的意思；"项"即"臭"的苗语。
② 王坳：地名，音译。苗语是"呕吐"的意思。

才叫王坳名。

砍龙成三节，浮出水面来。
顺水往下漂，漂到啥地方？

砍龙成三节，浮出水面来。
龙头随水漂，流到了平寨。
龙身随水流，流到施洞口，
龙尾随水走，到胜秉停留。①
杀龙深潭里，潭底去杀龙。
惊动到哪里，或者没响动？

杀龙成三节，三节漂水面。
惊动那龙宫，龙母往东逃，
龙公朝西跑。天上阴沉沉，
大地黑黢黢。洪水猛上涨，
遍地淹没尽。

天上阴沉沉，大地黑黢黢。
洪水猛上涨，大地淹没尽。
淹了几年半，几个年头整？

洪水泛滥来，到处淹没尽。
涨了三天半，三昼夜整整。

把龙子杀了，天地昏沉沉。
龙王两头跑，烈日似火烧。
天上不降雨，田禾尽枯焦。
灰尘随风跑，鱼虾全死掉。

---

① 平寨、胜秉，施秉县地名；施洞，台江县地名。

大家来商议，商量如何搞。

天上不降雨，没水养禾苗，
大家来商量，求雨把苗浇。

2. Dlak Nongs　求雨

次次不求雨，这次又求雨。
哪个有本领，求龙王降雨？

乌龟有本领，请它去东方，
叫龙母回乡。白鳝有本领，
请它去西方，叫龙公回乡。

请乌龟去喊，龙母转不转？
请白鳝去喊，龙公转不转？

龙母不愿转，龙公不愿转。
天旱不降雨，没水浇稻麦，
无粮赡老人，无粮养小孩。

没水灌庄稼，无粮养阿妈。
大家来筹划，商量来做啥？

没水灌庄稼，无粮养阿妈。
大家就筹划，商量去求雨，
求雨灌庄稼。

是哪个聪明，他来当师傅？
用啥做祭品，他才去求雨？

有个老师傅,他是个能人。
要只鸡和鸭,拿这做祭品。

再看那师傅,再看这能人。
他往哪里去?去哪儿求雨?

师傅是能人,去到尖山坡,
去到九层巅,去那儿求雨。

去到尖山坡,坡顶上求雨。
哪个好心肠,它才来讲清。
话是如何讲,龙母才治水,
才得水养秧?

龙子好心肠,托梦这样讲:
你要水灌秧,你要地长粮,
就去找棵树,剜船仿龙样。
下方划龙船,上方去踩堂。
龙母才转心,回来把雨降。
有水灌庄稼,得粮赡老娘。

3. Hxid Vongx Hxid Niel 看龙看鼓

次次不起鼓①,这次要起鼓。
下方划龙船,上方吹芦笙,
谁是聪明人,是谁出主意,
怎样来设计,怎样来议定,
下方划龙船,上方吹芦笙?

---

① 起鼓,就是开始跳铜鼓舞;起龙,就是开始划龙船;起笙,就是开始吹奏芦笙和跳芦笙舞。

劳香是好汉①，是个聪明人。
他来发议论，对着大家讲：
大家赶快点，拉龙子起来，
才风调雨顺，才有水灌田，
五谷才生长。

大家来商议，商量如何办。
为龙找替身，拉龙子起来？②

大家就盘算，商量去伐木。
寻根直杉树，剜成条龙船，
为龙子替身，拉龙子起来。

龙船剜成了，那条有鳞龙③，
需将它处理，要把它分配：
龙骨要处理，安排去哪里？
变成啥东西？龙皮要处理，
安排去哪里，变成啥东西？
肋骨要处理，安排去哪里，
变成啥东西？脊骨要处理，
安排去哪里，变成啥东西？
脊骨做伞把，肋骨做伞橼④，
皮子来盖伞，制成伞一把。
送给姑娘们，陪姑娘出嫁。

龙眼放一边，变成啥东西？

---

① 劳香：人名，音译。
② 起来，就是活转来的意思。
③ 有鳞龙：就是被金推磊杀死的龙子。有了龙船做替身，其真身的皮、骨等可以处理了。
④ 伞橼：即伞骨。

龙鳞放一边，变成啥东西？
龙角放一边，变成啥东西？
龙须放一边，变成啥东西？

龙眼放一边，变成个灯笼，
龙鳞扔沙冲，穿山甲去遇，
拣来作披褂。龙角扔弯头，
螺蛳去遇见，它就往里钻，
变成它的壳，龙鳞转来盖，
得进不得出，走路尽打转；
龙的两根须，滑进螺蛳壳，
变成螺胡须。

真龙处理好，龙船做成功。
大家来筹划，怎样来商量，
才风调雨顺，大家才安康？

大家来商量，大家来议定，
赶快起鼓来，上方吹芦笙，
下方划龙船。

吹笙在哪里起？赶集在哪里起？
踩鼓在哪里起？赛马在哪里起？
看会在哪里起？朝庙在哪里起？

吹笙在谷陇起，白基厚起集会。
踩鼓在党兜起，赛马在简窝起。
看会在高坡起，东坡和十里桥，
朝庙会那里起。

谁是聪明人，为大家着想。

替大家起鼓，起龙船下方？

哪个来创理，编歌大家唱。
哪个来织布，教妇女学纺？
哪个来开荒，教大家种粮？

勾包和勾劳，他俩来起鼓。
起龙船下方，起芦笙上方。
是那个金党，是那个牟党，
他俩来创理，编歌大家唱，
教妇女织纺。是那香勾劳，
是他来开荒，教大家种粮。

上方吹芦笙，下方划龙船，
哪里吹芦笙，何处划龙船？

上方吹芦笙，东坡朝庙会；
下方划龙船，平寨河里赛。

上方吹芦笙，东坡朝庙会，
下方划龙船，平寨河里赛。
龙母是否转？龙公是否来？

上方吹芦笙，东坡朝庙会，
下方划龙船，平寨河里赛。
芦笙嗡嗡响，铜鼓响咚咚。
人心暖洋洋，龙母转上来，
龙公回下方，雷声隆隆响，
大河小河涨，有水来浇灌，
大地才长粮。

有典起这里，有古这里来。
如今才跳鼓，上方朝庙会，
东坡吹芦笙；下方划龙船，
平寨河中赛。

这路《斩龙》歌，这部《杀龙》词，
结束在这里，织布这里成。
另外走新路，另外唱新歌。

(二) 呗呐歌（龙船歌）[①]

《呗呐歌》按歌词内容分五章：一、《喊龙歌》，在龙船向别的村寨出发前唱，呼唤龙神跟随龙船走，护佑大家平安；二、《谢礼歌》，亲友"接龙"时，唱《谢礼歌》表示感谢和祝福；三、《过路歌》，龙船沿河路过每一村寨，都要以歌问候；四、《谢亲友接待歌》，远方的村寨设宴接待全体龙船水手，龙船水手就要唱《谢亲友接待歌》，之后方可用餐；五、《送龙回宫歌》，龙船从远方回到本寨，并不直接靠岸，先让龙船绕游一圈，并到特定地方唱《送龙回宫歌》，之后才将龙船靠岸休息。

1. 喊龙歌

我们喊龙神起来哟/啊…哎…/呗呐啊…哎/哎嘿嗨哎/跟随大家去哟/去看闹热哟…啊…/（全体龙船水手应和）唷…嚸——

我们喊龙神起来哟/啊…哎…/呗呐啊…哎/哎嘿嗨哎/龙神帮大家哟/出力哟啊/（全体龙船水手应和）唷…嚸——

我们喊龙神起来哟/啊…哎…/呗呐啊…哎/哎嘿嗨哎/跟随我们哟/喝酒去哟…啊…/（全体龙船水手应和）唷…嚸——

2. 谢礼歌

多谢亲友哟/啊…哎…/呗呐啊…哎/哎嘿嗨哎/多谢你哟/送礼哟…啊…/（全体龙船水手应和）唷…嚸——

多谢亲友哟/啊…哎…/呗呐啊…哎/哎嘿嗨哎/水龙来到哟/送富贵来哟…啊…给主人/（全体龙船水手应和）唷…嚸——

[①] 《呗呐歌》系张老保、刘正亮、张元茂讲述，刘正国收集整理。

水龙送富贵来哟/啊…哎…/呗呐啊…哎/哎嘿嗨哎/送富贵哟/给客人哟…啊…/（全体龙船水手应和）唷…嗬——

3. 过路歌

不划不丰收哟/啊…哎…/呗呐啊…哎/哎嘿嗨哎/划龙船累哟/无可奈何哟/用力划哟…啊…（全体龙船水手应和）唷…嗬——

远方的龙船客要用力划哟/啊…哎…/呗呐啊…哎/哎嘿嗨哎/赶远路哟/两头哟/要黑哟…啊…（全体龙船水手应和）唷…嗬——

远方的龙船客用力划哟/啊…哎…/呗呐啊…哎/哎嘿嗨哎/近处的龙船哟/休息哟…啊…/（全体龙船水手应和）唷…嗬——

可怜我们远方龙船客哟/啊…哎…/呗呐啊…哎/哎嘿嗨哎/羡慕你们好哟/近处客哟…啊…/（全体龙船水手应和）唷…嗬——

4. 谢亲友接待歌

水龙到你寨哟/啊…哎…/呗呐啊…哎/哎嘿嗨哎/多谢你们哟/齐心又好心哟…啊…/（全体龙船水手应和）唷…嗬——

水龙到你寨哟/啊…哎…/呗呐啊…哎/哎嘿嗨哎/我们大家哟/得酒喝哟…啊…/全体龙船水手应和）唷…嗬——

水龙到你寨哟/啊…哎…/呗呐啊…哎/哎嘿嗨哎/富贵哟/全送来哟…啊…/（全体龙船水手应和）唷…嗬——

水龙到你寨哟/啊…哎…/呗呐啊…哎/哎嘿嗨哎/家家户户哟/得富贵哟…啊…/（全体龙船水手应和）唷…嗬——

5. 送龙回宫歌

喊龙回潭休息哟/啊…哎…/呗呐啊…哎/哎嘿嗨哎/我们去晒衣服哟/晒在竹篙上哟…啊…/（全体龙船水手应和）唷…嗬——

喊龙回宫睡觉哟/啊…哎…/呗呐啊…哎/哎嘿嗨哎/我们去晒衣服哟/挂在桡片上哟…啊…/（全体龙船水手应和）唷…嗬——

（三）接龙歌①

之一

"天天等龙来/今天龙来了/龙来龙心好/送来百把个宝宝/千万儿孙给

---

① 《接龙歌》、《情歌对唱》、《告别歌》系熊克武收集整理。

姥姥。

之二

"天天盼龙来/今天龙来临/龙来龙好心/送来百把个好儿孙/千万个娃娃给父母亲。

（四）情歌对唱

男："妹妹生得白生生/晓得哪个是她们的情人？"

女："妹妹生得白生生/哥哥是我们的情人。"

男："那片山林是哪家的树子/那个姑娘是哪个的情人？"

女："那片山林是我家的树子/那个姑娘是我的情人。"

男："是我的菜哟我要来煮/是我的人哟我要来娶/请你等着我吧亲爱的人。"

女："等一年也等/等两年也等/等哥上省去/买得锅子和鼎罐/我俩再做一家人。"

（五）告别歌

五月里来才得闲/五月过了各忙各/打好钉耙编撮箕/抓紧时间赶做活/等到明年这时节/我们再把龙舟拉下河。过节竞赛同欢乐/不要难过啊各位姐妹/不要难过啊各位哥哥。

参考文献

一 著作

［1］［美］贝格尔：《神圣的帷幕 宗教社会学理论之要素》，高师宁译，上海人民出版社，1991年版。

［2］陈国钧：《文化人类学》，三民书局1977年版。

［3］都春屏：《民族精神与端午文化构建》，贵州大学出版社2011年版。

［4］［美］德伯里：《人文地理 文化社会与空间》，王民等译，北京师范大学出版社1988年版。

［5］［奥］佛洛依德：《图腾与禁忌》，文良化译，中央编译出版社2005年版。

［6］费孝通：《论文化与文化自觉》，群言出版社2000年版。

［7］贵州省台江县志编纂委员会编：《台江县志》，贵州人民出版社1994年版。

［8］黄光成：《云南民族文化纵横探》，科学出版社2007年版。

［9］黄平县民族宗教事务局、施秉县民族宗教事务局、镇远县民族宗教事务局编译：《苗族十二路大歌》，贵州大学出版社2013年版。

［10］黄悦著：《神话叙事与集体记忆 淮南子的文化阐释》，南方日报出版社2010年版。

［11］［德］赫尔穆特·贝尔金：《馈赠的社会符号学》，魏全凤等译，四川大学出版社2016年版。

［12］［德］卡西尔：《国家的神话》，范进、杨君游译，华夏出版社1990年版。

［13］刘锋、靳志华、徐英迪等：《地方文化资源与乡村社会治理》，

社会科学文献出版社 2018 年版。

［14］李瑞岐等主编，贵州省民族事务委员会等编：《中华龙舟文化研究》，贵州民族出版社，1991 年版。

［15］刘尧汉：《中国文明源头新探——道家与彝族虎宇宙观》，云南人民出版社 1985 年版。

［16］李黔滨主编、贵州省文化厅、贵州省博物馆编：《苗族银饰图集》，文物出版社 2003 年版。

［17］李绪鉴：《禁忌与惰性》，国际文化出版公司 1994 年版。

［18］［英］马林若夫斯基：《巫术科学宗教与神话》，李安宅译，中国民间文艺出版社 1986 年版。

［19］庞进：《中国龙文化》，重庆出版社 2007 年版。

［20］潘定智等编：《苗族古歌》，贵州人民出版社 1997 年版。

［21］彭德清主编：《中国船谱》，经济导报社、经济出版有限公司 1988 年版。

［22］（民国）钱光国、杨名胜等编纂：《施秉县志》，任祥润等点校（民国稿），施秉县志办公室 1986 复制。

［23］任聘编：《中国民间禁忌》，作家出版社 1991 年版。

［24］石朝江：《中国苗学》，贵州大学出版社 2009 年版。

［25］山骑等编：《神话新探》，贵州人民出版社 1986 年版。

［26］唐婷婷、甘代军、李银兵、曹月如：《文化变迁的逻辑》，云南大学出版社 2014 年版。

［27］田兆元：《神话与中国社会》，上海人民出版社 1998 年版。

［28］闻一多：《闻一多讲国学》，吉林人民出版社 2009 年版。

［29］王星等：《人类文化的空间组合》，上海人民出版社 1990 年版。

［30］韦兴儒：《鬼神化的禁忌功能》，贵州民间文艺家协会主编：《贵州民俗论文集》，中国民间文艺出版社 1989 年版。

［31］王桐龄：《中国民族史（上）》，长春人民出版社 2013 年版。

［32］谢彦君：《基础旅游学》，中国旅游出版社 2001 年版。

［33］谢选骏：《神话与民族精神 几个文化圈的比较》，山东文艺出版社 1986 年版。

［34］杨鹍国：《苗族服饰：符号与象征》，贵州人民出版社 1997

年版。

[35] 燕宝整理译注：《苗族古歌·创造宇宙》，贵州人民出版社1993年版。

[36] 余未人主编，中国（贵州）民间文化遗产抢救工程办公室，贵州民间文艺家协会编：《苗人的灵魂　台江苗族文化空间》，黑龙江人民出版社2005年版。

[37] 杨正权：《西南民族龙文化研究》，云南民族出版社1999年版。

[38] 杨村：《苗族》（中国少数民族人口丛书），中国人口出版社2012年版。

[39] 张建世：《中国的龙舟与竞渡》，华夏出版社1988年版。

[40] 张晓：《清水江边的船与人——贵州施洞苗族"独木龙舟节"研究》，山东城市出版传媒集团·济南出版社2018年版。

[41]《中国少数民族社会历史调查资料丛刊》修订编辑委员会编：《苗族社会历史调查》（一），民族出版社，2009年版（2019.1重印）。

[41] 周宪：《文化表征与文化研究》，北京大学出版社2007年版。

[43] 张永同、史继忠等编：《民国年间苗族论文集》（内刊），1983年铅印版。

[44] 钟敬文著、董晓萍编：《民俗文化学梗概与兴起》。中华书局1996年版。

二　论文

[1] 常海鹏：《全域旅游发展理念刍议》，《经济视野》2016年第9期。

[2] 华南师范大学、贵州民族学院联合调查队：《黔东南独木龙舟的田野调查——体育人类学的实证研究（一）》[J]，《体育学刊》第16卷第12期。

[3] 贾仲益：《节庆文化及其传承逻辑——基于贵州清水江苗族独木龙舟节的分析》，《广西民族研究》2016年第5期。

[4] 冀启明：《对少数民族文化旅游资源开发与保护的思考》，《十堰职业技术学院学报》2007年第6期。

[5] 李泽厚：《由巫到礼》，2001年6月26日在香港城市大学中国文

化中心的演讲。

［6］刘魁立：《非物质文化遗产及其保护的整体性原则》，《广西师范学院学报》，2004年10月第4期。

［7］马晓京：《民族旅游开发与民族传统文化保护的再认识》，《广西民族研究》2002年第4期。

［8］聂羽彤：《道路与权力——从苗族独木龙舟节的建构历程看清水江中游地区的社会变迁》，《原生态民族文化学刊》2017年第9卷。

［9］聂羽彤：《历史之舟：对清水江流域M寨的人类学考察》，《原生态民族文化学刊》2019年第4期。

［10］钱星：《浅述清水江畔苗族的龙舟文化》，《贵州民族研究》2000年第2期。

［11］万建中：《禁忌民俗发生论》，《思想战线》1992年第6期。

［12］王莎莎：《全域旅游的发展策略研究》，《现代职业教育》2016年第4期。

［13］薛群慧、张晓萍：《浅析民俗旅游资源的开发》，《云南民族学院学报（哲学社会科学版）》1997年第4期。

［14］荀利波：《关于建设禁忌类民俗档案的思考》，《兰台世界》2011年第6期。

［15］杨世如、胡小明等：《苗族独木龙舟竞渡的体质人类学分析》，《体育科学》2009年第7期。

［16］张心勤：《端午节非因屈原考》，《新华文摘》1982年第4期。

［17］朱琳、徐晓光：《"独木龙舟活动"隐含的故事》，《体育与科学》2016年3月第2期。

［18］朱继伟、卢塞军、唐新江：《苗族独木龙舟活动身体技法研究》，《贵州师范学院学报》第29卷第12期。

［19］张红娜：《苗族独木龙舟文化调查》，《原生态民族文化学刊》，2009年第1卷第4期。

［20］张羽琼：《论明代贵州社学的兴起》，《贵州文史丛刊》2004年第1期。

［21］赵艳喜：《论非物质文化遗产的整体性保护理念》，《贵州民族研究》2009年第6期。

三 古典文献

[1]（汉）董仲舒：《春秋繁露》（全3册），中华书局，1975年版。

[2]（明）董伦王、解缙等修撰：《大明太祖高皇帝实录》。

[3] 贵州省文史研究馆点校：《贵州通志·学校选举志》，贵州人出版社2008年版。

[4] 贵州省文史研究馆点校：《贵州通志 土司土民志》，贵州人民出版社2008年版。

[5] 贵州省镇远地方志编纂委员会编：《镇远府志》，中州古籍出版社1996年版。

[6]（明）江东之等纂修（万历）：《贵州通志》。

[7]（清）稽察、庆桂等撰修：《清高宗纯皇帝实录》。

[8]（明）刘健、谢迁首修，李东阳、焦芳续修：《大明孝宗敬皇帝实录》。

[9]（清）徐家干：《苗疆闻见录》，吴一文校注，贵州人民出版社1997年版。

[10]（清）犹法贤撰：《黔史》，黄加服、段志洪主编：《中国地方志集成·贵州府县志辑1》，巴蜀出版社2006年版。

后　记

《清水江苗族独木龙舟文化研究》即将付印出版，这既是对我们多年努力的一个交代，也是给关心、支持我们的父老乡亲们和各位朋的一个交代，同时也是给"独木龙舟文化区"这片神奇土地和独木龙舟文化本身的一个交代。是这片神奇的土地赋予我们生命、抚育我们成长，是这片神奇土地孕育的灿烂文化赋予了我们品格与智慧，是父老乡亲们的支持和关爱给了我们知识与温暖，是朋友们的帮助和鼓励给了我们勇气和力量。没有这些就没有这本小书的面世。

在我们的调查采访过程中，贵州省双源生态农业发展有限公司总经理、夹泉山庄董事长张庭栋，双井镇原副镇长龙云，凉伞村的龙明开、龙继光、龙光乾，平寨村粟辉、杨云飞，苗绣大师张老英，鲤鱼塘的吴寿福、龙光成，把往寨的龙老九，马号镇平地营张元茂、刘跃明，黔东南州独木龙舟制作技艺传承人张先文师傅等，为我们的工作和生活提供了无私的支持和帮助。

贵州师范学院陈志永教授，施秉县文联奉力，施秉县政协刘正国、张乾才、磨桂宾，施秉县文物局雷刚；台江县文联熊克武，台江县苗学会张志发、张志豪等，为本书提供了许多资料和照片；贵州大学研究生刘晓妍、蔡悦等也为本书提供了珍贵的照片和资料。

此外，还有许多不知名的乡亲们也给了我们很大的支持和帮助，在此，一并表示衷心的感谢！

另外，本书图片除署名的之外，其余未署名图片为宋永泉拍摄、绘制。